21世纪高职高专精品教材

财务会计类

U0674995

Kuaiji Xinxi Xitong Sheji

会计信息系统设计

（第二版）

杨志宏　刘维华　主编

东北财经大学出版社　大连
Dongbei University of Finance & Economics Press

图书在版编目（CIP）数据

会计信息系统设计/杨志宏，刘维华主编. —2版. —大连：东北财经
大学出版社，2015.10

（21世纪高职高专精品教材·财务会计类）

ISBN 978-7-5654-1973-7

Ⅰ. 会… Ⅱ. ①杨… ②刘… Ⅲ. 会计信息-财务管理系统-系统
设计-高等职业教育-教材 Ⅳ. F232

中国版本图书馆CIP数据核字（2015）第131948号

东北财经大学出版社出版

（大连市黑石礁尖山街217号 邮政编码 116025）

教学支持：（0411）84710309

营 销 部：（0411）84710711

总 编 室：（0411）84710523

网 址：http：//www.dufep.cn

读者信箱：dufep@dufe.edu.cn

大连美跃彩色印刷有限公司印刷 东北财经大学出版社发行

幅面尺寸：185mm×260mm 字数：353字 印张：15 1/4 插页：1

2015年10月第2版 2015年10月第3次印刷

责任编辑：杨慧敏 责任校对：刘咏宁 刘 洋

封面设计：冀贵收 版式设计：钟福建

定价：28.00元

第二版前言

在数据处理技术上，会计业务过去一直采用手工操作，用笔墨登记账簿。随着会计的发展，手工操作已适应不了日趋复杂的会计数据处理的要求。20世纪40年代，随着科学技术的发展，电子计算机问世了。20世纪50年代，一些发达的西方国家把电子计算机作为数据处理工具引入会计领域，从此会计数据处理技术发生了质的变化，为会计史掀开了崭新的一页。国外，将利用电子数据系统的会计称为计算机会计，在我国把计算机在会计中的应用称为会计电算化。

随着社会经济的发展，会计电算化也变得越来越重要。因此，自20世纪80年代后期，各高等院校的会计系都相继设置了会计电算化专业或开设了会计电算化课程。但纵观当前所使用的大多数会计电算化的教材，要么是单纯的会计电算化的操作使用，类似于会计软件的使用手册；要么是纯理论教材，相当于会计电算化的宏观介绍。很少有对会计信息系统的系统设计和具体实现方法的介绍，这样不利于学生的实际掌握，特别不适合高职院校的学生使用。

会计电算化是一门跨学科、跨专业的边缘学科，它是会计和计算机的有机结合。要真正地学会和掌握会计电算化，既要懂得会计信息系统的工作原理，又要掌握会计软件的操作使用。会计电算化的核心是会计信息系统的设计与使用，即如何设计与使用会计软件的问题。

"会计信息系统设计"主要讲授会计电算化的基本理论和软件上的实现方法，包括总账、工资、固定资产、应收账款、应付账款、存货、产品成本、销售、会计报表9个子系统的手工系统分析、数据流程分析、数据文件设计、功能模块设计等。

本书自第一版面世以来，得到了广大师生的大力支持，在此表示感谢。本次修订主要结合我们多年的教学实际和本书的使用情况，对全书的结构和内容进行了进一步的整理，并突出了重点章节的相关内容，使之更加实用、合理。在本书的附录中，用VFP6.0列举了大量总账子系统的程序设计实例，对系统运行的条件、处理过程和结果都进行了细致的说明。另外，因会计信息系统软件的部分会计科目名称并未与最新的会计准则的规定完全一致，为便于读者学习，本书的部分会计科目仍与软件系统的内置会计科目名称一致。

本教材的特点是：内容新（结合了最新的企业会计法规）；系统性强（包括会计核算的全部功能）；易于学习（从数据文件结构设计到模块功能的实现，给出了完整的程序实例）；特别适合高职院校学生使用（全部程序实例均为会计电算化上岗证和ERP考试的仿真程序）。

本书由杨志宏、刘维华任主编，张立伟、尚坤任副主编。第一、二、三、四章由杨志宏编写；第五、六、十二章由刘维华编写；第七、八、九章由张立伟编写；第十、十一章由尚坤编写，并调试附录程序。全书由杨志宏、刘维华总纂。

由于时间仓促，加之作者水平所限，书中难免有不当之处，恳请读者批评指正。

编　者

2015年3月

目　录

第一章

会计电算化概论

学习目标

通过本章的学习，理解会计电算化的含义和作用；了解国内外会计电算化的现状和发展趋势；掌握会计电算化工作的总体规划、岗位分工及会计电算化工作的日常管理与维护。

第一节 会计电算化的基本概念

一、会计电算化的含义

"会计电算化"一词是1981年中国会计学会在长春市召开的"财务、会计、成本应用电子计算机专题讨论会"上正式提出来的。它是以电子计算机为主的当代电子信息处理技术应用到会计工作中的简称，是用电子计算机代替手工建账、记账、算账、报账以及部分代替人脑完成对会计信息的分析、预测和决策的全过程。会计电算化的产生不仅是会计数据处理手段的变革，而且对会计理论和实务也产生了深远的影响。

随着会计电算化事业的发展，"会计电算化"的含义得到了进一步的引申和发展，与计算机技术在会计工作中应用有关的所有工作也都成为会计电算化的内容，包括：会计电算化人才培训、会计电算化制度建立、会计电算化的宏观管理、会计电算化档案管理和电算化审计等。

综上所述，"会计电算化"的含义有两层：从狭义上讲，会计电算化是指电子计算机技术在会计工作中的应用过程；广义上讲，会计电算化是指与电子计算机在会计工作中应用有关的所有工作，可以称之为"会计电算化工作"。

会计电算化已成为一门融电子计算机科学、管理学、信息学和会计学为一体的边缘学科。其研究对象是如何利用电子计算机信息处理技术进行会计核算、会计管理、会计辅助决策及相关的所有工作。其主要任务是研究如何在会计中应用电子计算机及其对会计理论的影响。它的目的是通过核算手段的现代化，更好地发挥参与管理、参与决策的职能，为提高现代化的管理水平和提高经济效益服务。从会计电算化的研究对象和开展会计电算化的任务来看，会计电算化不仅研究如何通过电子计算机及相关技术处理会计信息的全过程，而且也研究如何按管理者的需要对现行会计工作进行改革。

二、会计电算化的作用

会计电算化的实施，使会计工作发生了很大的变化。具体来说，会计电算化对会计工作有以下几个方面的作用。

1.减轻了会计人员的工作强度，提高了会计工作效率

实现会计电算化后，只要将记账凭证输入计算机，大量数据的计算、分类、汇总、存

储和传输等工作就都可以由计算机自动完成。这不仅可以把广大会计人员从繁杂的记账、算账和报账工作中解脱出来，而且由于计算机极高的运算速度和精确度，也大大提高了会计工作效率，同时也能为管理提供全面、即时和准确的会计信息。

2.促进会计工作的规范化，提高会计工作质量

由于在计算机应用中，对会计处理数据来源提供了一系列规范化的要求，在很大程度上解决了手工操作中的不规范、易出错及易疏漏等问题，使会计工作标准化、制度化和规范化，会计工作质量得到了进一步的提高。

3.促进会计职能的转变

在手工条件下，会计人员整天忙于记账、算账和报账。实施会计电算化后，由计算机代替会计人员的手工记账、算账和报账。会计人员可以腾出更多的时间参与经营管理，从而促进了会计职能的转变。

4.促进了会计队伍素质的提高

会计电算化不仅要求会计人员具有会计专业知识，还必须具有计算机专业知识，这就迫使广大会计人员必须进一步学习业务知识、拓宽知识面。而计算机在会计工作中的应用，又为会计人员进一步学习和发展提供了时间和机会，使会计人员有更多的时间学习和交流新知识，其结果必然是改变会计人员的知识结构、提高自身素质和管理水平。

5.为整个管理工作现代化奠定了基础

实施会计电算化后，利用计算机高速度、大容量等功能，不仅可以对过去的经营活动进行详细记录，而且可以及时获得当前经济活动的最新数据，还可以预测未来各种经济活动，反映市场变化趋势，从而为整个管理信息系统开展分析、预测和决策提供可靠的依据。在行业、地区实现会计电算化后，大量的经济信息可以得到资源共享，通过计算机网络可以迅速了解各种经济技术指标，极大地提高了经济信息的使用价值，为整个管理工作现代化奠定了基础。

6.促进了会计理论的研究和会计实务的不断发展

会计电算化不仅是会计核算手段和会计信息处理技术的变革，而且必将对会计核算的内容、方式、程序和对象等会计理论和实务产生影响，从而促进会计自身的不断发展，使其进入新的发展阶段。

第二节 会计电算化的发展概况

一、国外会计电算化的发展

电子计算机于1946年在美国诞生，在20世纪50年代已被一些工业发达国家应用于会计领域。1954年10月，美国通用电器公司第一次在计算机上计算职工工资，从而引起了会计处理技术的变革。最初的处理内容仅限于工资的计算、库存材料的收发核算等一些数据处理量大、计算简单而重复次数较多的经济业务。它以模拟手工会计核算形式代替了部分手工劳动，提高了这些强度较高的劳动的工作效率。

20世纪50年代中期到60年代，人们开始利用电子计算机对会计数据进行综合处理，系统地提供经济分析、决策所需要的会计信息，手工簿记系统被电算化信息系统取而代之。这个时期会计电算化的特点是电子计算机几乎完成了手工簿记系统的全部业务，打破

了手工方式下的一些常规结构，更重视数据的综合加工处理，并加强了内部管理。这一时期所开发的系统具有一定的反馈功能，能为基层和中层管理提供信息，但各种功能之间还未实现共享。

20世纪70年代，随着计算机技术的迅猛发展以及计算机网络的出现和数据库管理系统的应用，形成了应用电子计算机的管理信息系统。企业管理中全面地应用了电子计算机，各个功能系统可以共享存储在计算机上的整个企业生产经营成果的数据库。电算化会计信息系统成为管理信息系统中的一部分，企业、公司的最高决策也借助计算机系统提供的信息，提高了工作效率和管理水平。

20世纪80年代，微电子技术蓬勃发展，微型计算机大量应用，进入了社会的各个领域，包括家庭在内。信息革命逐渐成为新技术革命的主要标志和核心内容，人类进入了信息社会，微型电子计算机不仅受到大、中型企业的欢迎，也得到了小型企业的青睐。它促使各部门把小型机、微型机的通信线路相互连接，形成计算机网络，提高了计算和数据处理的能力，取代了大型电子计算机。国际会计师联合会1987年10月在日本东京召开了以"计算机在会计中的应用"为中心议题的"第13届世界会计师"大会，成为计算机信息系统广泛普及的重要标志。

20世纪90年代，随着计算机技术的飞速发展，会计信息系统在国际上也呈现出广泛普及之势。美国在这一领域已步入较高的发展阶段，始终处于国际最高水平。美国会计软件的应用也非常普及。据有关资料显示，美国有300～400种商品化会计软件在市场上流通。会计软件产业已成为美国计算机产业的一个重要分支。

二、我国会计电算化的发展

我国会计电算化工作始于1979年，其主要标志是，1979年财政部支持并参与了长春第一汽车制造厂的会计电算化试点工作。1981年8月，在财政部、一机部和中国会计协会的支持下，在长春召开了"财务、会计、成本应用电子计算机专题研讨会"，这次会议成为我国会计电算化理论研究的一个里程碑，在这次会议上提出计算机在会计上的应用统称为"会计电算化"。随着20世纪80年代计算机在全国各领域的应用、推广和普及，计算机在会计领域的应用也得以迅速发展起来。概括起来，可以分为以下几个阶段：

1.缓慢发展阶段（1983年以前）

这个阶段始于20世纪70年代少数企事业单位单项会计业务的电算化，计算机在会计领域的应用范围十分狭窄，涉及的业务十分单一，最普遍的是工资核算的电算化。在这个阶段，由于会计电算化人员缺乏、计算机硬件比较昂贵、软件汉化不理想，会计电算化没有得到高度重视。因此，致使会计电算化的发展比较缓慢。

2.自发发展阶段（1983—1987年）

这个阶段，我国掀起了计算机应用的热潮，微型计算机应用开始进入国民经济的各个领域。主要是由于经济体制改革的不断深化，企业领导认识到企业管理工作特别是会计工作的重要性，实现会计电算化成为大势所趋。电子计算机在会计领域得以迅速发展，会计部门的计算机数量快速增长。1986年7月，上海市率先制定了会计电算化工作的管理规定，至1988年3月财政部的调查统计，已有14%的单位开展会计电算化工作。这一阶段具有理论准备和人才培养不能适应单位的要求，管理工作滞后，各自为战、闭门造车，盲目重复开发，浪费人力、物力和财力资源等特点。

3.稳步发展阶段（1988年至今）

1988年以后，全国相继出现了以开发经营会计核算软件为主的专业公司，如用友公司、金碟公司等。他们在财政部及有关部门的支持下，业务发展较快。1989年12月，财政部颁布了《会计核算软件管理的几项规定（试行）》，1990年7月又颁布了《会计核算软件评审问题的补充规定（试行）》，初步确定了我国会计电算化管理的框架。1996年6月10日，财政部制定颁布了《会计电算化工作规范》，对单位进行会计电算化工作提出了具体的要求，对单位配备的计算机及软件、甩掉手工账和管理制度作了规范，为实际工作推广应用奠定了基础。

在这个阶段，除了一些大企业自主开发外，许多中小企业、政府机关、学校等单位都相继购买了通用的速度和效果较好的财务软件，并替代了手工账，其特点是：开发了一批技术水平较高的会计核算软件；会计软件向通用化、专业化、商品化方向发展，商品化软件开发公司相继成立；财政部门加强对会计电算化工作的管理，出台了管理制度和发展规划；会计电算化理论研究取得了一系列成果，专业著作相继出版；出现管理型财务软件，开始向管理信息系统发展。

目前，我国同国外相比，仍处于实施处理向管理信息系统发展的阶段，并进一步朝管理型网络化发展。现在大多数企事业单位使用的是通用商品化财务软件，以用友公司、金碟公司的软件居多。

三、会计电算化的发展趋势

展望未来，随着互联网应用的迅速发展，包括财务管理、生产管理、人力资源管理、供应链管理、客户关系管理、电子商务应用在内的完整的企业管理信息系统将会得到全面发展。对供应链管理（SCM）系统的重视将逐渐超过财务系统；企业资源计划ERP（Enterprise Resource Planning）系统将得到广泛应用，将由财务专项管理向全面企业管理转变，从而实现对企业物流、资金流和信息流一体化、集成化的管理。

虽然不同规模和不同类型的企业发展很不平衡，但主要发展趋势是向着集成化、网络化、智能化方向发展的。

1.向集成化方向发展

做好财务管理工作，不仅需要财会数据，而且还必须有供、产、销、劳资、物资、设备等多方面的经济业务信息。因此，不仅要有会计核算系统，还必须建立以财务管理为核心的企业全面管理信息系统，同时还要建立决策支持系统等。集成化是将一些具有多种不同功能的系统，通过系统集成技术组合在一起，形成一个综合化与集成化统一的信息系统，实现互相衔接、数据共享。

2.向网络化方向发展

随着计算机网络技术的大规模应用和发展，以及会计核算业务量的增大、业务种类的繁多、对会计信息的分析与研究的深入，计算机单机处理的方式难以完成现有会计核算工作，会计电算化系统必然向网络财务的方向发展。所谓网络财务是指基于Web技术，以财务管理为核心，以实现企业物流、资金流、信息流高度一致为目标，支持企业电子商务并最终实现管理信息化的互联网环境下全新的财务管理模式。

网络的发展对企业会计环境的影响是显而易见的，国际互联网使企业在全球范围内实现了信息交流和共享。在网络环境下会计所需处理的各种数据越来越多地以电子形式直接存储于计算机网络之中，企业外部信息需求者可以通过网络实时获取所需信息进行分析，以便作出有效决策。在实时报告系统下，提供信息具有以下新特点：

（1）实时性（在线反馈）。网络技术可以动态跟踪企业的每一项变动，予以必要提示。

（2）全面性。通过在线访问，企业外部信息需求者可以动态地得到企业实时财务及非财务信息。

（3）实时分析比较。网络环境下在线数据库涵盖了网上所有企业信息，财务人员可依次得到同行业其他有关财务指标，进行比较分析，正确预测企业今后的趋势。可以说未来会计信息的发布和传播，将由使用书面形式转向电子媒介形式，企业内部网与国际互联网、证交所、会计师事务所和税务部门等各网络互联，公共投资者可以上网访问企业主页，浏览查询所需的最新的和以前的财务信息。

3.会计信息报告向实时化、模式多样化方向发展

随着计算机技术的发展和会计软件开发与应用的网络化、智能化的实现，将能够做到以不同的形式、不同的方法实时为各类信息使用者提供最快最新的信息，使其迅速了解单位的生产经营情况，有利于单位的管理者审时度势、抓住机遇、把握未来。研究如何在会计信息系统中应用电子计算机、建立完善的电算化会计信息系统、提高会计核算和管理水平是会计电算化的根本任务。可以预见，在不久的将来，随着计算机技术的迅速发展，我国经济体制的改革及市场经济的发展，会计电算化系统的开发与应用必然渗透到整个企业的管理信息系统的开发与应用中，形成"管理型"、"网络化"的会计信息系统。将会计信息系统与企业的生产经营管理信息系统、市场营销管理信息系统组成网络，使会计电算化向综合应用和高层次管理等方向全面发展。

4.会计软件由"手工型"向"智能型"发展

（1）操作过程的智能化

在凭证输入的过程中就有许多智能化的问题。例如：当用户选择了现收凭证，那么借方科目自动显示现金，或者借方科目输入"现金"，凭证类别自动显示"现收"。又例如：借方已输入"材料采购"科目，那么借方一般还有"应交税金—应交增值税—进项税额"科目，而且其金额已根据本行业的税率与"材料采购"的金额自动计算。这类智能工作还有很多，目前的会计软件还有待完善。

（2）业务分析智能化

业务分析的前提是业务分类，会计核算中的一级科目有几十个，明细科目有几百个，目的之一就是为了分析。目前的会计软件一般还增设了按"部门"、"项目"、"客户"等来分类，也是为了便于分析。国际上流行业务流程重组理论。所谓业务流程重组，是指会计业务除了传统的流程之外，还可以随时根据需要，进行若干次的重新组合。这就要求：一方面把业务重组（分类）的权限交给用户，而不是由软件开发商去限定；另一方面要解决标识的多重性问题。所谓标识的多重性问题，是指一笔业务或一个会计账户需要进行若干次重组（分类）时，可以给予多个不同的标识。

（3）决策支持智能化

所谓决策支持智能化，就是将人类的知识、经验、创造性思维和直觉判断等能力，用计算机语言来表达，模拟人脑进行决策。决策支持智能化主要解决非程序化决策和半程序化决策中无法用常规方法处理的问题。

第三节 会计电算化的总体规划

会计电算化的总体规划,主要是确定单位会计电算化工作在一定时期内所要达到的目标,以及对怎样合理、有效、分阶段地实现这个目标进行规划。它是单位建设会计电算化系统成败的关键。为保证建立的总体规划具有客观性、科学性,而且切实可行,制定总体规划时应从全局着手,时刻意识到会计电算化系统是单位管理信息系统的一个重要的子系统,会计电算化系统的建立和发展必须遵从单位发展的总目标。而且在制定规划时一定要根据单位的实际情况,明确单位需要什么样的会计电算化系统,以及目前单位能提供什么样的条件。还要把会计电算化系统的建立划分为几个阶段,明确每一阶段的具体目标,使会计电算化系统的建立和开展有序、顺利地进行。会计电算化总体规划的主要内容有:

一、明确会计电算化工作的目标

会计电算化工作的目标一般可以分为两类:一类是近期所要达到的目标;一类是远期所要达到的目标。目前单位会计电算化的建立和开展一般是以实现模块的数量来进行的,例如有的单位当前只希望建立工资核算模块,有的单位则希望建立账务核算和报表两个模块,也有的单位希望工资核算、固定资产核算、账务核算、报表核算、应收核算、应付核算和进销存核算等模块全部建立起来。近期的目标建立以后,单位还应该制定长远目标,因为伴随着会计电算化的发展,单位会计电算化的发展是一项长期工作。目前,我国会计电算化是以核算为主,而会计电算化未来的发展方向是发挥管理和决策支持作用。因为会计电算化不仅是将财会人员从繁重的手工劳动中解放出来,更重要的目的还是通过核算手段和管理手段的现代化,提高会计信息处理的准确性和时效性,提高会计的分析和辅助决策能力,从而为提高管理水平和经济效益服务。因此应从单位长期发展计划入手,据此确定会计电算化系统的目标。

二、明确会计电算化系统建立的途径

建立会计电算化系统有许多种途径,两种最基本的途径是开发和购买商品化会计软件。开发一般分为自行开发、联合开发和委托开发等形式,每种方式都有自己的优缺点。具体采用何种途径主要是根据单位管理的需要和经济、技术、组织上的可行性来进行选择。

三、明确会计电算化系统的总体结构

总体结构指的是系统的总体规模、业务核算的范围,以及系统由哪些子系统构成,这些子系统间的联系和子系统间的界面划分。系统结构应从分析现有手工会计的实际情况入手,了解会计电算化系统的任务,业务处理的内容和范围,再结合会计电算化系统的目标来确定。

四、明确会计电算化建设工作的管理体制和组织机构

一方面,单位会计电算化工作的开展涉及人、财、物多个方面及供、产、销多个环节,所以需要明确管理体制,统一协调。因此应在规划中明确规定建设过程中的管理体制和组织机构,以利于统一领导、专人负责、高效率地完成系统的建设工作。另一方面,会计电算化系统的建立不仅改变了会计工作的操作方式,而且引发会计业务工作流程、人员的组织方式等多方面的变革。因此在建立会计电算化管理体制和组织机构时,还应组织专

门人员根据本单位的实际情况制定一套新的工作流程、工作管理制度和组织形式以及各类人员上岗标准等，以便系统投入运行后平稳、安全而有序。

此外还要明确工作步骤、明确会计电算化系统的硬件体系结构和资源配置、制定专业人员的培训与分工计划、明确资金的来源及预算，只有这样才能做好会计电算化系统的规划分工。

第四节　会计电算化的岗位分工

会计电算化以后的工作岗位可以分为基本工作岗位和电算化岗位。基本工作岗位包括会计主管、出纳、会计核算、稽核和会计档案等，基本会计岗位与手工会计的各岗位相对应。电算化岗位是指直接管理、操作和进行系统维护的岗位。岗位设置参考如下：

1.电算化主管

负责协调计算机及会计软件系统的运行工作，应具备会计和计算机知识，以及相关的会计电算化组织管理经验。电算化主管可由会计主管兼任。

2.软件操作员

负责记账凭证和原始凭证等会计数据的输入，各种记账凭证、账簿、会计报表的输出及部分会计数据处理工作。应具备会计软件操作知识，达到会计电算化初级知识的水平。

3.审核记账员

负责对输入计算机的会计数据进行审核，操作会计软件登记机内账簿，对打印输出的账簿、报表进行确认。该岗位应具备会计和计算机知识，达到会计电算化初级知识水平，可以由会计主管兼任。

4.系统维护员

负责计算机硬件、软件的正常运行，管理机内数据。该岗位应具备计算机和会计知识，达到会计电算化中级知识水平，采用大型计算机和计算机网络会计软件的单位，应设立这一岗位。

5.电算审查员

负责监督计算机及会计软件系统的运行，防止利用计算机进行舞弊。该岗位应具备计算机和会计知识，达到会计电算化中级知识水平，该岗位可以由会计稽核人员兼任。

6.数据分析员

负责对计算机内的会计数据进行分析。该岗位应具备计算机和会计知识，达到会计电算化中级知识水平，采用大型计算机和计算机网络会计软件的单位，可设立这一岗位，可由会计主管兼任。

7.档案管理员

负责数据软盘、程序软盘、打印输出的凭证、账簿、会计报表以及系统开发的各种档案资料的保管和保密工作。

8.系统分析员

系统分析员根据用户的需要，并通过对现有手工会计信息系统的接口界面、数据流程和数据结构等进行全面的分析，并在可行性分析的基础上确定会计电算化系统的目标，提出系统的逻辑模型。系统分析是开发电算化会计信息系统的第一阶段，也是最重要的阶段，是下一步系统设计的重要依据。会计信息系统是一个复杂的系统，它与企业其他管理信息子系统有着密切的联系，其内部业务处理过程十分复杂，因此要求系统分析人员熟练掌握企业财会业务和企业管理知识，同时还需要掌握系统分析技术和方法，如系统调查、可行性研究、数据流程分析、数据结构分析，以及逻辑模型提出等技术和方法。此外，由于逻辑模型是为系统设计提供依据的，因此系统分析人员还必须掌握系统开发的其他一些知识和技术，如设计技术、编程、计算机硬件和软件基本知识等，以便设计的逻辑模型符合系统设计的要求。

9.系统设计员

系统设计员的主要职责是把系统逻辑模型转化为系统的物理模型。系统分析人员告诉系统"做什么"，而系统设计人员告诉计算机"如何做"，即确定系统的硬件资源、软件资源、系统结构模块划分及功能、数据库设计等。对系统设计人员来说，其所需知识主要为系统开发技术和计算机知识，同时为了更好、更快地理解系统逻辑模型，还需要具备一定的财会业务知识和企业管理知识。由系统设计人员提出的系统的物理模型是程序员编制应用程序的依据。

10.系统程序员

系统程序员的主要职责是以系统的物理模型为依据，编制程序，并进行调试，检验程序的正确性。

实现会计电算化的单位根据自身情况及电算化会计的特点划分电算化会计岗位，如果单位的会计软件是购入的商品化软件，单位本身没有系统开发任务，单位可以不设置系统分析员、系统设计员和系统程序员等岗位。

第五节 会计电算化的日常管理与维护

一、会计电算化的日常管理

1.建立岗位分工制度

在会计电算化条件下根据会计数据处理和财务管理工作的需要，进行了新的工作岗位分工，同样需要对不同的工作岗位和人员划分新的工作职责和权限，从而明确各自的权利与义务，这样可以保证会计电算化信息系统的有序运行。根据实际情况可以建立会计电算化主管责任制、软件操作员责任制、审核记账员责任制、系统管理员责任制、电算审查人员责任制、数据分析员责任制、会计档案保管员责任制等。

2.建立操作管理制度

操作管理是指对系统操作过程的控制和管理。建立健全操作管理制度并严格执行，是系统安全、有效运行的保证。

3.建立硬件管理制度

硬件管理制度主要是为保证计算机系统和机房设备的正常运转实施的控制，这是系统安全运行的基本前提和物质保证。

4.建立会计软件和会计数据的管理制度

对会计软件和会计数据进行安全保密控制，目的是为了防止软件及数据被他人篡改、更换或破坏。

5.制定会计档案的管理制度

会计档案管理是指会计电算化系统内各类文档资料的保存、安全保管和保密工作。这里的文档资料主要是指打印输出的各种账簿、凭证、报表，储存会计数据和程序的磁盘及其他存储介质，系统开发运行中编制的各种文档以及其他会计资料。

二、会计电算化的维护

1.系统维护的类型

系统维护主要包括：

（1）正确性维护。目的是改正软件中存在的错误。

（2）适应性维护。目的是使软件能随环境的变化而变化，使软件能够继续使用，从而提高软件的使用寿命。

（3）完善性维护。目的是为了提高系统的工作效率和性能。

上述三种维护类型，完善性维护是最重要的，因为从系统的整个生命周期分析，用于完善性维护上的时间和投资甚至会超过正确性维护和适应性维护的总和。特别是高质量的软件，一般具有良好的准确性和适应性，其用于正确性维护和适应性维护的时间和投资一般不会很大。

2.系统维护的内容

对于一个系统而言，进行维护的工作量与系统投入使用的时间长短和质量好坏有关。在系统试用期间维护的工作量较大。系统维护一般包括以下几个方面：

（1）硬件设备维护

硬件设备维护是指对计算机主机、外部设备及机房各种辅助设备进行的检修、保养工作，以保证硬件系统处于良好的运行状态。

（2）数据文件维护

系统的业务处理对数据的需求是不断变化的，所以需要经常对数据进行维护。数据文件维护是指对数据文件的结构及内容进行的扩充、修改等工作，以保证数据文件能满足会计数据处理的需要。

（3）代码系统维护

随着系统环境的变化，旧的代码已经不能适应系统的需求，则必须对代码进行维护。代码系统维护是指对代码系统的结构及内容进行的扩充、修改等处理，以满足会计数据处理的需要。

（4）软件维护

软件维护是指根据实际需要对软件系统进行的修正或补充工作。由于会计电算化系统的业务处理以计算机处理为主，而计算机又是在程序的控制下运行的。因此，如果日常会计业务的处理或数据发生变化时，就可能需要修改某些程序，一般来说，软件维护通常都是在原有的程序基础之上进行修改完成的。

复习思考题

1.如何理解会计电算化的含义、作用？

2.我国会计电算化的发展经历了哪几个发展阶段？

3.简述我国会计电算化的发展趋势。

4.会计电算化总体规划的主要内容有哪些？

5.为了满足会计电算化实施的需要，如何设置会计部门的组织机构及工作内容？

6.通常实行会计电算化的单位需要设置哪些工作岗位？

7.为便于单位电算化日常管理和维护，应采取哪些措施？

第二章

会计信息系统概述

学习目标

通过本章学习，了解会计信息系统，熟悉手工会计与电算化会计的区别，掌握会计信息系统的开发方法和步骤，掌握商品化会计软件的选择与系统转换。

第一节 数据、信息与信息系统

一、数据与信息

数据（data）与信息（information）都是信息科学的基本概念和信息系统处理的基本对象。

1.数据

数据是描述客观事物的性质、形态、结构、数量、价值和其他属性的符号，这种符号是人们能够识别的。

数据不等同于数值，它可以具有多种形式，例如数据可以是数字、文字、图像和声音等，而数值数据只是多种数据形式的一种。

2.信息

通常，人们把数据和信息混为一谈，实质上数据和信息是有区别的。数据一般都是零散的、杂乱的，人们按照一定的目的对数据进行挑选、整理、加工，处理成对自己有用的一组数据，便成为信息。也就是说，信息特指那些经过加工处理后对人们有用的数据。

数据与信息之间存在着区别。首先，信息是经过加工处理后的数据，而数据只是记录客观事物的符号，一般是原始的、未加工的。其次，信息一般是一组有用的特定数据，而数据只是记录，没有目的性。最后，信息因经过加工处理可以立即使用，而数据由于是零散的、杂乱的，必须经过加工整理方可使用。

信息应该具有如下特征：

（1）准确性。信息应该准确、真实。故在加工数据的过程中，要注意剔除虚假不实、错误的数据，同时保持数据的合理精度。

（2）及时性。信息一般具有一定的时效性，过时的信息就失去了原有的使用价值。故在数据整理过程中，要注意合理设计数据收集、处理和传递的方式，以保证信息的及时性。

（3）经济性。信息质量的高低要与形成信息的成本相比较，在基本满足使用者需要的前提下，作投入与产出的对比，以此降低获取信息的成本，提高信息的经济价值。

（4）有用性。信息是有用的数据，使用者不关心的、不能影响使用者行为的数据不能成为信息。

(5) 完整性。信息在提供时应该是完整的、全面的,这样才能满足使用者的需求,达到信息的有效性。

(6) 非消耗性。一个面包,李四吃了,其他人就不能享用了。但是信息就不同,不会因某一信息已被使用而导致不能再被他人使用,同一信息可供多个使用者享用,并且可以重复使用。

二、系统与信息系统

1.系统

系统是指由一系列相互联系、相互作用的元素为实现某一目的而组成的具有一定功能的有机整体。系统是一个广泛的概念,任何相互联系的体系都可以称为系统。一个企业是一个系统,一个学校是一个系统,一个会计软件也是一个系统。

系统具有如下特征:

(1) 整体性。任何系统都是一个完整的体系,各个子系统之间相互联系、有机结合,形成一个完整体系。

(2) 目的性。任何系统都是为一定的目的而服务的,离开目的,系统就不会形成一个有机整体。

(3) 层次性。每个系统都由若干个子系统构成,每个子系统都由更小的系统构成,形成一定的层次。

(4) 动态性。系统总是接受外界的输入,同时对外界产生输出,处于动态。

(5) 独立性。系统是按照一定的特征而划分的,与外界有联系,但同时具有独立性,与外界具有明显的界限。

(6) 适应性。每个系统都应该具有适应性,能根据外界环境的变化调整。

2.信息系统

信息系统具有一般系统的共同特征。信息系统是由数据输入、数据处理、数据存储、数据传递和数据输出几个部分构成的,以提供有用信息为目的的系统。

目前,计算机信息系统大致可以分为三种类型:

(1) 事务处理系统

事务处理系统(Transaction Processing System,TPS)是指用来处理日常业务,通过对业务处理的自动化,实现提高工作效率和工作质量等目的的信息系统。系统中数据的采集、加工、输出是按照设计好的程序进行的。它只是为相关部门提供有用数据,而系统本身并不直接参与业务管理和控制,例如会计核算系统、股票交易系统等。

(2) 管理信息系统

管理信息系统(Management Information System,MIS)是建立在事务处理系统之上的为管理人员提供进行管理所需信息的信息系统。该类系统能利用系统存储的数据和管理模型生成进行管理控制、常规决策所需要的各种报表和资料,即支持结构化决策。管理信息系统更强调其辅助管理的功能,主要是为企业的中层管理人员服务的。管理信息系统一般也泛指各类信息系统。

(3) 决策支持系统

决策支持系统(Decision Support System,DSS)是指以计算机存储的信息和决策模型为基础，由大型的数据库、方法库、知识库组成，以协助管理者解决具有不确定性和多样化的高层管理决策问题，具有较好的人机对话方式的信息系统。决策支持系统不强调全面的管理功能，而是强调支持和辅助决策的作用。决策支持系统支持的是非结构化决策问题，这类决策问题涉及的内容具有多变性和不确定性，一般很难建立解决问题的模型和处理方案，因此决策支持系统在运行过程中，随时需要决策者输入自己的判断和指示，系统会据此制定解决问题的多种方案，并给出方案的可信度，以供管理者取舍并最终决策。

第二节 会计信息系统

一、会计信息系统的概念

从会计学的角度看，会计是以货币为主要计量单位，运用专门的方法，对企事业单位的经济活动过程进行系统的核算和监督的一种管理活动，它是经济管理的重要组成部分，其职能从核算和监督的基本职能，已扩展到控制、预测和决策的职能。据此看来，会计不仅是一个信息系统，而且是管理信息系统MIS的一个子系统，是组织和处理会计业务，为企业提供财务信息，并管理控制企业活动的一个实体，在企业管理信息系统中处于中心和主导地位。

随着计算机科学的迅猛发展和信息处理技术的不断进步，给会计信息系统的工作方式带来了巨大的变化，为会计信息系统赋予了新的内涵。我们今天所说的会计信息系统，既包括手工会计信息系统，又包括会计信息系统。

二、手工会计信息系统的特点

在电子计算机出现之前，人们一直使用手工会计信息系统。通过手工会计信息系统完成会计工作的日常核算工作主要有以下特点：

1.数据量大

会计信息系统以货币作为主要计量单位，对生产经营活动进行系统、连续、全面及综合地核算和监督。一个企业的生产经营活动涉及具体的货币资金、债权债务的收支增减变动。具体品种规格的材料物资和机器设备、工具器具的增减变动，都要归入会计信息系统，经过加工处理，最后得出反映单位财务状况和经营成果的综合性信息。会计数据核算详细、存储时间长、数据量大，占整个企业管理信息量的70%左右。

2.数据结构复杂

会计信息必须反映企业整体的经济活动，主要从资产、负债、所有者权益、成本费用和损益5个方面进行，核算时表现为5大分支体系。这些数据不仅结构层次较多，而且数据处理流程也比较复杂，一项经济业务的发生，可能引起各个方面的变化。数据处理系统比其他信息处理系统要复杂得多。

3.数据加工处理方法要求严格

会计信息系统对各项经济业务的处理都必须遵守一套严格的准则和方法，如存货计价、成本计算等，从内容到范围，在会计法规和财经制度中都做了明确的规定，必须严格按规定执行，不得随意更改。

4.数据的及时性、真实性、准确性、完整性及全面性等要求严格

会计信息的及时性是对经济活动有效核算和监督的基础，会计信息系统应该及时地向

有关部门及个人提供数据，及时将有关资金运转、成本消耗的信息反馈给管理部门，以利于管理者能够及时作出正确的决策。为全面反映经济活动情况，会计信息系统收集的数据必须齐全，不允许有疏漏，保证资料的连续、完整。数据加工的过程要有高度的准确性，不能有任何差错。只有全面、完整、真实和准确地处理会计数据，才能正确反映企业的经营成果和财务状况，准确处理国家、企业及个人之间的财务关系。

5.安全可靠性要求高

会计信息系统的有关资料包含了企业单位的财务状况和经营成果的全部信息，是重要的历史档案材料，不能随意泄露、破坏和丢失，应采取有效措施加强管理，保证系统数据的安全可靠。

总之，在手工会计信息系统中，信息的处理方式就是人力手工。由于数据量大、计算繁杂，广大的财务人员整天忙于数据处理完成会计核算，不能更好地发挥会计的监督和参与决策的职能。

三、会计信息系统的特点

会计信息系统是以电子计算机为主的、以当代电子信息处理技术为手段的会计信息系统，就是在会计信息系统中使用计算机作为主要数据处理工具所形成的系统。由于计算机的高速度和高精度，把财会人员从枯燥的手工数据处理中解放出来，因而使他们能够更好地发挥会计的职能。

计算机方式下的会计信息系统具有以下几个主要特点：

1.及时性与准确性

计算机方式下的会计信息系统，其数据处理更及时、准确。计算机的运算速度决定了对会计数据的分类、汇总、计算、传递及报告等处理几乎是在瞬间完成的，并且计算机运用正确的处理程序可以避免手工处理出现的错误。计算机可以采用手工条件下不宜采用或无法采用的复杂的、精确的计算方法，如材料收发的移动加权平均法等，从而使会计核算工作更细、更深，能更好地发挥其参与管理的职能。

2.集中化与自动化

计算机方式下的会计信息系统，各种核算工作都由计算机集中处理。在网络环境中，信息可以被不同的用户共享，数据处理具有集中化特点。对于较大的系统，如大型集团或企业，规模越大，数据越复杂，数据处理就越要求集中。由于网络中一台计算机只能作为一个用户完成特定的任务，使数据处理具有相对分散的特点。计算机方式下的会计信息系统，在会计信息的处理过程中，人工干预较少，按照程序、指令进行管理，具有自动化的特点。

3.人机结合的系统

会计工作人员是会计信息系统的组成部分，不仅要进行日常的业务处理，还要进行计算机软硬件故障的排除。会计数据的输入、处理及输出是手工处理和计算机处理两方面的结合。有关原始资料的收集是计算机化的关键环节，原始数据必须经过手工收集、处理后才能输入计算机，由计算机按照一定的指令进行数据的加工和处理，将处理的信息通过一定的方式存入磁盘、打印在纸张上或通过显示器显示出来。

4.内部控制更加严格

计算机方式下会计信息系统的内部控制制度有了明显的变化，新的内部控制制度更强调手工与计算机结合的控制形式，控制要求更严、控制内容更广。

四、手工会计信息系统和会计信息系统的区别

会计信息系统和手工会计信息系统都是按国家统一的会计制度来处理和提供会计信息的，但是二者之间存在区别：

1.运算工具不同

手工会计系统使用的工具是纸、笔、算盘和计算器；计算机会计系统使用的工具是电子计算机。

2.信息载体不同

手工会计系统的信息载体是纸张，占用空间大，不便于查询；计算机会计系统的载体是磁盘、光盘等，占用空间小，借助于计算机系统可以方便快速地进行查询。

3.核算形式不同

手工会计系统的会计核算形式有记账凭证、科目汇总表、汇总凭证和日记账四种形式；计算机会计系统则通过凭证数据库、科目余额数据库等数据库方案形式进行。

4.岗位设置不同

手工会计系统的岗位通常是出纳、存货、工资、固定资产、收入利润、总账报表、稽核和会计主管；计算机会计系统的岗位主要是电算主管、软件操作、出纳、审核记账、维护、审查和数据分析。

5.账簿规则不同

手工会计系统账簿种类有订本账、活页账，更正错账的方法有划线更正法、红字更正法和补充登记法。计算机会计系统账页是折叠或卷带状的，错账的更正方式主要是留有痕迹的更正（相当于红字更正法和补充登记法）。

6.内部控制不同

计算机会计系统取消或改变了手工会计系统中的一部分内部控制方式，如账证核对等，增加了一些内部控制手段，如输入控制、权限控制和序时控制等。

会计信息系统包括手工会计信息系统和会计信息系统，通常我们说的会计信息系统是指会计信息系统，这已被人们所普遍接受。在本书中，我们所说的会计信息系统均指会计信息系统。

第三节　会计信息系统的开发

会计电算化的核心是会计信息系统的设计与使用，也就是如何设计与使用会计软件的问题。

一、会计信息系统的开发方法

会计信息系统的开发是一项庞大而复杂的过程，需要会计人员、计算机技术人员和用户等多方面人员花费几年甚至更长的时间才能完成，所以必须选择行之有效的系统开发方法。目前应用较为普遍的系统开发方法是生命周期法。

生命周期法把一个信息系统从其提出、分析、设计和使用，直到停止使用的整个生存期视为一个生命周期。整个生命周期划分为6个主要工作阶段：可行性分析阶段、系统分析阶段、系统设计阶段、系统实施阶段、系统运行阶段、维护与评价阶段。每一个阶段都

有明确的任务，都要将工作结果形成文档资料，并移交下一阶段继续处理。

第一阶段：系统准备，也称为可行性分析或可行性研究。主要任务是对现行系统进行认真的初步调查，分析新系统开发在经济上、技术上和组织上等方面的必要性和可能性，并编写可行性分析报告。

第二阶段：系统分析。主要任务是对现行系统进行全面的分析研究，找出现行系统存在的问题，在充分理解用户需求的基础上，确定新系统的目标，建立新系统的逻辑模型，将现行系统模型转换成能实现新系统的逻辑模型，解决新系统"做什么"的问题，并编写系统分析说明书。

第三阶段：系统设计。主要任务是在系统分析的基础上，根据新系统的逻辑模型，设计出新系统的具体实现方案，解决新系统"怎么做"的问题，并编写系统设计说明书。

第四阶段：系统实施。主要任务是根据系统详细设计说明书编制出可在计算机上运行的源程序，并进行程序的调试和测试，并编写程序说明书和测试报告。

第五阶段：系统运行、维护与评价。主要任务是完成新旧系统的转换，在系统运行过程中进行调整和维护，分析新系统是否达到预期目标，并编写开发总结报告、运行及维护手册等。

生命周期法通常采用结构化系统分析和系统设计方法，自上而下地分析、设计，强调开发过程的整体性和全局性；开发过程在时间上基本按阶段进行，任务明确；结合用户需求进行开发；开发周期长，维护不方便；适用于开发大型信息系统。

二、会计信息系统的设计原则

为保证会计信息系统的质量，达到会计电算化的目标，会计信息系统在设计过程中应遵循以下原则：

1.合法性原则。系统设计必须符合《中华人民共和国会计法》及其他经济法的规定，以保证机构设置、岗位人员分工、操作使用、输入和输出及内部处理等符合会计工作的相关规定。

2.准确性原则。对各项输入数据应具有严格的出错检查和完善的自我控制能力，以保证输入数据及操作的准确性，数据加工处理要精确、完整和及时。

3.适应性原则。一是会计软件及其功能设置要适应企业管理的需要，二是在软件设计时要考虑到可能出现的各种特殊情况的处理。

4.强制性原则。对已输入并入账的各项数据，应摒弃修改功能。未入账的系统内会计凭证可提供留有痕迹的更正功能。账簿应设有打印和查询功能，打印输出的账页应连续编号。

5.安全性原则。保证操作权限、职能分割的牵制作用，采取加密控制。在计算机发生故障或由于其他原因引起内外存会计数据被破坏的情况下，应具有利用现有数据恢复到最近状态的功能。

6.易使用原则。会计信息系统应功能齐全、操作方便，具有良好的用户界面，具有准确简明的操作提示，尽可能地使用会计术语。

三、会计信息系统的开发过程

按照软件系统开发的生命周期法，会计信息系统的开发可按如下步骤进行：

（一）系统开发的准备阶段

系统准备阶段的主要任务是对现行系统进行初步的调查研究，论证新系统开发的可行性与必要性。基本按以下3个方面进行：

1.初步调查

主要任务是对现行系统进行初步调查，掌握与系统有关的基本情况，作为可行性分析的基础。

2.可行性分析

主要任务是在初步调查的基础上，分析论证企业现有条件下开发新系统的必要性与可行性。

3.可行性分析报告

完成可行性分析后应编写可行性分析报告。可行性分析报告的主要内容包括：

（1）初步调查情况。

（2）可行性分析。

（3）新系统备选方案。

（4）结论。结论有3种：一是可以开发一个新系统；二是对原系统进行修改和补充；三是不需要开发新系统。

可行性分析报告形成后，应交给企业领导人、有关管理人员、财务人员和系统开发人员，并邀请一些有经验的、局外的管理专家和系统开发专家进行论证，对新系统开发的可行性作出结论。可行性分析报告正式通过后，即可进入系统分析阶段。

（二）系统开发的分析阶段

系统分析阶段的主要任务是在现行系统的基础上，结合用户的需求，建立新系统的逻辑模型，解决新系统"干什么"的问题。一般按以下步骤进行：

1.详细调查

主要任务是掌握系统业务处理的流程及所有输入、处理、输出及存储等环节的详细资料。

调查的内容主要包括组织机构、系统功能、业务流程以及业务流程中各环节涉及的账表和具体输入处理、输出内容及现行系统存在的问题等。

调查的方法主要有开座谈会、收集资料、访问、书面调查及参加实践等。

2.描述现行系统的模型

主要任务是在详细调查的基础上，用一定的方式来描述现行系统的逻辑模型。

常用的方法是结构化系统分析方法，其采用"自上而下、逐层分解"的方法，将一个功能复杂的系统逐步分解为若干个能用计算机直接处理的功能模块，分析的结果以结构化的图表形式来描述对象的逻辑模型。结构化系统分析的工具主要有数据流程图、数据字典等。

3.建立新系统的逻辑模型

其主要任务是在现行系统逻辑模型的基础上，结合用户的需求，仔细分析评价现行系统。在原有功能基础上进行修改，确定新系统的功能体系，并自上而下逐层修改数据流程和数据结构，建立新系统的逻辑模型。

4.系统分析说明书

完成系统分析后应编写系统分析说明书，系统分析说明书的内容主要包括：

（1）现行系统概况。

（2）新系统的逻辑模型，包括新系统的目标、子系统的划分、新系统的数据流程图、数据字典及性能说明等。

（3）运行环境规定。

系统分析说明书要经过领导、专家和系统分析人员共同审查。系统分析说明书一旦审阅通过，系统分析阶段就结束了，即可进入系统设计阶段。

（三）系统开发的设计阶段

系统设计阶段的主要任务是在系统分析的基础上，根据新系统的逻辑模型建立新系统的物理模型，解决新系统"怎么做"的问题。系统设计包括总体设计和详细设计两部分。

1.总体设计

主要任务是将新系统按功能划分为若干子系统，确定各个子系统的功能及各个子系统之间的联系，并对各个子系统划分功能模块，设计系统结构图。

（1）子系统的划分。

主要任务是对新系统按功能划分为若干个子系统。

（2）模块结构图。

系统设计常用的方法是结构化系统设计方法。将一个大的系统通过"自上而下"和"自下而上"的反复，逐层划分为多个功能明确、大小适当和易于程序实现的模块。模块设计时应使模块具有较强的独立性，即要尽量降低模块的耦合度，提高模块的聚合度，划分的模块大小要适中。划分的结果以模块结构图表示。

（3）系统配置方案设计。

主要任务是根据系统性能、吞吐量、响应时间等选择计算机系统配置。

2.详细设计

主要任务是在系统总体设计的基础上，确定新系统各个模块的具体实现方案。详细设计的内容主要有：代码设计、输入设计、输出设计和数据文件设计等。

（1）代码设计。

代码是代表事物名称、属性、状态等的符号。用代码代替被编码的客观事物，便于计算机进行输入、存储、处理和输出。

（2）输入设计。

主要任务是对各种输入数据的输入格式进行设计。

（3）输出设计。

主要任务是对各种账、证、表的内容，输出方式及格式等进行设计，输出用户满意的账证表数据。

（4）数据文件设计。

数据文件设计的内容主要包括确定系统需要建立的数据文件、数据文件的组织形式设计和结构设计。

3.系统设计说明书

完成系统设计后要编写系统设计说明书。系统设计说明书的内容主要包括：

（1）系统设计的目标和任务。

（2）系统总体设计方案。

（3）系统详细设计方案。

（4）系统物理设计方案。

系统设计说明书一旦被审查通过，系统设计阶段就结束了，即可进入系统实施阶段。

（四）系统开发的实施阶段

系统开发实施阶段的主要任务是将系统设计的新系统方案转化为可运行的实际系统，进行程序设计、系统调试和测试。

1.程序设计

主要任务是根据系统分析和系统设计的文件，使用某种程序设计语言和编程工具编写出可在计算机上执行的源程序。

常用的程序设计方法是结构化程序设计方法，主要使用的程序设计语言有 Visual C++、Visual Basic、Visual Foxpro等。

2.系统调试和测试

主要任务是对程序设计的结果进行全面的检查，查找并纠正错误。

系统调试包括程序调试和系统联调两部分。

（1）程序调试。程序调试是以程序模块为单位，对模块逐个进行调试以发现其中的语法错误和逻辑错误等。

（2）系统联调。系统联调是在程序模块单调的基础上，依据系统分析、系统设计报告，将相关的模块和相关的子系统连接起来进行调试，包括子系统的测试和系统总调。子系统测试是在模块测试的基础上，解决模块间的调用问题。系统总调是在子系统测试的基础上进行子系统之间接口调试。

完成系统调试后，如果系统功能完备、性能良好，就可以用新系统替代老系统，进行系统转换了。

（五）系统运行、维护与评价

主要任务是完成系统转换，在系统运行中进行维护，并评价系统开发的成果。

1.系统转换

主要任务是完成新老系统的交替。

在系统切换前，要准备好系统所需要的数据、文档并进行用户培训工作。

系统切换方式一般有3种：

（1）直接转换：指在某一特定时刻，旧系统停止使用，新系统立即使用。这种方式最简单，费用较低，但风险较大。

（2）平行转换：指新旧系统同时并列运行一段时间，同时处理同一批数据，相互比较印证。这种方式较安全，可靠性高，风险较小，但费用较高。

（3）逐步转换：一部分一部分地完成新旧系统的转换。这种方式既避免了直接转换的风险，又避免了平行转换的双倍费用，但这种方式接口较多，控制技术较复杂。

2.系统维护

主要任务是当系统环境和其他因素发生变化时，要对系统进行必要的修改与完善，以保证系统正常运行。

维护的内容主要有：

（1）硬件设备维护。其主要工作一是定期对设备进行保养；二是当设备发生突发性故障时，由专人维护。

（2）数据文件及代码维护。为使数据文件和代码系统适应会计数据和系统不断变化的需要，要对数据文件和代码进行修改。

（3）软件维护，包括正确性维护、适应性维护、完整性维护和预防性维护。

3.系统评价

主要任务是用定性方法和定量方法评价系统的经济效果和各项性能指标，分析系统是否达到预期目标，并指出系统的长处与不足，为未来的工作提供依据。完成系统评价后要编写系统评价报告。系统评价报告的主要内容有：系统的比较、系统开发结果、系统指标评价。

系统评价报告是对新会计信息系统开发的总结和评价，也是对系统运行过程进行维护的依据。当一般维护工作不能满足管理上对会计信息的要求时，就需要开发一个新的更先进的会计信息系统。

第四节 商品化会计软件的选择与系统转换

一、商品化会计软件的选择

随着我国会计电算化的逐步成熟和发展，我国已经形成了一个规模很大的会计软件市场，并涌现出一批质量较高的会计软件。如市场占有率较高的用友、金蝶软件等。所以，在我国越来越多的企事业单位是通过购买商品化会计软件来实现会计电算化的。在选购会计软件时应注意以下几个方面：

（一）明确软件的运行环境

与单位实际情况相结合，明确软件运行的硬件环境和软件环境。

1.硬件环境

硬件环境主要应了解软件运行时硬件应达到的标准，如计算机的硬件型号、硬盘的容量、显示器的型号、内存的大小以及打印机的要求等。

2.软件环境

会计软件是一种应用软件，需要在系统软件的基础上来运行。所以应明确会计软件需要什么样的操作系统来支持，会计软件使用的数据库管理系统有哪些等。

（二）了解会计软件的基本情况

1.会计软件是否通过财政部门评审

会计工作要遵循全国统一的会计制度和相关财经法规中的有关规定，对执行会计工作的商品化会计软件也不例外。《会计电算化管理办法》规定，为了保证商品化会计软件的质量，财务软件必须经过省级以上财政部门评审以后，才能在市场上销售。不经评审的软件在质量上不能保证，也不能得到财政、税务、审计等部门的承认，不能代替手工记账。所以，对于会计软件用户，为了保证财务信息的安全，一定要选用已经通过评审的财务软件。

2.会计软件的技术性能

（1）操作使用是否简单易学

虽然在我国计算机的普及程度越来越高，但会计人员对计算机的熟悉程度仍然不是很高，仍缺乏系统的计算机方面的知识和操作上的经验。如果操作过于复杂，学习起来就困难，很容易引起会计人员的误操作，从而带来不必要的麻烦。这样就要求在选择商品化会计软件时尽可能选择简单易学的。

（2）软件运行是否安全可靠

安全可靠是对会计软件最重要的要求。会计软件的安全可靠性是指会计软件处理信息的准确性、防止会计信息被泄漏和破坏的能力。集中体现在软件的防错、纠错能力上，包括对操作权限的控制、操作错误的提示处理、计算机发生故障或由于强行关机等引起数据破坏的恢复、程序及数据被篡改后的恢复等。

（3）文档资料是否齐全

最基本、最重要的文档资料是用户操作手册，又称使用说明书。它应尽量详细地介绍系统的功能和用户的操作步骤，以及系统对操作的反应，以帮助用户熟悉软件的使用并排除某些操作产生的故障。文档资料中还应有系统运行时产生的凭证、账簿、报表等样本资料。它可以帮助用户判断系统的功能是否满足自己的需要。文档资料中最好能有对系统的测试方案，以帮助用户验证系统的功能与控制能力。如果文档资料中有系统的业务处理流程及数据结构说明甚至程序清单，就更完善了。

3.会计软件的实用性与先进性

会计软件并非只要通过财政部门的评审就一定是好软件。在选择商品化软件时，还应考察该软件对本单位是否实用以及和其他商品化会计软件相比是否更加先进。不同种类的会计软件，其性能、水平也各不相同，都在某些方面有自己的优点或缺点。如有的在商品流通行业使用起来比较方便，而有的在工业企业效果更突出。因此，选择时应认真考察软件的优点和缺点，并根据本行业、本单位的特点提出一些关键性的问题，看看软件能否满足自身要求，对于单位来说是否具有很强的实用性。

先进性是指该软件在同类产品中的先进程度，它包括安全性、可靠性、功能的完备性及运行效率等。由于各单位财务制度、核算方法并非一成不变，而且使用软件后对信息处理的及时性和准确性有很高的要求。因此，先进性是单位选择商品化会计软件的重要因素之一。

（三）了解软件公司的信誉和售后服务情况

随着我国会计电算化事业的发展，软件用户和软件公司都越来越重视售后服务的好坏。一方面，对于软件公司来说，售后服务在公司的业务中占的比例越来越大，可以说售后服务的质量是它的第二生命；另一方面，对于使用单位来说，售后服务的质量是单位会计电算化系统正常运行的一个保证。目前，在我国，购买会计软件的众多用户很难自己去排除会计软件在运行中发生的故障，主要还是依靠软件公司进行日常的维护工作。所以，单位在选择会计软件时，必须对软件的开发和经销单位的信誉及售后服务进行考察。考察软件公司是否重信誉、守合同，售后服务质量如何。售后服务主要包括：对用户的操作培训和应用指导、会计软件的日常维护与维修、软件版本的更新等方面。除此之外，使用单位也可以针对自身的特点与软件经销单位商定售后服务方式，明确售后服务项目，明确哪些是无偿提供，哪些需要交纳服务费。

（四）软件的价格是否合理

目前在我国各软件公司推出的会计软件价格各不相同，所以单位在购买软件时应与其他同档次的会计软件进行比较，选择能满足单位需要的而且价格便宜的软件。在购买会计软件时，还要看软件价格中是否包括系统软件，如操作系统等。如果单位已经有了这些系统软件，便可将这部分剔除。

（五）应考虑企业会计电算化的发展情况

随着企业的逐步发展，企业的会计工作将发生很大变化，如经济业务的变化、组织机构的变化以及企业管理需要的变化，都会对会计软件提出新的要求，这就要求软件应满足企业未来发展的需要。

二、试运行

（一）试运行的目的

会计软件与其他应用软件比较起来，有自己的特殊性，对数据的准确性、时效性有较高的要求，并应严格按照财务准则进行人员分工，而且对如何安全、准确、可靠地把手工会计系统下的数据转换到新系统中也有严格的要求，这就需要对经过一定时间运行的信息系统进行确认。这个阶段是会计软件使用的初期阶段，一般是人工与计算机同时进行会计业务处理，因而又称人机并行。它是从手工会计系统转换到会计电算化系统必不可少的一个阶段，其目的有：检验核算方法的正确性，检验人员分工的合理性，提高软件操作的熟练性。

（二）试运行的主要内容

1.购买计算机软件与硬件系统

计算机硬件的购买和安装是试运行的物质前提，企业按照会计电算化总体规划及需要创建的会计电算化信息系统的要求建设机房及购买计算机、打印机、空调等，并应该在试运行之前建设和安装完毕。在此基础上，在计算机中安装好系统软件，为会计软件的使用创造良好的运行环境。这一过程耗费的时间较长，而且资金耗费较大，所以在进行总体规划时一定要进行具体、有效的规划，如期地实施，以免影响会计电算化信息系统的实现进程。

2.会计业务的规范化

主要是对会计业务工作进行一次全面清理，彻底解决遗留问题，为设计会计电算化方式的核算方案做好准备。这项工作的进行，应当按会计工作的达标升级标准进行，并应特别注意与会计电算化关系比较密切的几项内容：

（1）会计核算程序的规范化。实施会计电算化以后，由于是按照计算机数据处理的要求来开展工作，所以应避免手工方式下的多人处理、各自记账等情况，而要使财务工作的组织形式科学化，核算次序要明确，哪些先做、哪些后做必须要有统一的安排。

（2）凭证的规范化。应该按照软件所给出的凭证编号方式、凭证摘要和凭证内容的格式进行输入，会计电算化以后的记账凭证的格式应该是统一的。

（3）需要编码的科目、部门、人员等内容的编码应该规范化。

（4）完成各项对账工作，保证各种数据进入会计电算化系统前账账相符、账实相符。

（5）成本核算方法的规范化。根据本企业实际情况明确规定成本核算方法。

3.使用电算化核算信息系统进行试运行时应检查和调整的工作

（1）检查和调整各种核算方法的实践性、科学性和准确性。

（2）检查会计科目体系，看其是否能够适应核算要求、报表要求、管理要求和会计制度要求，科目体系是否完整，各种勾稽关系是否正常。

（3）检查已制定的各种方案、工作程序和各项管理制度是否完善，各个核算方案之间的组织安排、财务核算工作程序是否合理。

（4）检查会计软件的完善程度，应对该软件的各种功能进行全面测试，充分暴露存在的问题，向软件经销单位提出完善的要求，并与经销单位广泛接触，努力使财会工作思想与软件设计思想融为一体。

（5）检查是否按会计电算化正常的人员配置进行分工，明确不相容的工作不允许由一个人完成。

（6）检查是否按日常会计核算的要求来处理每日数据，是否有在月底集中输入、集中审核、集中记账的情况。

（7）检查错账的处理是否按规定的程序和方法进行，是否有凭证审核人员直接修改输入内容的现象。

三、替代手工记账

（一）替代手工记账的条件

实现计算机替代手工记账是会计电算化的目标之一。根据《会计电算化工作规范》的规定，用计算机替代手工记账的单位应具备以下条件：

（1）配备适用的会计软件和计算机硬件设备；

（2）配备相应的会计电算化工作人员；

（3）建立严格的内部管理制度。

根据规定，计算机应与手工并行3个月以上，一般不超过6个月，且计算机与手工核算数据相一致，并且接受有关部门的监督审查才可以用计算机替代手工记账。

（二）替代手工记账的申请程序

1.提出申请

根据《会计电算化管理办法》的规定，各省、自治区、直辖市及国务院业务主管部门对用计算机替代手工记账的情况都制定了具体的管理办法。一般分为两种管理形式：一种形式是由财政部门直接负责对申请替代手工记账的单位进行审查；另一种形式是财政部门间接管理，由申请替代手工记账的单位委托会计师事务所等中介机构进行审核，并出具计算机替代手工记账审批的报告，抄送财政、税务、审计、业务主管部门等，由财政部门进行审批。

2.检查

负责替代手工记账验收的单位在收到甩账申请后，指定甩账验收计划，并通知被审单位。审查的内容主要有：使用的会计核算软件是否达到了财政部颁布的《会计核算软件功能规范》的要求；计算机硬件、设备设置和运行环境情况；会计电算化岗位的设置；人机并行3个月以上的账、证、表；各种制度是否健全、是否得到贯彻落实等。

3.审批

对已经通过替代手工记账验收的单位，审查部门应及时向该单位和有关部门提供甩账报告。报告的内容包括：验收的日期，会计软件名称及版本，验收方法、内容，以及存在的不足和改进建议等。单位接到报告后，应对不足加以改进，再甩掉手工账。

复习思考题

1.会计电算化信息系统的特点有哪些?

2.会计电算化信息系统与手工会计信息系统有哪些区别?

3.简述生命周期法的基本思想及优缺点。

4.简述会计信息系统的开发步骤。

5.简述如何选择商品软件。

第三章

会计信息系统总体设计

学习目标

通过本章学习，了解会计信息系统的总体设计思路，熟悉会计信息系统的模块划分，掌握会计信息系统主要数据文件的设计，掌握主控程序的设计方法及主控菜单的设计。

第一节 会计信息系统的模块划分

一、模块划分的标准

会计信息系统采用结构化的技术进行系统设计，结构化设计的基本思想是模块化。所谓模块化指的是把一个系统分解成若干个彼此具有一定的独立性，同时也具有一定的联系的组成部分，这些组成部分就是模块。

模块的划分应使单个模块的独立性最强，模块大小适中。一方面使单个模块设计和调试方便，另一方面又要使模块之间的接口调试方便，这样的系统才易于实现。

模块的划分标准有两个：一是模块本身的内在联系，即模块内部各部分联系的紧凑程度，称为聚合度，聚合度越高，模块独立性越强。二是模块之间的联系，即模块之间的信息联系密切程度，称为耦合度，耦合度越小，模块独立性越强。

二、子系统的划分

任何一个复杂的系统都可以采用结构化设计方法，根据模块划分的标准，首先将系统按功能分割，划分为若干个子系统。所谓子系统，可理解为组成系统结构的最上层模块，因此子系统的划分也要求：

（1）被划分后的各子系统的功能尽可能和现行系统各组织机构的功能一致，这样既便于组织管理工作的开展，也便于信息系统数据的收集和传送以及各项处理活动的开展。

（2）各子系统应相对独立，尽可能减少各子系统相互之间的联系。

（3）各子系统应具备相对独立地完成数据输入、处理和输出功能的部分。

通常可将会计信息系统划分为：会计核算系统、预测决策分析系统、计划编制系统、财务分析系统。

本书的会计信息系统仅包括核算部分，通常将会计核算系统划分为：总账（包括银行对账）、工资、固定资产、应收账款、应付账款、存货、产品成本、销售、会计报表等九个子系统。会计信息系统结构（核算部分），如图3-1所示。

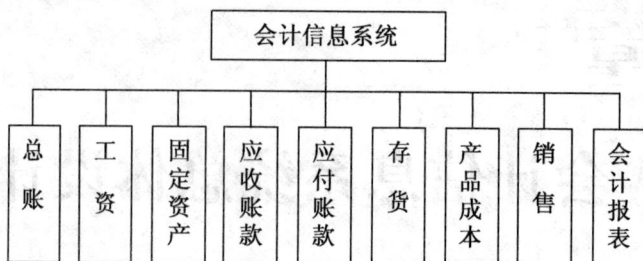

图3-1 会计信息系统结构（核算部分）

三、子系统的功能及子系统间的相互关系

（一）子系统功能

1.总账子系统，见表3-1。

表3-1　　　　　　　　　　　　　总账子系统

输　入	处　理	输　出
记账凭证(原始凭证) 自动转账	登记 汇总	总账 日记账 明细账 汇总表

银行对账系统是总账子系统的一部分，见表3-2。

表3-2　　　　　　　　　　　　　银行对账系统

输　入	处　理	输　出
银行对账单 转来的日记账	对账	余额调节表 未达账项

2.工资子系统，见表3-3。

表3-3　　　　　　　　　　　　　工资子系统

输　入	处　理	输　出
人事变动信息 考勤信息 扣款信息	计算 汇总 分配 计提 转账	工资条 工资存档表 工资汇总表 工资分配表 转账凭证

3.固定资产子系统，见表3-4。

表3-4　　　　　　　　　　　　　固定资产子系统

输　入	处　理	输　出
购置凭证 交接凭证 报废凭证	登记 撤销 计提 对账 转账	固定资产明细表 折旧计算表 转账凭证

4.应收账款子系统，见表3-5。

表3-5　　　　　　　　　　　　　应收账款子系统

输　入	处　理	输　出
销售发票 收款凭证	登记 对账 账龄分析	明细账 账龄分析表

5.应付账款子系统，见表3-6。

表3-6　　　　　　　　　　　　　应付账款子系统

输　入	处　理	输　出
购货发票 付款凭证	登记 对账 账龄分析	明细账 账龄分析表

6.存货子系统，见表3-7。

表3-7　　　　　　　　　　　　　存货子系统

输　入	处　理	输　出
入库凭证 出库凭证	登记 汇总 计算差异 分配 对账 转账	材料明细账 收料汇总表 差异计算表 发料汇总表 转账凭证

7.产品成本子系统，见表3-8。

表3-8　　　　　　　　　　　　　产品成本子系统

输　入	处　理	输　出
从账簿中取数据 分配标准 定额资料	归集 分配 转账	汇总表 分配表 计算单 转账凭证

8.销售子系统，见表3-9。

表3-9　　　　　　　　　　　　　销售子系统

输　入	处　理	输　出
销售发票 结算凭证	登记 汇总 计算 分配 转账	明细账 汇总表 计算表 转账凭证

9.会计报表子系统，见表3-10。

表3-10　　　　　　　　　　　　　　会计报表子系统

输　　入	处　　理	输　　出
总账 成本计算 销售核算 前期报表	编制	各种会计报表

（二）子系统间的相互关系

子系统间的相互关系，如图3-2所示。

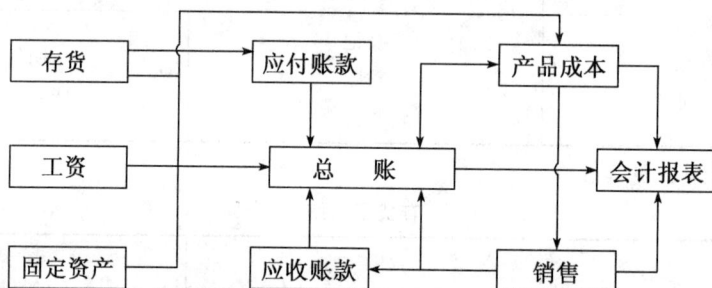

图3-2　子系统间的相互关系

在会计信息系统中，总账子系统是核心部分，与其他子系统有密切的联系。

1.存货子系统需要总账子系统提供有关方面的数据，而存货子系统核算的入库成本、发出成本和成本差异等转账数据又反馈给总账子系统。

2.工资子系统中工资费用分配的数据和福利费用提取的数据都要通过转账处理传递给总账子系统。

3.固定资产子系统中固定资产折旧费用的提取等有关方面的数据应通过转账处理传递给总账子系统。

4.应收账款子系统需要销售子系统提供销售发票、销售实现和货款回收等数据给总账子系统。

5.应付账款子系统需要存货子系统提供存货采购成本的数据，又要将应付货款和货款支付等数据提供给总账子系统。

6.产品成本子系统一方面需要存货子系统提供直接材料消耗数据，工资核算子系统提供直接人工消耗数据，另一方面还需要总账子系统提供各项间接费用数据，最后将完工产品成本结转给总账子系统。

7.销售子系统需要总账子系统提供销售实现和货款回收情况的数据，同时也要将与结转销售有关的数据传递给总账子系统。

8.会计报表子系统的数据主要来源于总账子系统，还有一部分数据来源于成本计算子系统和产品销售核算子系统。

上述各子系统间数据的相互传递关系，反映了会计核算系统各组成部分的接口问题，同时也明确了会计电算化网络系统数据的相互传递关系。

第二节　系统初始设置及主菜单设计

　　会计信息系统主菜单的作用是将各个子系统连接起来，方便用户操作，也有利于整体控制，能够让用户自行定义系统初始参数，并且在系统启用后，其部分主要数据要遵循所定义的数据规则，这便是应用软件通用化的设计思想。

　　系统初始参数包括：某一独立核算单位（账套）的名称、业务主管的名称和口令的初始输入；是否需要预置会计科目；会计科目各级别长度的定义；账套启用日期的设置等内容。

　　一、主菜单设计

　　主菜单体现了该系统的全部功能，只要用鼠标选取相应的菜单项就可执行相应的功能。

　　《会计信息系统设计》教学软件主菜单：

　　一级菜单（菜单栏）

　　系统管理

　　账务处理

　　往来核算

　　工资核算

　　材料核算

　　固定资产

　　会计报表

　　上述每个一级菜单项均包含下一级菜单（下拉式菜单）

　　二级菜单、系统管理：（下拉式子菜单）

操作员管理	DO FORM QXGL
重新建账	DO CXJZ（未作）
数据管理	DO SJGL（未作）
操作日志	DO CZRZ（未作）
重新登录	DO CXDL
—分隔线—	
退出	DO EXIT_XT

　　二级菜单、账务处理：（下拉式子菜单）

凭证处理	（子菜单）
账簿处理	（子菜单）
—分隔线—	
银行对账	（子菜单）
—分隔线—	
建账	（子菜单）

　　三级菜单、凭证处理：（弹出式菜单）

填制凭证	DO　JZPZ_TZ

修改凭证　　　DO　JZPZ_XG

审核凭证　　　DO　JZPZ_SH

查询凭证　　　DO　JZPZ_CX

汇总凭证　　　DO　JZPZ_HZ

—分隔线—

打印凭证　　　=messagebox（'尚无此内容'，48，'操作提示'）

—分隔线—

摘要管理　　　DO　FORM ZYGL

—分隔线—

定义转账凭证 =messagebox（'尚无此内容'，48，'操作提示'）

三级菜单、账簿处理：（弹出式菜单）

登记账簿　　　DO FORM DJZB

查询账簿　　　DO FORM CXZB

—分隔线—

结账　　　　　DO FORM JZ

—分隔线—

打印账簿　　　=messagebox（'尚无此内容'，48，'操作提示'）

三级菜单、银行对账：（弹出式菜单）

输入对账单　　=messagebox（'尚无此内容'，48，'操作提示'）

调入对账数据　=messagebox（'尚无此内容'，48，'操作提示'）

—分隔线—

对账　　　　　=messagebox（'尚无此内容'，48，'操作提示'）

—分隔线—

编制余额调节表 =messagebox（'尚无此内容'，48，'操作提示'）

输出未达账项　=messagebox（'尚无此内容'，48，'操作提示'）

—分隔线—

输入初始数据　=messagebox（'尚无此内容'，48，'操作提示'）

定义结算方式　=messagebox（'尚无此内容'，48，'操作提示'）

三级菜单、建账：（弹出式菜单）

会计科目设置　DO　FORM KMSZ

输入初始数据　DO　CSSJ

其余菜单选项设置，参照教材菜单示例完成。具体设置如下：

二级菜单、往来核算：（下拉式菜单）

查询往来账

清理往来账

账龄分析

—分隔线—

客户管理

—分隔线—

输入初始往来账

三级菜单、查询往来账：（弹出式菜单）

查询未两清往来明细账

查询余额表

查询往来明细账

查询已两清往来明细账

三级菜单、清理往来账：（弹出式菜单）

自动清理

手工清理

二级菜单、工资核算（下拉式菜单）

工资数据编辑

工资分配

查询工资表

—分隔线—

工资系统设置

三级菜单、工资系统设置：（弹出式菜单）

部门设置

职工类别设置

职工名册

—分隔线—

工资项目设置

—分隔线—

工资分录定义

—分隔线—

系统初始设置

二级菜单、材料核算：（下拉式菜单）

输入料单

料单查询

—分隔线—

月末结账

月末转账

—分隔线—

系统设置

二级菜单、固定资产：（下拉式菜单）

固定资产输入

固定资产修改

固定资产减少

—分隔线—

固定资产查询

—分隔线—

计提折旧

自动转账

—分隔线—

对账

—分隔线—

系统设置

二级菜单、会计报表：（下拉式菜单）

新建报表

删除报表

编辑报表

查询报表

打印报表

二、系统初始设置主要数据文件设计

（一）系统参数数据文件

系统参数数据文件主要存储系统初始参数及会计期间的结账记录（见表3-11）。系统运行时首先检查该数据文件是否存在，如果存在则说明系统参数已经设置，否则应调用系统参数设置对话框进行系统参数设置。

表3-11　　　　　　　　　　文件名：系统参数（XTCS.DBF）

字段名	字段意义	类型	宽度	小数位
单位名称		C	32	
业务主管		C	10	
口令		C	10	
科目级数		C	6	
预置科目		L	1	
启用年月		C	7	
数据平衡		L	1	
YF00	年初结账标志	L	1	
…		…	…	
YF12	12月份结账标志	L	1	
会计年度		C	4	

在数据结构表中，科目级数可分为6级，其中6位数分别表示各级科目的长度，如科目级数为："422222"，则表示会计科目1级为4位长度，2~6级分别为2位长度；预置科目为.T.值表示需要预置系统内提供的会计科目，否则为不需要预置；数据平衡反映的是

系统初始输入的会计科目余额和累计发生额是否平衡，如系统检测初始数据平衡就可以启用本系统，否则不可启用；YF00—YF12记录年初到一年12个月各会计期间是否结账的标志；会计年度反映的是当前数据的会计年度。

（二）操作员及权限数据文件

操作员及权限数据文件存储系统操作人员的姓名、口令和操作权限，按操作员设置记录，见表3-12。

表3-12　　　　　　　文件名：操作员及权限（PASSWORD.DBF）

字段名	字段意义	类型	宽度	小数位
操作员		C	10	
密码		C	6	
QX		M		

在数据结构表中，QX（操作权限）字段存放功能权限变量，类似于内存变量文件。处理时，结合菜单权限数据文件，按记录数生成变量，保存可用与否的逻辑值，利用SAVE ALL LIKE qx* TO MEMO qx 和 RESTORE FROM MEMO qx ADDI 语句处理。

（三）预置科目数据文件

预置科目数据文件用于存储系统预置会计科目中的一级会计科目以及主要二级会计科目（见表3-13），在系统参数设置完成后，可以根据选定的会计科目预置到系统中，以减少进行科目设置的工作量，这也是系统通用性的体现。

表3-13　　　　　　　文件名：预置科目表（JZYZKMK.DBF）

字段名	字段意义	类型	宽度	小数位
科目号		C	15	
科目名称		C	40	
科目级次		C	1	
科目类别		C	6	
账簿类型		C	10	
余额方向		C	2	
末级		L	1	

在数据结构表中，末级用以反映会计科目是否为末级科目，如该科目再没有下级科目了，则视为末级科目，末级就为.T.值。

（四）菜单权限数据文件

菜单权限数据文件反映的是该系统的操作权限控制功能菜单的最明细级（见表3-14），将功能菜单定义输入到该表中，以供操作员管理模块的操作权限控制使用。

表3-14 　　　　　　　　　文件名：**菜单权限表（JCMENU.DBF）**

字段名	字段意义	类型	宽度	小数位
PROMPT	菜单提示	字符型	40	
N_BAR	菜单项(Bar)序号	整型	4	
N_POPU	菜单Popup名	字符型	10	
QX	权限	逻辑型	1	

其记录内容见表3-15：

表3-15 　　　　　　　　　**记录内容**

PROMPT	N_BAR	N_POPU	QX
填制凭证　（总账）	1	凭证处理	.T.
修改凭证　（总账）	2	凭证处理	.T.
审核凭证　（总账）	3	凭证处理	.T.
查询凭证　（总账）	4	凭证处理	.T.
汇总凭证　（总账）	5	凭证处理	.T.

（五）系统数据表结构文件

系统所需的数据文件可以分别建立在不同的系统数据表结构文件（见表3-16）中，随程序文件一起安装，也可以把所有系统数据表结构都建立在一个数据表结构表中，当系统初次启动时，程序自动建立。该数据文件可提供给数据管理模块，并按各子系统在备份或恢复数据时使用。

表3-16 　　　　　　　　　文件名：**系统数据结构表（XTJGK.DBF）**

字段名	字段意义	类型	宽度	小数位
ZXT	子系统名	字符型	10	
KM	数据表名	字符型	10	
HZ1	数据表名说明	字符型	10	
FIELD_NAME	数据表字段名	字符型	10	
HZ2	字段名说明	字符型	10	
FIELD_TYPE	字段类型	字符型	1	
FIELD_LEN	字段宽度	数值型	3	
FIELD_DEC	小数位数	数值型	3	
SY	是否有索引	逻辑型	1	
SYBDS	索引表达式	字符型	30	
TAGNAME	索引名	字符型	10	

其记录内容见表3-17。

表3-17　　　　　　　　　　　　　　　　相关记录

ZXT	KM	HZ1	FIELD_NAME	HZ2	FIELD_TYPE	FIELD_LEN	FIELD_DEC	SY	SYBDS	TAGNAME
JCZW	JZZYK	常用摘要表	摘要号		C	15		.T.		
JCZW	JZZYK		摘要		C	36		.F.		
JCZW	JZZYK		相关科目		C	15		.F.		

三、系统初始设置及主控程序设计说明

（一）主控程序

依次对系统运行时的主要参数、主窗口、公用变量等进行设置；检测系统参数数据文件（XTCS.DBF）是否存在，如果不存在则调用参数设置表单（DO FORM XTCSX）进行系统参数设置；进行系统登录（DO FORM XTDL），确认业务日期、操作员及口令；运行系统主菜单；根据登录操作员进行操作权限控制（DO QXKZ）。

（二）系统参数设置

初始参数设置所涉及的数据表有：系统参数表（XTCS.DBF）、预置科目表（JZYZKMK.DBF）、菜单权限表（JCMENU.DBF）、操作员及权限表（PASSWORD.DBF）、系统数据结构表（XTJGK.DBF）。建立系统参数表单（XTCSX.SCX如附录中图1），在表单中添加用户名称文本框及标签，用于输入用户名称；添加预置科目复选框，用于确定是否预置科目；添加6级科目长度文本框及标签，用于输入各级科目编码长度及确定科目级次；添加系统启用年月微调按钮及标签，用于确定系统启用会计年度和期间；添加会计主管及口令文本框及标签，用于输入和确定会计主管及口令；添加完成命令按钮，用于参数输入完成后数据处理；添加取消命令按钮，用于取消当前参数设置，退出系统。

（三）系统登录

建立两个表单实现系统登录，所用到的数据表为操作员及权限表（PASSWORD.DBF）。

1.系统登录表单（XTDL.SCX如附录中图2）。在表单中添加系统日期文本框及标签，用于输入及确认当前系统业务日期；添加操作员下拉列表框及标签并绑定操作员及权限表的操作员字段，用于选择操作员；添加口令文本框及标签，用于输入操作员口令；添加修改口令命令按钮，用于调用修改口令（XGKL.SCX）表单修改当前选定操作员的口令；添加确定命令按钮，用以确认当前输入；添加取消命令按钮，用于取消登录。

2.修改口令表单（XGKL.SCX如附录中图3）。添加操作员文本框及标签，文本框ENABLED属性值为FALSE，用于显示当前操作员姓名；添加口令文本框及标签，用于输入口令；添加确认口令文本框及标签，用于确认一次口令；添加确认命令按钮，用于确认修改口令；添加取消命令按钮，用于取消修改口令。

四、系统初始设置及主控程序的使用

在系统启动时，首先检查系统参数是否已经设置（根据系统参数文件是否存在为依据），如果系统参数文件不存在，则调用系统参数设置表单进行系统参数设置，内容包括：用户名称、科目级次、启用会计期间、会计主管及口令等。参数设置完成后进入系统登录对话框，如果系统参数文件已经存在，则直接进入系统登录对话框，实现当前业务日期和操作员的确认功能。系统登录是否成功的依据是操作员口令正确，如果登录成功，则出现系统主菜单并进行该操作员的操作权限控制，登录不成功，则系统会自动退出。

第三节 系统管理功能模块设计

系统管理模块是为整个系统服务的，包括操作员管理、数据管理、操作日志、重新登录、退出等功能。

一、功能设计说明

（一）操作员管理

操作员管理可以完成增加操作员和为操作员分配操作权限等功能。为了保证系统的安全性，必须限制只有该系统的管理人员才能进入系统进行业务操作。为满足会计分工及内部控制制度的需要，对每个操作员要限定其操作权限。

（二）数据管理

数据管理包括：数据备份、数据恢复、数据索引等功能。

数据备份：将各子系统的数据备份到硬盘或软盘上，以便在出现故障后进行恢复。

数据恢复：将备份数据恢复到系统中。

数据索引：重新索引各子系统的数据，修复系统数据与索引不匹配的错误。

（三）操作日志

系统操作日志记录该系统的操作情况，便于管理者了解各操作员使用系统时间及使用系统的状态，有利于明确责任，有效实施会计电算化内部控制制度。

（四）重新登录

进入系统时虽然已经确定了业务日期和系统操作员，但根据业务需要可利用该功能更换业务日期和系统操作员，避免退出系统再重新进入的麻烦。

（五）退出

操作人员处理完业务后利用该功能退出系统。

二、系统管理模块的使用

在初次使用系统时，当系统初始参数建立完后，应首先利用操作员管理功能增加系统的操作人员并赋予操作权限，在日常使用中，除重新登录功能没有操作权限控制外，其他功能对于具有操作权限的操作员都可随时使用。

复习思考题

1.模块划分的标准是什么？

2.划分子系统的要求有哪些？

3.会计信息系统的结构由哪几部分组成？

4.会计信息系统中各子系统的相互关系怎样?

5.系统参数包括哪些内容?

6.说明系统启动的程序处理过程。

7.数据管理功能应如何设计?

第四章

总账子系统设计

学习目标

通过本章学习，了解总账系统手工的工作流程，了解会计信息系统总账子系统设计思路，掌握总账子系统主要数据文件的设计，掌握总账子系统各功能模块的设计方法。

第一节 总账手工系统的描述与分析

总账系统是总括反映总账全部内容的系统。总账是把会计凭证和账簿按照一定的核算程序和方法有机地结合起来，并处理账务的过程，包括记账凭证的编制与审核，登记各种明细账、日记账和总账等一系列会计事务处理工作。

总账手工系统业务流程图，见图4-1。

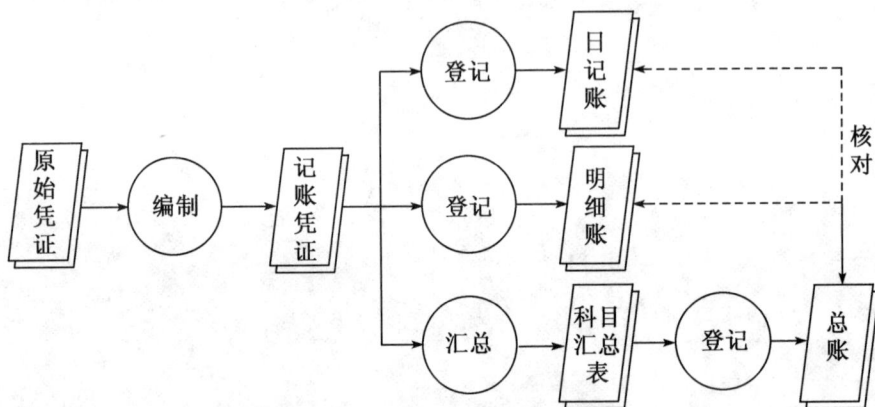

图4-1 总账手工系统业务流程图

总账子系统是会计信息系统的重要组成部分。在设计中的基本要求是：①总账子系统可以集中反映本单位经济活动的综合信息，不仅要为本单位内部管理提供所需要的信息，还要为宏观经济管理与调控提供可靠信息，因此必须按照国家财政部门的统一规定进行该子系统的设计。②总账子系统除接收大量的原始数据外，还有其他相关子系统转入的数据，同时其他子系统也需要该子系统提供大量加工后的数据，因此在设计中应考虑到数据量大和数据关系复杂等特点来进行设计。③总账子系统中的数据是企业单位处理各种经济关系的重要数据，因而还包含有现金和银行存款收支等容易发生错误的数据，所以设计中必须增强系统内部对凭证数据输入的严格自控能力和安全保密措施。

第二节 总账子系统数据处理流程

总账子系统的数据主要来源于日常发生的经济业务所形成的记账凭证数据，以及系统初始化时的手工账户及余额。通过建账处理把手工账簿的会计科目及其属性、系统启用期初的余额和累计发生额形成科目及余额文件。根据日常发生经济业务的记账凭证数据通过填制等方面的处理，以及其他子系统自动转入的数据，形成记账凭证文件。将记账凭证文件的数据进行审核、汇总和记账等处理，到期末再进行结账处理，最后输出各种账表。

总账子系统数据流程图，见图4-2。

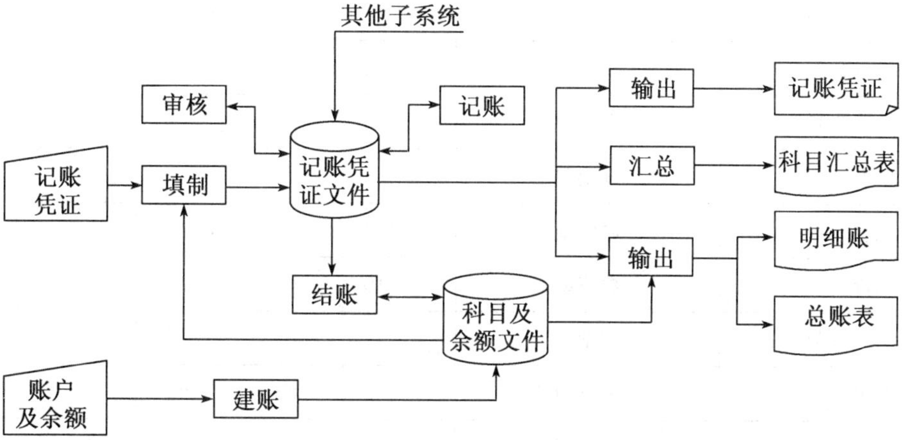

图4-2 总账子系统数据流程图

从图4-2中可以看出，总账子系统需建立两个数据文件，科目及余额文件和记账凭证文件。对记账凭证数据的处理应设置填制（包括输入和修改）、审核、记账、汇总、凭证输出等功能。根据审核确认无误的记账凭证数据和期初余额数据进行结账处理，以及账表的输出处理。

第三节 总账子系统主要数据文件设计

在总账子系统中应设置的主要数据文件包括记账凭证文件和科目及余额文件。为了记账凭证输入的快捷，还应建立常用摘要文件。

一、记账凭证文件

记账凭证文件是用以存储会计年度中所有记账凭证的数据文件（见表4-1），该文件结构应包含会计凭证的所有要素以及相应的辅助数据要素，其结构具体描述如下：

记账凭证文件的记录是按各个会计科目设置的，即一个会计科目一条记录，一张记账凭证至少要有两条记录。例如：

USE JZPZK

LIST FIELD 日期，凭证号，摘要，SUBSTR（科目号，1，4），科目名称，借方金额，贷方金额 OFF

内容见表4-2：

表4-1   文件名：记账凭证（JZPZK.DBF）

字段名	字段意义	类型	宽度	小数位
日期	日期型	8		
凭证号	字符型	4		
摘要	字符型	36		
科目号	字符型	15		
科目名称	字符型	40		
借方金额	数值型	12	2	
贷方金额	数值型	12	2	
结算票号	字符型	10		
票据日期	日期型	8		
数量	数值型	12	3	
单价	数值型	10	2	
附件张数	整型	4		
制单人	字符型	8		
审核人	字符型	8		
记账人	字符型	8		

表4-2   记账凭证文件内容表

日期	凭证号	摘要	科目号	科目名称	借方金额	贷方金额
2015.01.01	0001	以银行存款购入材料	1201	物资采购	15 000.00	0.00
2015.01.01	0001	以银行存款购入材料	1002	银行存款	0.00	15 000.00
2015.01.01	0002	材料验收入库并结转差异	1211	原材料	15 000.00	0.00
2015.01.01	0002	材料验收入库并结转差异	1232	材料成本差异	0.00	500.00
2015.01.01	0002	材料验收入库并结转差异	1201	物资采购	0.00	14 500.00
2015.01.01	0003	销售产品尚未收到货款	1131	应收账款	10 000.00	0.00
2015.01.01	0003	销售产品尚未收到货款	5101	主营业务收入	0.00	10 000.00

二、科目及余额文件

科目及余额文件不仅用以存储所有会计科目及其属性和初始余额数据，而且还存储会计年度中各会计期间的科目余额、累计发生额、数量余额、累计发生数量等数据，是总账子系统中的中枢数据文件，其结构具体描述见表4-3：

表4-3　　　　　　　　文件名：科目及余额（JZKMK.DBF）

字段名	字段意义	类型	宽度	小数位
科目号		字符型	15	
科目名称		字符型	40	
科目级次		字符型	1	
科目类别		字符型	6	
账簿类型		字符型	10	
余额方向		字符型	2	
计量单位		字符型	10	
末级		逻辑型	1	
YE00	年初余额	数值型	12	2
YE01	一期间余额	数值型	12	2
…	…	…	…	…
YE12	十二期间余额	数值型	12	2
SL00	年初数量余额	数值型	12	3
SL01	一期间数量余额	数值型	12	3
…	…	…	…	…
SL12	十二期间数量余额	数值型	12	3
LJJ01	一期间借方累计发生额	数值型	12	2
LJD01	一期间贷方累计发生额	数值型	12	2
…	…	…	…	…
LJJ12	十二期间借方累计发生额	数值型	12	2
LJD12	十二期间贷方累计发生额	数值型	12	2
LSJ01	一期间借方累计发生数量	数值型	12	3
LSD01	一期间贷方累计发生数量	数值型	12	3
…	…	…	…	…
LSJ12	十二期间借方累计发生数量	数值型	12	3
LSD12	十二期间贷方累计发生数量	数值型	12	3

该数据文件存储了所有会计科目及科目属性的设置，在设计中应首先考虑对会计科目的编码问题。科目号字段用来存储会计科目的编码，作为该文件的关键字段，对该字段的维护应加以严密控制（详见系统参数及科目设置功能描述）。

该数据表的记录应按每个会计科目开设，会计科目各会计期间的余额及累计发生额都集中存放在该文件中。

三、常用摘要文件

由于记账凭证输入是总账系统中使用最频繁的功能，日常最大的操作工作量也集中于此。记账凭证中的摘要大多以汉字为主，为了方便快捷地输入记账凭证，系统中应建立常用摘要数据文件，其结构具体描述见表4-4：

表4-4　　　　　　　　　文件名：常用摘要表（JZZYK.DBF）

字段名	字段意义	类型	宽度	小数位
摘要号		字符型	15	
摘要		字符型	36	
相关科目		字符型	15	

第四节　总账子系统功能模块设计

总账子系统以记账凭证为基础数据，进行一系列账务的加工处理。建账功能是系统使用的前提，凭证处理是系统使用的基础，账簿处理是系统使用的结果和连续，具体功能设计见图4-3。

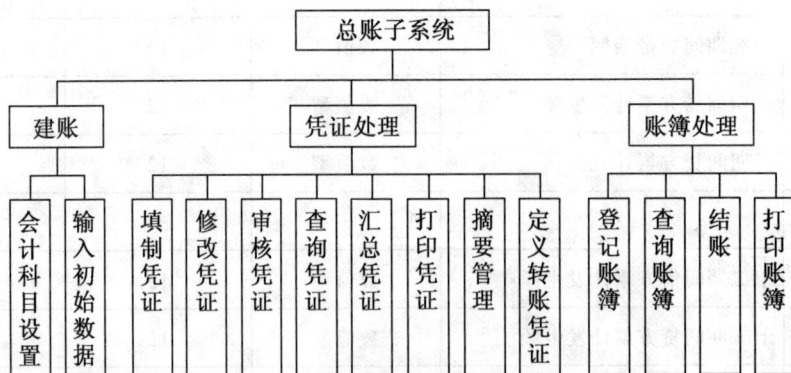

图4-3　总账子系统具体功能设计

一、建账模块

建账模块是在系统启用之初，对系统中所需基础数据的建立与维护功能，包括会计科目设置和输入初始数据等功能。

（一）会计科目设置

会计科目是记录经济业务发生情况的前提依据，它在总账系统的各个环节中都处于重要地位。对会计科目进行编码并且在总账处理的每个环节中都以编码来体现会计科目，不仅能保证会计数据的一致性，而且也给会计数据的计算机处理提供了便利。因此，科目编码设计必须遵循一定原则，严谨对待。通常科目编码结构以级次和每级的位数来描述（见图4-4）。

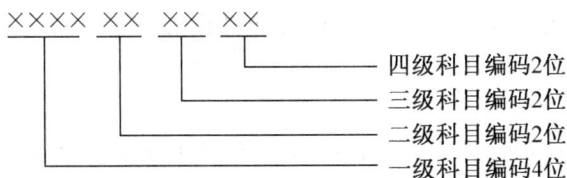

图4-4　相关示例

目前国家财政部门对会计科目的一级编码作了统一规定。系统中科目编码划分为几级，一级以后各级的位数定义，可根据经济业务的需要进行设定。

在会计科目设置中应包含增加、修改、删除、查询、打印等功能。

增加会计科目要按科目编码级次的设定严格控制，不允许越级增加，不允许重码，科目名称不允许为空，其他相关属性（如余额方向、科目类别、账簿类型等）也必须设定，以上控制应由计算机自动完成。

修改科目要自动检查该科目是否已被使用，控制已使用的科目不允许修改，未被使用的科目修改时要按增加科目的控制要求自动控制。

删除科目也要自动检查该科目是否已被使用，控制已使用的科目不允许删除，系统还应控制不允许越级删除科目。

（二）输入初始数据

输入初始数据是在系统启用前将原手工系统各明细账的余额和累计发生额数据，通过该功能输入到科目及余额文件，作为基础数据，以实现手工和计算机系统的交替连续。初始数据要依据系统参数中的启用年月（见系统参数功能描述），如果在第一会计期间（年初）启用，则要输入年初各末级科目的余额及数量，若在中间会计期间启用，则要输入各末级科目的年初余额及数量、期初余额及数量、期初借贷方累计发生额及数量。系统应提供自动计算上级科目的余额、累计发生额及数量和试算平衡等功能。

由于手工输入难免会出现误差，所以系统应能进行试算平衡，通过试算平衡校验所有初始数据是否与原账簿数据一致，且校验数据是否符合会计数据的平衡原理。

二、记账凭证处理模块

记账凭证处理模块是系统中主要的人机接口，包括填制凭证、修改凭证、审核凭证、查询凭证、汇总凭证、打印凭证、摘要管理和定义转账凭证等功能。

（一）填制凭证

填制凭证是通过输入将记账凭证数据保存到记账凭证文件中。记账凭证数据是总账的基础，每张记账凭证数据在保存前都必须经过一系列数据校验过程，以保证数据的正确性。其输入控制的基本要求是：凭证日期应在当前会计期间内合法；凭证号应自动产生，保证连续且不重复；科目和科目级次以及对应科目都必须合法；凭证金额要保证有借必有贷、借贷必相等；相关辅助数据要与科目相对应。除此之外还应分清记账凭证的输入责任。

（二）修改凭证

如果发现记账凭证中存在错误的数据，可通过修改凭证功能进行修改，但要有如下控制：只能修改自己填制的凭证；不允许修改已审核的凭证，取消审核后可以修改；已记账的凭证不允许修改，只能进行凭证更正处理。修改凭证要保持填制凭证的控制要求。

（三）审核凭证

审核凭证是为了保证记账凭证数据的正确性以及遵循会计内部控制制度而设置的。只有具有审核权限的操作人员才能使用此功能。为划清责任，凭证审核人和制单人不能是同一人。系统应设取消审核功能，以便误审有差错的凭证后能取消审核，进行修改，但只能取消自己审核过且尚未记账的凭证。

（四）查询凭证

查询凭证的设计，按不同的关键字和各凭证要素的区间范围都可进行查询，要求查询结果内容全面、迅速可靠；不仅可以查询当前会计期间的凭证，也可查询历史会计期间的凭证。

（五）汇总凭证

汇总凭证是对已输入的记账凭证进行汇总处理，并据以输出科目汇总表。汇总条件可按凭证日期的范围，也可按某会计期间的凭证号范围，汇总的科目级次可由用户自行定义。

（六）打印凭证

打印凭证是对已输入的记账凭证进行打印输出处理。系统应提供套打功能，即按印刷好的格式对应打印输出数据。

（七）摘要管理

摘要管理是对常用摘要以及相关科目的维护。系统应在凭证输入过程中随时添加和修改常用摘要，并给定常用摘要的编码，摘要编码应简短易记。

（八）定义转账凭证

在会计业务中，有一些转账凭证每个会计期间都重复、有规律地出现。在手工处理中，这些凭证并不是根据原始单据编制的，而是根据账上的汇总数据编制的。如月末提取折旧费，按月上缴税金，按月结转投资收益，月末结转管理费用，年末结转本年利润等。在计算机系统中，这些凭证应该由计算机自动处理，通过定义转账凭证将这些每期例行业务的凭证摘要、借贷方科目、金额的来源或计算方法预先定义好，待月末结账时由系统自动计算填制相应金额，生成转账凭证并入账，这样就不必在每个会计期间都重复填制这些凭证，可以提高核算速度，减少差错。

三、账簿处理

账簿处理模块是对已输入并审核的记账凭证做进一步的账务处理，包括登记账簿、查询账簿、结账、打印账簿等功能。

（一）登记账簿

登记账簿是对已审核的凭证进行记账的标记处理，由于该功能只处理已审核的记账凭证，所以在每个会计期内，都可以重复进行登记账簿操作。在此处理中，也可以将当期已记账的凭证数据进行科目余额计算，为试算会计报表提供数据，但它不同于结账模块的功能。

（二）查询账簿

查询账簿是按指定条件查询系统内各类账簿数据，如总账、明细账、日记账、余额表等。查询账簿应提供较强的统计功能，可以查出本期或指定会计期间、区间的各类账簿的总括及明细情况。在查询账簿时还可以包含未登记账簿的凭证。对查询结果还应设置打印输出功能。

（三）结账

结账是指本月凭证全部输入、审核完毕，并全部记账后，系统对所有账簿进行核算并结转期末余额。结账后产生的报表、打印的账册才能完整地反映了本月的全部业务。如果定义了自动转账凭证，结账时系统应按其定义将其生成相应转账凭证，同时立即入账并参与计算。结账还应设置强行备份功能。

（四）打印账簿

打印账簿是按指定条件打印系统内各类账簿数据，如总账、明细账、日记账、余额表等，以供查询或存档需要。打印输出的账簿格式可简化，账簿的内容要完整，账页要连续编号，对某账簿的打印，应允许用户选择账页打印范围。

四、总账子系统的使用

1.建账模块是系统启用之初，对科目及相关属性的建立，以及启用前手工账户余额和累计发生额的输入。首先应建立科目，然后再输入初始余额和累计发生额，校验平衡后方可使用其他模块。随着经济业务的发展变化，在系统启用之后也可以使用会计科目设置功能对科目作增加和删除处理，系统自动控制其操作的合法性。输入的初始数据只能在系统未启用前修改，以系统中是否存在记账凭证为依据，系统启用后可使用该功能查看初始余额情况。

2.在记账凭证处理模块中，填制凭证是日常使用最频繁的功能，也是数据的主要来源；修改凭证是发现存在错误的凭证后，在允许修改的环境下进行修改；审核凭证是对凭证数据检查校验的关键功能，也是会计内部控制制度的重要环节，该功能在日常操作中可随时使用；查询凭证、汇总凭证和摘要管理功能应根据需要进行使用；如果没有手工填制的凭证存档，则必须将原始单据输入的凭证打印出来进行存档，自动转账生成的凭证也必须打印存档；定义转账凭证功能是为系统自动编制那些有一定规律的记账凭证而设定的，这些凭证一次性定义好后，应在一定时期内保持稳定，随着经济业务的变化也可使用该功能进行修改或增加。

3.账簿处理模块中登记账簿、查询账簿和打印账簿功能的使用可根据需要随时进行，结账功能只有在期末时才可一次性使用。

复习思考题

1.总账子系统设计的基本要求是什么？

2.简要说明总账手工系统业务流程图。

3.简要说明总账子系统数据处理流程图。

4.总账子系统应设计哪些主要数据文件？其结构如何？

5.会计科目设置中应包含哪些功能？系统应如何控制？

6.初始数据包括哪些内容?平衡关系是什么?

7.填制凭证、修改凭证、审核凭证的控制要求是什么?

8.自定义转账凭证的作用是什么?一般包括哪些凭证?

9.说明结账的数据处理过程。

10.简述总账子系统的使用过程。

第五章

工资子系统设计

学习目标

通过本章学习，了解工资子系统手工的工作流程，了解会计信息系统工资子系统设计思路，掌握工资子系统主要数据文件的设计，掌握工资子系统各功能模块的设计方法。

第一节 工资手工系统的描述与分析

在企业中，职工的劳动报酬是根据按劳分配原则通过工资形式支付的。每个企业都必须按照国家工资制度的规定，正确地计算每个职工应得的工资。此外工资也是产品成本的组成要素之一，通过会计核算，区分成本工资和非成本工资，并将成本工资按一定的分配方式计入产品成本。同时，按税法规定正确计算并代扣个人所得税；按现行会计制度规定，职工福利费是按工资总额的一定比例提取作为其他直接费用计入成本的。因此，工资核算正确与否，不仅关系每个职工的切身经济利益，而且会影响成本的计算与职工福利费的提取。工资核算的主要内容有：计算每名职工的应发工资和实发工资，进行工资汇总，计提职工福利费和工资费用的分配。

在完成工资核算任务和组织各项数据处理过程中，有以下几个特点：①及时性、准确性要求高。②工资计算流程简单，重复量大。③原始数据来源分散。

工资手工系统业务流程图，见图5-1。

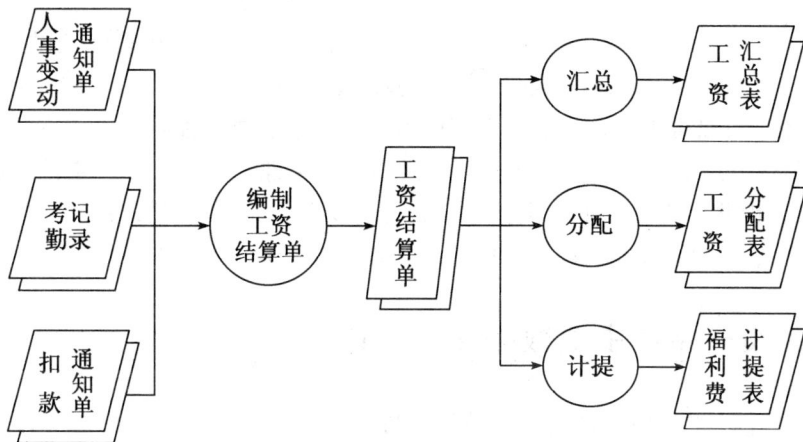

图5-1 工资手工系统业务流程图

在实际工作中，工资核算通常由专人或专门小组负责完成。工资核算可划分为三部分：即数据的取得部分、数据的加工部分和数据的输出部分。数据主要是从企业相关部门取得的，包括劳动人事部门的人事变动信息；生产车间和职能科室的考勤信息；后勤总务部门的扣款信息。数据主要是在工资结算的基础上进行各种加工处理，包括计算每名职工的应发工资、代扣个人所得税和实发工资，汇总每个单位和每类人员的工资，计提职工福利费用。将数据以工资结算单、工资汇总表、工资分配表和福利费计提表的形式加以输出。

第二节　工资子系统数据处理流程

工资子系统的数据主要来源于人事变动通知单、考勤记录和各项扣款通知单等原始记录，通过对这些变动数据的输入，形成工资文件中各相应记录的本期发生数据，然后计算每位职工的应发工资、代扣个人所得税和实发工资，打印工资条和工资存档表。根据工资文件汇总生成工资汇总表文件并打印输出。月末对工资文件进行计提和分配处理，生成工资分配文件，并进行自动转账处理，将有关转账数据传递给总账子系统，同时，打印输出工资分配表和转账凭证。

工资子系统数据处理流程图，见图5-2。

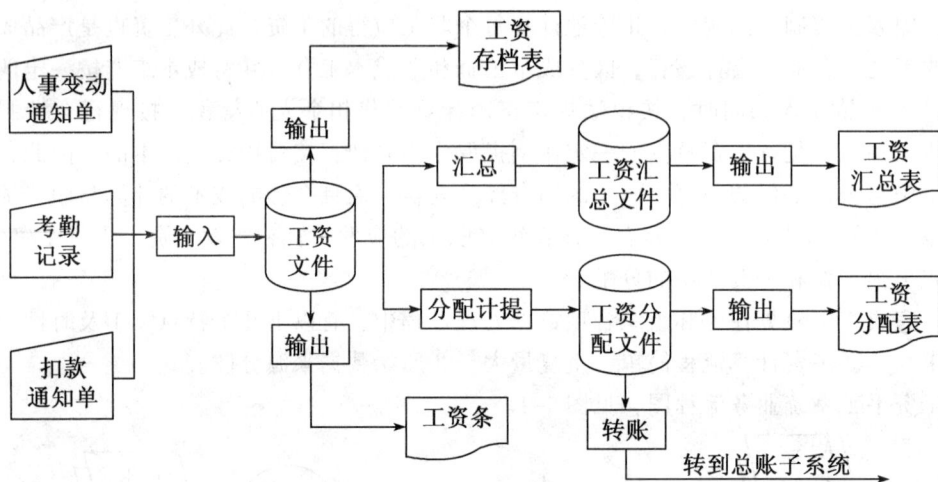

图5-2　工资子系统数据处理流程图

从图5-2中可以看出，在工资子系统中需建立三个主要文件，即工资文件（工资结算单文件）、工资汇总文件和工资分配文件。其中工资文件是核心文件，是该系统数据加工处理的对象，由此产生工资汇总文件和工资分配文件。应设置工资的数据进行输入、修改、查询、汇总、计提分配，以及打印输出和转账等方面的处理功能。

第三节　工资子系统主要数据文件设计

在工资子系统中，要设计的主要数据文件有：工资文件、工资汇总文件和工资分配文件。

一、工资文件的设计

该文件应按工资结算单中的各项目设计字段，按每个职工开设记录。记录中的字段应

包括职工的代码、姓名、基本工资、奖金、各种津贴、各项扣款、应发工资和实发工资等
项目。工资文件具体结构描述见表5-1：

表5-1　　　　　　　　　　　文件名：**工资结算单（GZ.DBF）**

字段名	字段意义	类型	宽度	小数位
BMDM	部门代码	C	4	
LBDM	类别代码	C	2	
ZGDM	职工代码	C	4	
XM	姓名	C	10	
JSGZ	计时工资	N	8	2
JJGZ	计件工资	N	8	2
JBGZ	加班工资	N	8	2
JJ	奖金	N	8	2
WJBT	物价补贴	N	8	2
YBJT	夜班津贴	N	8	2
BJGZ	病假工资	N	8	2
YFGZ	应发工资	N	8	2
DKFZ	代扣房租	N	8	2
DKSDF	代扣水电费	N	8	2
DKTRF	代扣托儿费	N	8	2
DKSDS	代扣所得税	N	8	2
SFGZ	实发工资	N	8	2

　　职工的代码可根据企业和单位的具体情况设计，如总代码为10位，前4位为部门代
码，5～6位为职工类别代码，7～10位为职工代码，具体形式见图5-3。

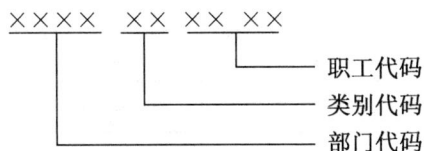

图5-3　职工代码具体形式

　　例如：一车间（01）一班组（01）生产工人（01）于春晓（0002），其总代码为
0101010002。工资文件的记录见表5-2：

表5-2　　　　　　　　　　　　　工资文件记录表

USE　GZ

LIST　OFF

记录号	BMDM	LBDM	ZGDM	XM	JSGZ	JJGZ	JBGZ	JJ	WJBT	YBJT	BJGZ	YFGZ	DKFZ	DKSDF	DKTRF	DKSDS	SFGZ
1	0101	01	0001	齐方正	356.00	2.00	0.00	10.00	30.00	55.00	0.00	453.00	12.00	10.00	0.00	0.00	431.00
2	0101	01	0002	于春晓	400.00	0.00	50.00	23.00	10.00	9.00	0.00	492.00	0.00	0.00	0.00	0.00	492.00
3	0102	02	0051	国爱民	244.00	0.00	0.00	8.00	10.00	0.00	3.00	265.00	0.00	0.00	14.00	0.00	251.00
4	0201	01	0118	丁　平	0.00	300.00	0.00	0.00	0.00	9.00	309.00	0.00	0.00	14.00	0.00	295.00
5	0201	02	0278	杜小轩	352.00	0.00	0.00	88.00				440.00	21.00	8.60	0.00	0.00	410.40

二、工资汇总文件的设计

由于工资子系统中主文件是工资文件，该文件数据量比较大，各字段不能设置汇总时所需的宽度，所以工资汇总文件就不能直接根据工资文件生成，要单独设置一个工资汇总文件。该文件各字段要根据工资汇总所需要计算的内容按工资文件同名进行设计，各字段宽度要满足汇总的要求。同时，为了发放工资方便，要对货币票面数进行统计计算，还要设置统计票面数各相应字段。工资汇总文件结构具体描述见表5-3：

表5-3　　　　　　　　　　文件名：工资汇总表（GZHZ.DBF）

字段名	字段意义	类型	宽度	小数位
BMDM	部门代码	C	4	
BMMC	部门名称	C	10	
BMRS	部门人数	N	5	
JSGZ	计时工资	N	10	2
JJGZ	计件工资	N	10	2
JBGZ	加班工资	N	10	2
JJ	奖金	N	10	2
WJBT	物价补贴	N	10	2
YBJT	夜班津贴	N	10	2
BJGZ	病假工资	N	10	2
YFGZ	应发工资	N	10	2
DKFZ	代扣房租	N	10	2
DKSDF	代扣水电费	N	10	2
DKTRF	代扣托儿费	N	10	2
DKSDS	代扣所得税	N	10	2
SFGZ	实发工资	N	10	2

工资汇总文件应按部门或单位设置记录，其记录见表5-4：

表5-4 工资汇总文件记录表

USE GZHZ

LIST OFF

记录号	BMMC	BMRS	JSGZ	JJGZ	JBGZ	JJ	WJBT	YBJT	BJGZ	YFGZ	DKFZ	DKSDF	DKTRF	DKSDS	SFGZ
1	一车间	3	1 000.00	2.00	50.00	41.00	50.00	64.00	3.00	1 210.00	12.00	10.00	14.00	0.00	1 174.00
2	一车间	2	352.00	300.00	0.00	88.00	0.00	0.00	9.00	749.00	21.00	8.60	14.00	0.00	705.00
3	合计	5	952.00	702.00	50.00	129.00	50.00	64.00	1 200	1 959.00	33.00	18.60	28.00	0.00	1 879.00

三、工资分配文件的设计

工资分配文件要反映工资和职工福利费用的去向和金额，其具体数据结构见表5-5：

表5-5 文件名：工资分配表（GZFP.DBF）

字段名	字段意义	类型	宽度	小数位
BMDM	部门代码	C	4	
LBDM	类别代码	C	2	
BMMC	部门名称	C	10	
LBMC	类别名称	C	10	
KM1	科目一	C	12	
YFGZ	应发工资	N	10	2
KM2	科目二	C	12	
FLFY	福利费用	N	10	2

上述结构中，"科目一"是指应付工资去向的科目，即应付工资所涉及的借方科目代码。"科目二"是指提取的应付福利费的借方科目代码。

工资分配文件应按工资分配的去向设置记录，即按工资的不同部门和不同职工类别设置记录。其记录见表5-6：

表5-6 工资分配文件记录表

USE GZFP

LIST OFF

BMDM	LBDM	BMMC	LBMC	KM1	YFGZ	KM2	FLFY
01	01	一车间	生产工人	410101010001	945.00	410101010002	132.30
01	02	一车间	管理人员	41050101	265.00	41050102	37.10
02	01	二车间	生产工人	410101020001	309.00	410101020002	43.26
02	02	二车间	管理人员	40150201	440.00	41050202	61.60
			合计	2151	1 959.00	2153	274.26

上述记录中KM1字段除了合计记录的各科目号之外都是借方科目号，合计记录的科目号是贷方科目号。其中：410101010001科目号的含义是生产成本—基本生产成本——车间—某产品—工资项目，41050101科目号的含义是制造费用——车间—工资项目，2151科目号的含义是应付职工薪酬科目。

工资子系统除上述三个主要数据文件外，还应设置个人所得税文件、工资部门文件和工资类别文件，主要是为了在计算代扣个人所得税和在输出各种工资表时能输出部门名称和类别名称。

个人所得税文件根据税法的规定反映工资、薪金个人所得税的应纳税所得额、适用税率和适用速算扣除的对照关系，是计算个人所得税的依据。其具体数据结构见表5-7：

表5-7　　　　　　　　文件名：个人所得税（GZSDS.DBF）

字段意义	字段名	类型	宽度	小数位
纳税所得额	NSSDE	N	6	
税率	SL	N	5	2
速算扣除数	SSKCS	N	5	

个人所得税文件按个人所得税的级次设置记录。其记录见表5-8：

表5-8　　　　　　　　　个人所得税文件记录表

USE　GZSDS

LIST

记录号	NSSDE	SL	SSKCS
1	500	0.05	0
2	2000	0.10	25
3	5000	0.15	125
4	20000	0.20	375
5	40000	0.25	1375
6	60000	0.30	3375
7	80000	0.35	6375
8	100000	0.40	10375
9	900000	0.45	15375

工资部门文件是根据各企业和单位组织机构来设置部门进行反映，存储部门的代码和名称，以便按工资的发放单位进行工资核算。其结构和记录见表5-9、表5-10：

表 5-9   文件名：工资部门（GZBM.DBF）

字段意义	字段名	类型	宽度	小数位
部门代码	BMDM	C	4	
部门名称	BMMC	C	20	

表 5-10   工资部门文件记录表

USE   GZBM

LIST

记录号	BMDM	BMMC
1	0101	一车间一班组
2	0102	一车间二班组
3	0201	二车间一班组

　　工资类别文件是按职工的工作类别进行设置，以便在工资分配时按部门和类别进行汇总确定分配去向。其结构和记录见表 5-11、表 5-12：

表 5-11   文件名：工资类别（GZLB.DBF）

字段意义	字段名	类型	宽度	小数位
类别代码	LBDM	C	2	
类别名称	LBMC	C	10	

表 5-12   工资类别文件记录表

USE   GZLB

LIST

记录号	LBDM	LBMC
1	01	生产工人
2	02	管理人员

第四节 工资子系统功能模块设计

　　工资子系统主要完成工资结算、计算和代扣个人所得税、工资分配和计提福利费等任务。应设置的功能有：系统的基本设置，修改每位职工每月各项工资和各种扣款数据，查询每位职工的工资内容以及各工资项目的汇总数据，计算汇总工资及其代扣的个人所得税，打印工资条、工资存档表、工资汇总表；计提职工福利费和分配工资，打印工资分配表和福利费计提表，结转工资费用和职工福利费用；系统维护功能。工资子系统具体功能设计，见图 5-4。

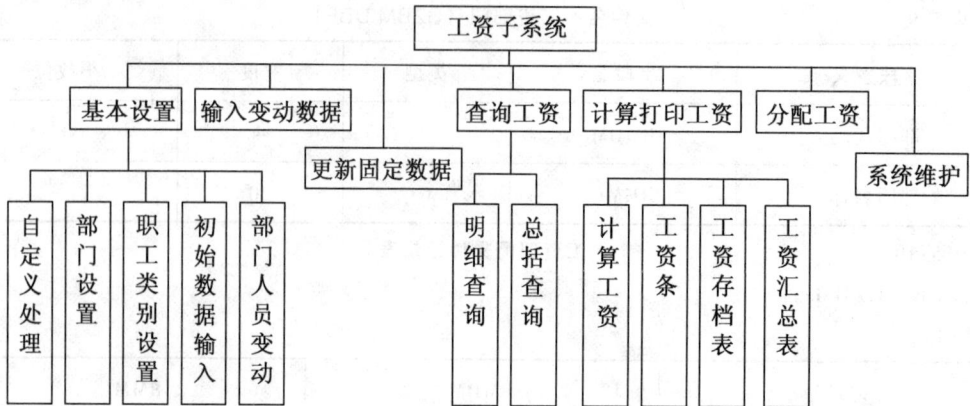

图5-4　工资子系统具体功能设计

一、基本设置模块

基本设置模块主要完成在系统初次建立时的自定义处理、部门设置、职工类别设置、初始数据输入和部门人员变动。

（一）自定义处理

对于通用的工资系统，应在用户初次启用本系统时，根据本单位的实际情况完成工资结算单各项目的定义和工资费用分配的定义两项任务。只有此项定义处理之后，才可以进行其他模块的操作。

工资结算单各项目的定义包括工资项目的字段名、字段含义（项目名称）、类型、宽度、小数位、计算公式等。这些内容数据应存储在工资表结构文件中，用以生成工资结算单文件（GZ.DBF）。在定义时可在系统内预置一些工资的基本项目，供用户选择定义，还可自行增加一些工资项目。所定义的字段含义（工资项目名称）就作为各种工资表的输入和输出项目的名称。所定义各工资项目（包括：病假工资、事假工资、应发工资、个人所得税、实发工资等）的计算公式，要符合计算公式的规则，要进行有效控制。

工资分配的定义主要是定义工资费用和福利费用的分配去向，即这些费用应借的相关科目，以及工资费用和福利费用应贷的相关科目，形成工资科目文件（GZKM.DBF）。在定义时要控制应借和应贷相关科目的合法性，即只允许定义在总账系统中已存在的会计科目。

（二）部门设置

为了更好地完成工资管理与核算的任务，需要按企业和单位的组织机构设置部门的代码和名称，以便进行工资的汇总分配和工资分析。同时还要与其他子系统的部门设置相同，保证系统间数据的一致性。应设置工资部门的增加、减少、修改、查询、打印等功能。

（三）职工类别设置

由于工资费用和福利费用需要按职工的工作类别和工作用途进行分配，应分别计入生产成本、制造费用、管理费用、应付福利费、销售费用等科目。应按职工所从事的工作类别设置职工类别的代码和名称，如对生产工人、管理人员、销售人员、医保人员等设置代码和名称。职工类别设置要与人力资源管理系统的职工类别设置相一致。应设置工资部门的增加、减少、修改、查询、打印等功能。

（四）初始数据输入

在本系统正式使用前，首先应输入本企业和单位所有职工的全部基本数据，这部分数据一经输入便可长期使用。初始工资数据主要包括：职工的部门代码、类别代码、自身代码、姓名、基本工资、固定津贴、固定补贴、固定扣款等。

（五）部门人员变动

部门人员变动主要包括企业和单位组织机构的变动的调整，人员工作类别变动的调整，以及职工的调入、调出和内部岗位调动的处理。部门和人员的变动处理涉及系统正常投入使用后的部门、职工类别和职工的增减变动处理，使用本模块时必须在一定的操作权限内才能使用，以免数据遭到人为破坏。对减少的数据记录一定要存档处理，以备审查。

二、输入变动数据模块

输入变动数据模块主要是完成每月每名职工的变动数据项的输入。这些变动数据项包括计件工资、各种变动津贴和各项变动扣款等数据。这些数据在每月都会发生变动，需要按每名职工和一定项目输入处理。输入时可以选择所输入的项目，如在输入时选择了计件工资和加班工资，就可以对每名职工的计件工资和加班工资做输入处理，其余项目只做显示处理。这样，给工资数据的输入带来很大的方便，提高了输入速度。输入时可以从任何一个部门，任何一个职工开始输入，并且随时可以退出。

本模块涉及的数据库文件有：工资结算单文件（GZ.DBF）、工资部门文件（GZBM.DBF）和工资类别文件（GZLB.DBF）。工资结算单文件用以存储有关工资数据，工资部门文件和工资类别文件用以根据职工的部门代码和类别代码显示相应的名称。

输入变动数据模块的处理过程：显示工资结算单的格式；选择输入项目；打开所需数据文件并进行关联；接收开始输入的职工代码；查找并定位；对照显示相关工资项目，输入已选变动数据并存盘。

工资结算单输入格式，见图5-5。

工资结算单			
职工代码：　　　　　　　姓名：			
部门代码：	部门名称：	类别代码：	类别名称：
计件工资：	计时工资：	加班工资：	
奖　　金：	物价补贴：	夜班津贴：	
病假工资：	扣房租：	扣水电费：	
扣托儿费：			
查找　翻页　打印　退出			

图5-5　工资结算单输入格式

三、更新固定数据模块

更新固定数据模块主要是解决那些不经常变化工资项目的输入，可以按每个职工单独处理，也可以按一定条件成批处理。如在调整工资时，可按晋级的职工对基本工资进行更新。又如物价补贴每个职工都增加10元，通过一次基本操作就可以完成。还可以对某些经常输入的项目进行置零处理，如计时工资、病假工资等项目在输入之前先进行一次清除数据处理，避免逐一改变原有数据和清零带来更多的输入麻烦。

更新固定数据模块应设置两项功能:"1——个别更新,2——成批更新"。

个别更新是在一定条件下对某职工已选择的项目进行更新处理,是对基本不变工资数据的零星修改。处理过程是:显示工资结算单的格式;选择输入项目;打开所需数据文件(工资结算单文件(GZ.DBF)、工资部门文件(GZBM.DBF)和工资类别文件(GZLB.DBF))并进行关联;接收更新数据的条件并进行合法性校验;查找并定位;对照显示相关工资项目,输入已选变动数据并存盘。

成批更新是在一定条件下对基本不变工资数据进行的成批替换修改。处理过程是:打开工资结算单文件(GZ.DBF);接收更新数据的条件并进行合法性校验;确认输入条件;成批替换修改。

四、查询工资模块

查询工资模块主要为了了解某一职工的工资结算情况,以及在一定条件下了解每个工资项目的总括情况而设置的功能。还可以用此功能来检查输入的数据正确与否,如某一原始单据上的应扣款合计是否与已输入计算机的应扣款合计一致等。在使用查询工资模块之前,先要执行计算工资模块,才能得到本期工资数据输入后的正确结果。

查询工资模块应设置两项功能:"1——明细查询,2——总括查询"。查询输出的结果既可以在屏幕上输出,也可以在打印机上输出。

明细查询是在一定条件下将各职工工资项目明细数据查询输出。可以按职工代码范围、部门代码范围、工作类别代码范围,选择工资项目,查询输出职工工资情况,还可以按多种条件组合查询输出工资明细数据。

总括查询是在一定条件下对各工资项目汇总计算查询输出。首先输入查询条件;对条件进行合法性校验;打开工资结算单文件(GZ.DBF);对满足条件记录的工资项目进行汇总计算;输出汇总查询结果。

五、计算打印工资模块

计算打印工资模块主要是完成代扣个人所得税、应发工资、实发工资的计算,以及工资汇总表的计算汇总,打印输出工资条、工资存档表和工资汇总表。

(一)计算工资

计算工资主要完成每名职工的应发工资和实发工资的计算,同时要计算职工应缴纳的个人所得税。应发工资=计件工资+计时工资+加班工资+奖金+物价补贴+夜班津贴+病假工资;实发工资=应发工资-扣房租-扣水电费-扣托儿费-代扣所得税;按照个人所得税法规定,工资、薪金所得税应纳税额的计算公式为:应纳税额=应纳税所得额×适用税率-速算扣除数,应纳税所得额=每月收入额-2 000元。

程序代码实例如下:

*在表单LOAD(表单初始事件)中打开GZSDS.DBF和GZ.DBF数据表

SELECT 0

USE GZSDS

SELECT 0

USE GZ

*代扣个人所得税的算法(该段代码写在适合的事件中)

SELECT GZ

```
DO WHILE !EOF（）
  YNSSDE=（YFGZ-1 600）
  IF YNSSDE>0
  SELECT GZSDS
  LOCATE　FOR　NSSDE>YNSSDE
  SELECT GZ
  REPLACE　DKSDS　WITH　YNSSDE*GZSDS.SL-GZSDS.SSKCS
  ELSE
  REPLACE　DKSDS　WITH　0
  ENDI
SKIP
ENDDO
```

（二）打印工资条

在发放工资之前，需将本期职工的工资打印成工资条，用以说明工资的详细情况，会同工资一起发放给职工，供职工备查。根据工资结算单文件（GZ.DBF）逐条记录进行打印输出，输出的格式见图5-6。

年月	职工代码	姓名	计时工资	计件工资	加班工资	奖金	物价补贴	夜班津贴	病假工资	应发工资	代扣房租	扣水电费	扣托儿费	扣所得税	实发工资
2015.05	0001	齐方正	1 356.00	2.00	0.00	10.00	30.00	55.00	0.00	453.00	12.00	10.00	0.00	0.00	1 431.00

年月	职工代码	姓名	计时工资	计件工资	加班工资	奖金	物价补贴	夜班津贴	病假工资	应发工资	代扣房租	扣水电费	扣托儿费	扣所得税	实发工资
2015.05	0002	于春晓	1 400.00	0.00	50.00	23.00	10.00	9.00	0.00	492.00	0.00	0.00	0.00	0.00	1 492.00

图5-6　工资条

（三）打印工资存档表

根据工资结算单文件（GZ.DBF）按部门对每名职工进行打印输出，一般要打印输出三份，一份发放单位留存，一份劳资部门留存，一份经领款人签字交会计部门留存。打印时可以用多层打印纸打印输出。输出的格式见图5-7。

部门代码：　部门名称：××××年××月第1页

职工代码	姓名	计时工资	计件工资	加班工资	奖金	物价补贴	夜班津贴	病假工资	应发工资	代扣房租	扣水电费	扣托儿费	扣所得税	实发工资	签单
0001	齐方正	356.00	2.00	0.00	10.00	30.00	55.00	0.0	453.00	12.00	10.00	0.00	0.00	431.00	Ⅲ
0002	于春晓	400.00	0.00	50.00	23.00	10.00	9.00	0.00	492.00	0.00	0.00	0.00	0.00	492.00	Ⅲ
…	…	…	…	…	…	…	…	…	…	…	…	…	…	…	…

图5-7　工资存档表

（四）打印工资汇总表

打印工资汇总表应按职工所在的部门对各工资项目进行汇总，形成工资汇总表并予以打印输出，以便进行工资的发放。处理过程：打开工资结算单文件（GZ.DBF）和工资部门文件（GZBM.DBF）并进行关联；按部门代码索引；对工资结算单文件按工资项目分类求和（用TOTAL求和）；统计部门人数；打印输出。输出的格式见图5-8。

××××年××月　　　　　　　　　　　　　　　　　　　　　　第1页

部门代码	部门名称	人数	计时工资	计件工资	加班工资	奖金	物价补贴	夜班津贴	病假工资	应发工资	代扣房租	扣水电费	扣托儿费	扣所得税	实发工资
01	一车间	3	3 000.00	2.00	50.00	41.00	50.00	64.00	3.00	1 210.00	12.00	10.00	14.00	0.00	1 174.00
02	二车间	2	352.00	300.00	0.00	88.00	0.00	0.00	9.00	749.00	21.00	8.60	14.00	0.00	705.00
…	…	…	…	…	…	…	…	…	…	…	…	…	…	…	…

图5-8　工资汇总表

工资表的打印输出设计，要解决好输出速度和输出损耗问题。

六、分配工资模块

分配工资模块一方面解决工资的费用分配，另一方面解决职工福利费用的提取问题。首先完成按工资费用的分配去向进行汇总，同时按工资总额计算出计提的福利费用数额，然后设置工资费用分配和计提福利费用的科目号，由计算机自动进行编制记账凭证和转账处理，并输出工资费用分配表和机制凭证。分配工资模块的数据关系，见图5-9。

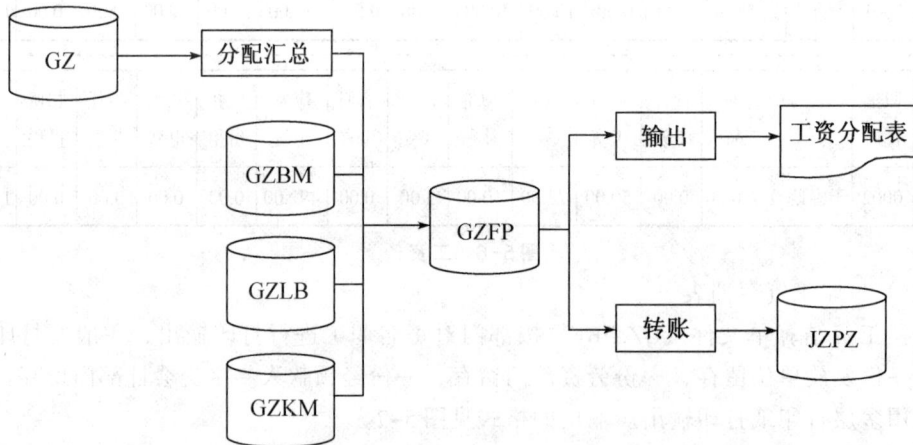

图5-9　分配工资模块的数据关系

根据上述数据关系图涉及的数据文件及其关系我们知道：①工资分配文件（GZFP.DBF）用以存放被分配工资的转账科目号和金额，以及计提福利费的转账科目号和金额。②工资文件（GZ.DBF）和按部门代码加类别代码临时建立的索引文件（GZBMSY.NDX）用以提供汇总分配的原始数据。③工资部门文件（GZBM.DBF）和索引文件（GZBMSY.NDX）用以提供部门名称数据。④工资类别文件（GZLB.BDF）和索引文件（GZLBSY.NDX）用以提供职工类别名称数据。⑤工资科目文件（GZKM.DBF）按部门和职工的工作类别提供在转账时所需的应借应贷科目编码。⑥记账凭证文件（JZPZK.DBF）用以存放工资分配转账的数据。

该程序的处理过程：打开工资文件（GZ.DBF）；按部门代码+类别代码临时建立的索引文件；按部门代码+类别代码对应发工资分类求和；打开工资分配文件（GZFP.DBF）；追加和替换部门代码、类别代码和应发工资小计；计算福利费用；打开工资部门文件和工资类别文件及其索引文件；替换部门名称和类别名称；打开工资科目文件（GZKM.DBF）；替换应借应贷科目；打开记账凭证文件（JZPZK.DBF）；转账处理；输出工资分配表；输出转账凭证。

分配工资模块的控制要求：工资分配模块可多次执行，但记账凭证数据不能重复入账。

分配工资自动转账程序实例如下：

```
*在转账命令按钮的单击事件中添加如下代码
SELECT JZPZK
*生成凭证号
GO BOTTOM
MPZH=SUBSTR（STR（VAL（凭证号）+10001，5），2，4）
COPY STRUCTURE TO PZLS
SELECT 0
USE PZLS
SELECT GZFP
GO TOP
DO WHILE !EOF（）  AND BMMC<>'合计'
KMH1=KM1
A1=YFGZ
KMH2=KM2
A2=FLFY
SELECT PZLS
APPEND BLANK
REPLACE科目号 WITH KMH1，借方金额 WITH A1
APPEND BLANK
REPLACE科目号 WITH KMH2，借方金额 WITH A2
SELECT GZFP
SKIP
ENDDO
LOCATE FOR BMMC='合计'
KMH1=KM1
A1=YFGZ
KMH2=KM2
A2=FLFY
SELECT PZLS
```

APPEND BLANK

REPLACE科目号WITH KMH1，贷方金额 WITH A1

APPEND BLANK

REPLACE科目号WITH KMH2，贷方金额 WITH A2

REPLACE ALL日期 WITH DATE（），凭证号 WITH MPZH，摘要 WITH '分配工资'

SELECT JZPZK

APPEND FROM PZLS

RETURN

七、系统维护模块

系统维护模块完成各项工资数据的备份、恢复和整理，以及系统操作权限的设定等项任务。

八、工资子系统的使用

1.初次使用。在启用该系统时，首先应进行初始定义的处理，包括：人员类别的定义、部门的定义、工资表的定义、工资算法的定义、工资费用转账科目的定义等。然后进行数据的初始输入，主要是对每名职工的编码、姓名和固定工资项目的初始输入。通过系统维护模块进行操作权限的设定。

2.日常使用。在发放工资之前，应进行变动的数据的输入和固定数据的更新处理，进行工资计算，打印工资条、工资存档表和工资汇总表。工资的查询可以随时进行使用，还可以根据需要对部门和人员的变动情况，通过基本设置模块的使用加以处理。根据数据管理的需要通过使用系统维护模块完成工资数据的备份、恢复和整理。

3.月末使用。应在月末完成工资的分配和福利费用的计提处理，以及强行对数据进行备份处理。

复习思考题

1.说明工资手工系统的内容及其特点。

2.简单说明工资手工系统的业务处理流程。

3.说明工资子系统的数据处理流程。

4.工资子系统应设置哪些数据文件?其结构怎样?相互关系如何?

5.工资子系统的代码应怎样进行设计?

6.工资子系统的各功能模块的任务和设计要求是什么?

7.各功能模块在程序设计中涉及哪几个数据文件?为什么?

第六章

固定资产子系统设计

学习目标

通过本章学习，了解固定资产子系统手工的工作流程，了解会计信息系统固定资产子系统设计思路，掌握固定资产子系统主要数据文件的设计，掌握固定资产子系统各功能模块的设计方法。

第一节 固定资产手工系统的描述与分析

固定资产是指价值较高，使用时间较长的那部分劳动资料，包括房屋、建筑物、机器、机械、运输工具以及其他与生产、经营有关的设备、器具、工具等。它在生产过程中能够连续地在若干个生产周期内发挥作用，并保持其原有的实物形态不变，但其价值随着磨损逐渐地转移到所生产的产品中去，构成产品成本的一个组成部分。固定资产核算是固定资产管理的重要环节，主要任务是：反映和监督固定资产收入、调出、保管、使用以及清理报废等情况，为管好用好固定资产及保证其安全完整提供可靠的数据，并根据有关规定，正确计算固定资产的折旧额，以便正确计算成本，并保证再生产资金的需要。

固定资产子系统的主要特点是：①数据量大。②变动数据少。③需要建立严格的变动数据采集制度。固定资产手工系统业务流程，见图6-1。

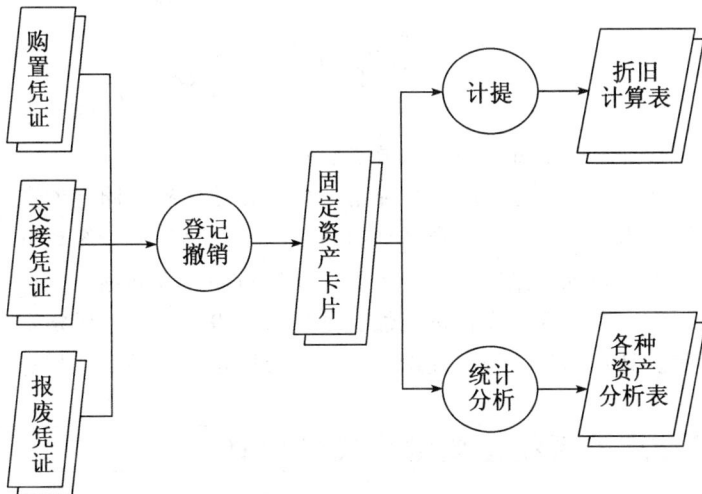

图6-1 固定资产手工系统业务流程

固定资产增减变化的途径比较多，一般有购入的、自行建造的、其他单位投资转入的、融资租入的、改建和扩建的、接受捐赠的、盘盈的，以及出售、报废和毁损的、投资转出的、盘亏的等。在固定资产子系统中根据固定资产的购置凭证、验收凭证、交接凭证、投资凭证、报废凭证和盘盈、盘亏凭证等资料，登记、撤销固定资产卡片或登记固定资产登记簿，月末根据不同的折旧计算方法（年限平均法、工作量法、年数总和法、双倍余额递减法）计算固定资产折旧，根据固定资产折旧计算表进行转账处理。最后将固定资产核算的各方面数据以固定资产卡片或固定资产登记簿，以及固定资产折旧计算表和转账凭证等形式予以反映。同时还要对资产的增减变动情况、资产的新旧程度、资产的使用情况、资产的结构、资产的盘盈盘亏情况进行各种统计分析。

第二节 固定资产子系统数据处理流程

固定资产子系统的数据主要来源于固定资产的购置凭证、交接凭证和报废凭证等原始凭证的记录。通过输入、修改和删除等处理，改变固定资产卡片文件的记录。根据固定资产卡片文件可以输出固定资产卡片和计提固定资产折旧。计提折旧过程形成了计提折旧文件，据此文件可输出折旧计算表，进行自动转账处理，直接将转账数据传递给总账子系统。同时还要根据企业管理的需要定期对固定资产进行统计分析，输出各种资产统计分析表。

固定资产子系统数据处理流程，见图6-2。

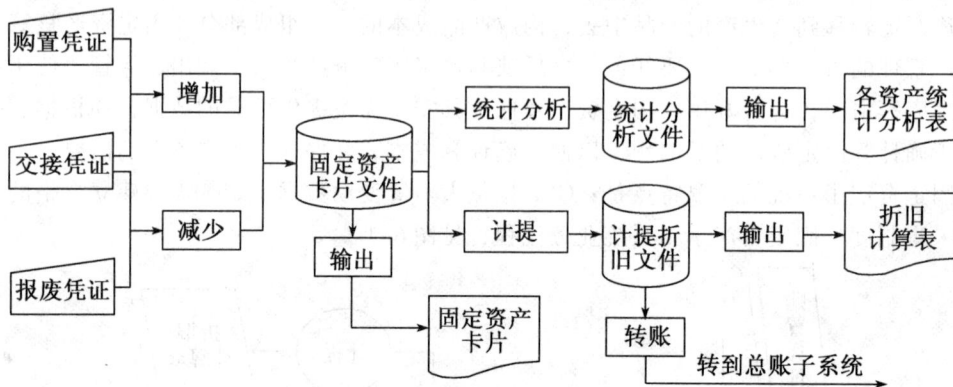

图6-2 固定资产子系统数据处理流程

从图6-2中可以看出，固定资产子系统用来存储和处理有关固定资产数据的文件主要有三个，即固定资产卡片文件、固定资产计提折旧文件和固定资产统计分析文件。其中固定资产卡片文件是本子系统的主文件，固定资产计提折旧文件和固定资产统计分析文件的有关数据都是根据固定资产卡片文件进行加工处理而取得的。针对固定资产卡片文件进行输入、修改、删除、计算和打印输出处理，以便完成固定资产的各项核算任务。

第三节 固定资产子系统主要数据文件设计

在固定资产子系统中，用来存储和处理有关固定资产数据的文件有：固定资产卡片文件、固定资产计提折旧文件和固定资产统计分析文件。在系统中还应建立的数据库文件有：固定资产折旧方法、固定资产类别、固定资产增减方式、固定资产使用状况、固定资产折旧科目等文件。

一、固定资产卡片文件

固定资产卡片文件是以各个独立的固定资产为对象设置记录的。记录中各字段详细登记每一项与固定资产有关的具体特征数据。除此之外，还需设置有关计提折旧的标识字段。固定资产卡片具体结构描述见表6-1：

表6-1　　　　　　　　　　文件名：固定资产卡片（GDZC.DBF）

字段名	字段意义	类型	宽度	小数位
RQ	日期	D	8	
KPBH	卡片编号	C	5	
LBDM	类别代码	C	2	
BMDM	部门代码	C	2	
ZCDM	资产代码	C	6	
ZCMC	资产名称	C	20	
GGXH	规格型号	C	10	
JLDW	计量单位	C	4	
GJRQ	购建日期	C	8	
QYRQ	启用日期	C	8	
SYNX	使用年限	N	2	
YTZJNS	已提折旧年数	N	2	
YZ	原值	N	12	2
CZ	残值	N	10	2
YZJL	月折旧率	N	6	4
YZJE	月折旧额	N	10	2
LJZJE	累计折旧额	N	12	2
JZ	净值	N	12	2
SYZKDM	使用状况代码	C	2	
ZJFSDM	增减方式代码	C	2	
ZJFFDM	折旧方法代码	C	2	
YFBS	月份标识	C	2	
ZJBS	折旧标识	L	1	

在数据结构表中，使用状况字段是为统计分析固定资产使用情况而设置的；增减方式字段是反映固定资产的增减变化，以便编制记账凭证；折旧方法字段是用以确定某种折旧

方法设置的；已提折旧年数字段是为了反映固定资产已使用的时间而设置的；月份标识字段是为了避免重复计算累计折旧额而设置的；折旧标识字段是为了提取折旧而设置的，反映该项固定资产是否计提折旧。

固定资产总代码设计为10位，前两位是使用部门代码，3~4位是固定资产类别代码，5~10位是固定资产顺序码。具体形式见图6-3。

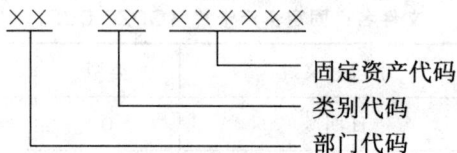

图6-3 固定资产总代码具体形式

例如：机加车间（01）通用设备（01）铣床（000160），此项固定资产的代码应为：0101000160。

二、固定资产计提折旧文件

固定资产计提折旧文件用来存储提取固定资产折旧和转账科目等有关方面的数据文件。应按固定资产的使用部门开设记录，具体字段包括使用部门的代码和名称、转账科目、月折旧额等方面内容。具体数据结构的描述见表6-2：

表6-2 文件名：固定资产计提折旧（GDZCZJ.DBF）

字段名	字段意义	类型	宽度	小数位
BMDM	部门代码	C	2	
BMMC	部门名称	C	10	
KMH	科目号	C	12	
YZJE	月折旧额	N	10	2

三、固定资产统计分析文件

固定资产统计分析文件是一组统计分析文件，包括：固定资产的增减变动统计表、固定资产的新旧程度统计表、固定资产的使用情况统计表、固定资产的结构统计分析表、固定资产的盘盈盘亏统计表等。以固定资产新旧程度统计表为例，其具体数据结构的描述见表6-3：

表6-3 文件名：固定资产新旧程度统计表（GDZCXJB.DBF）

字段名	字段意义	类型	宽度	小数位
BMDM	部门代码	C	2	
LBDM	类别代码	C	2	
SYNX	使用年限	N	2	
YZ	原值	N	12	2
CZ	残值	N	10	2
LJZJE	累计折旧额	N	12	2
JZ	净值	N	12	2
XJCD	新旧程度	N	5	4

第四节　固定资产子系统功能模块设计

为了及时完整地反映固定资产的增减变动情况，正确地计提折旧，固定资产子系统应设计的功能有：固定资产系统的基本设置、固定资产卡片文件的各项操作、计提折旧，以及固定资产查询打印和统计分析等功能。具体功能设计，见图6-4。

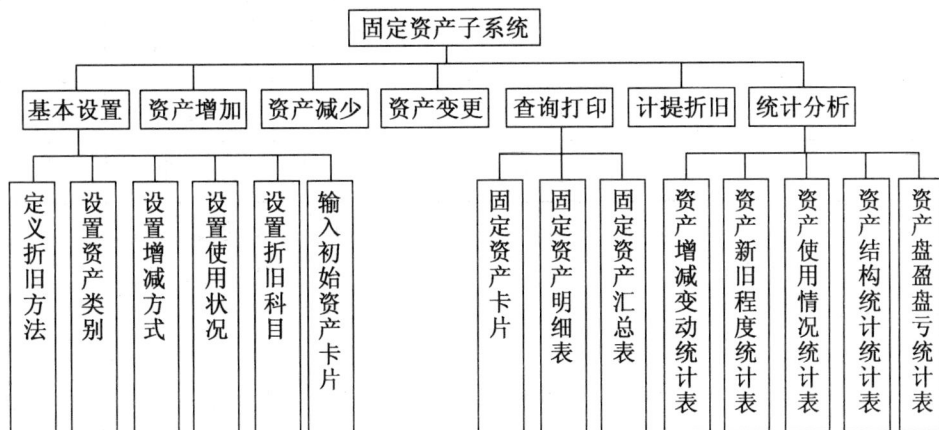

图6-4　固定资产子系统具体功能设计

一、基本设置模块

基本设置模块主要完成在系统初次建立时的自定义和初始设置，以及固定资产卡片数据的初始输入。

（一）定义折旧方法

用户在初次启用本系统时，首先要根据固定资产计提折旧的有关规定，定义固定资产的折旧方法，在输入固定资产卡片时确定其折旧方法。在定义折旧方法时需建立一个数据库文件，其结构内容应包括：折旧方法的代码、名称、月折旧率公式、月折旧额公式等。应设置增加、修改、删除、查询、打印等项目功能进行定义处理。具体定义情况见表6-4。

表6-4 具体定义情况

代码	名称	月折旧率公式	月折旧额公式
01	年限平均法	（1-净残值率）/折旧年限/12	原值×月折旧率
02	工作量法	原值×（1-净残值率）/工作总量	本月工作量×单位折旧额
03	年数总和法	（折旧年限-已提折旧年数）/（折旧年限×（折旧年限+1）/2）/12	（原值-净残值）×月折旧率
04	双倍余额递减法	2/折旧年限/12	计提折旧净值×月折旧率

对所定义的计算公式要控制其合法性，以保证系统的正常运行。

（二）设置资产类别

在系统正式启用前对固定资产的类别要进行设置，以便计提折旧。应建立固定资产类别文件，其内容包括：固定资产的类别代码、类别名称、预计使用年限、预计残值率、计量单位、计提属性（不计提/计提）、折旧方法等，相关示例见表6-5。

表6-5   **设置资产类别相关示例**

类别代码	类别名称	预计使用年限	预计残值率(%)	计量单位	计提属性	折旧方法
01	土地	70	5	平米	不提折旧	
02	房屋	40	5	平米	计提折旧	年限平均法
03	通用设备	10	5	台	计提折旧	年限平均法

在设置固定资产类别时要与折旧方法文件相关联，并通过增加、修改、删除、查询、打印等功能完成此项任务。对于在固定资产卡片文件中已使用的类别代码，则不可以进行修改和删除处理。

（三）设置增减方式

在系统正式启用前应对固定资产的增减方式进行设置，以便对固定资产在发生增减变化时进行账务处理。应建立固定资产增减方式文件，其内容包括：增减方式代码、增减方式名称、对应入账科目等，相关示例见表6-6。

表6-6   **设置增减方式相关示例**

增加代码	增加方式名称	对应入账科目	减少代码	减少方式名称	对应入账科目
1	增加方式		2	减少方式	
101	直接购入	100201	201	出售	1701
102	投资者投入	310101	202	盘亏	191102
103	捐赠	3111	203	投资转出	1401
104	盘盈	530103	204	捐赠转出	560101
105	在建工程转入	160302	205	报废	191102
106	融资租入	2321	206	毁损	191102

在设置固定资产增减方式时要与会计科目文件相关联，并通过增加、修改、删除、查询、打印等功能完成此项任务。对于在固定资产卡片文件中已使用的增减方式代码，则不可进行修改和删除处理。

（四）设置使用状况

在系统正式启用前还应对固定资产的使用状况进行设置，以便计提折旧。应建立固定资产使用状况文件，其内容包括：使用状况代码、使用状况名称、是否计提折旧等，相关示例见表6-7。

表6-7　　设置使用状况相关示例

使用状况代码	使用状况名称	是否计提折旧
1	使用中	是
101	在用	是
102	季节性停用	是
103	经营性出租	是
104	大修理停用	是
2	未使用	否
3	不需用	否

设置固定资产的使用状况需通过增加、修改、删除、查询、打印等功能来完成。

（五）设置折旧科目

在计提固定资产折旧时，需要按使用部门拥有的固定资产计算月折旧额，并进行自动转账处理，这样必须在系统启用前对计提折旧的转账科目进行设置定义。应建立固定资产折旧科目文件，其内容包括：部门代码、部门名称、转账科目等。在设置折旧的转账科目时应与会计科目文件关联，以控制其合法性。

（六）输入初始资产卡片

在正式启用本系统时首先应将与企业已有的固定资产有关的信息进行初始输入处理。此项处理与固定资产增加模块基本相同，所不同的是此项功能一旦本系统正式启用后就不能在日常使用了，在启用功能中必须将本系统的所有固定资产卡片的原值、累计折旧值和与总账系统中固定资产总账科目、累计折旧科目期初余额核对一致。数据控制的基本要求是：资产代码不可重复；对类别代码、部门代码、使用状况代码、增减方式代码、折旧方法代码控制其存在；净值=原值−累计折旧；购置日期<=启用日期；购置日期<=输入日期；折旧年限>已提折旧年数。输入初始资产卡片的界面，见图6-5。

固定资产卡片

卡片编号：　　　　　　　　　　　　　日期：
资产代码：　　　资产名称：　　　计量单位：
类别代码：　　　类别名称：　　　规格型号：
部门名称：　　　使用状况：　　　增减方式：
使用年限：　　　折旧方法：　　　购置日期：
启用日期：　　　原值：　　　残值：
净值：　　　累计折旧：　　　月折旧率：
月折旧额：

增加　修改　删除　翻页　定位　启用　反启用　退出

图6-5　输入初始资产卡片的界面

二、资产增加模块

在正式启用后，当企业有新增固定资产时，应使用此模块完成新增固定资产有关数据的输入。屏幕格式尽可能与手工原始凭证相近，以方便输入。在输入各项固定资产数据时，系统应对能够控制的有关数据施以控制，以保证数据的正确性。资产增加模块的输入界面、控制要求与输入初始资产卡片模块相同。也就是只保留输入初始资产卡片模块的增加功能，同时要进行固定资产增加的转账处理。被输入固定资产增加的数据将被存入固定资产卡片文件中。

三、资产减少模块

资产减少模块是为了对需要清理报废的固定资产或售出的固定资产等在减少时，将这些相应的记录从固定资产卡片文件中抹除而设置的功能。本月减少的固定资产如需要计提折旧还要做相应的处理。在清除某项固定资产卡片记录时一定要慎重，对清除的记录要存档，并要分清责任，以供备查。利用输入初始资产卡片模块的删除功能，同时要进行固定资产减少的转账处理。

四、资产变更模块

资产变更模块是为输入有错误的某项固定资产卡片的数据记录或内部调拨的固定资产提供的修改功能。在修改完毕后系统还应自动留下痕迹，以便分清责任。可利用输入初始资产卡片模块的定位和修改功能予以完成。

五、查询打印模块

查询打印固定资产模块包括：查询打印固定资产卡片、固定资产明细表、固定资产汇总表。固定资产卡片和固定资产明细表模块是根据固定资产卡片文件，按照一定的查询条件，记录满足条件的固定资产卡片，以卡片和明细表的形式予以输出。固定资产汇总表模块也是根据固定资产卡片文件，按照一定的查询条件，对原值、累计折旧和净值进行汇总，汇总的关键字是部门代码+类别代码（按部门求合计，按全部资产求总计）；或类别代码+部门代码（按类别求合计，按全部资产求总计）；或使用状况（按全部资产求总计）；或增减方式（按全部资产求总计）。具体查询条件如下：

入账日期：☐☐至☐☐

卡片编号：☐☐至☐☐　　　　　资产代码：☐☐至☐☐

类别代码：☐☐至☐☐　　　　　部门名称：

使用状况：　　　　　　　　　　增减方式：

使用年限：☐☐至☐☐　　　　　启用日期：☐☐至☐☐

原　　值：☐☐至☐☐

固定资产查询打印的内容格式要尽量符合手工系统卡、表的格式，但也可进行适当的改进，以便适应计算机打印输出的要求。既可以在屏幕上显示输出，也可以在打印机上打印输出。固定资产汇总查询的结果见表6-8、表6-9、表6-10、表6-11。

表6-8　　　　　　　　　　固定资产部门、类别汇总表

日期：

部门名称	类别名称	原值	累计折旧	净值

表6-9　　　　　　　　　　　固定资产类别、部门汇总表

日期：

类别名称	部门名称	原值	累计折旧	净值

表6-10　　　　　　　　　　　固定资产使用状况汇总表

日期：

使用状况	原值	累计折旧	净值

表6-11　　　　　　　　　　　固定资产增减方式汇总表

日期：

增减方式	原值	累计折旧	净值

六、计提折旧模块

计提折旧模块是本系统的主要计算模块，根据各部门使用的应计提折旧固定资产原值和不同的折旧方法所确定的折旧率，计算出月折旧额。本模块的数据主要来源于固定资产卡片文件，加工处理后，形成固定资产计提折旧文件的数据。通过折旧科目文件，将计提折旧转账科目数据填入计提折旧文件中，由计算机自动完成转账处理。最后，输出固定资产折旧计算表，以及转账凭证。具体处理如下所示：

1.将折旧科目文件的部门代码和折旧转账科目添加到计提折旧文件中。

```
USE   GDZCJT        &&计提折旧文件
ZAP
APPEND   FROM   GDZCKM   &&折旧科目文件
REPLACE 日期 WITH 操作日期   ALL
```

2.针对固定资产卡片文件中计提折旧的固定资产，按部门汇总计算月折旧额，然后添加到计提折旧文件中。

```
*在计提折旧命令按钮单击事件中添加如下代码
SELECT   GDZC
INDEX   ON   BMDM   TO   BMDMSY   &&按部门代码索引
SELECT   GDZCZK   &&固定资产使用状况文件
INDEX   ON   SYZKDM   TO   LLLL   &&按使用状况代码索引
SELECT GDZC
SET RELATION TO SYZKDM INTO B
```

TOTAL ON BMDM TO HZ FOR GDZC.是否计提折旧＝"是" AND 是增加的固定资产 AND 不是本月增加的固定资产 AND 折旧年限<已提折旧年数

*其他代码

对不提取折旧固定资产过滤的解决办法：

①大部分可以通过固定资产使用状况的定义来完成

例如：房屋、建筑物以外的未使用、不需用的固定资产——定义为未使用/不需用；

经营租赁方式租入的固定资产——在用的经营租赁方式租入，是否提折旧"否"；

已提足折旧继续使用的固定资产——已提足折旧继续使用，是否提折旧"否"；

按规定单独估价作为固定资产入账的土地——在用的已估价入账的土地，是否提折旧"否"。

②通过判断条件来解决的有：本月增加的固定资产；提前报废的固定资产；提足折旧逾龄的固定资产。

3.将汇总计算的本月折旧额添加到计提折旧文件中。

4.自动编制结转计提折旧的记账凭证，转入总账系统，使其不能重复结转。月折旧是否已计提完毕（即本月计提折旧已转账）的控制，涉及累计折旧是否重复计算的问题。通过对本月转账凭证的查找，来确定是否本月已计提折旧完毕。

5.显示和打印输出折旧分配表。

七、统计分析模块

固定资产统计分析模块属于管理范畴，同时也是核算的正常拓展。统计分析模块包括：资产增减变动统计表、资产新旧程度统计表、资产使用情况统计表、资产结构统计分析表、资产盘盈盘亏统计表等统计分析内容。以固定资产新旧程度统计表为例，说明其处理情况：

1.主要数据来源于固定资产卡片文件，使用年限数据来源于固定资产类别文件。

2.对固定资产卡片文件按"部门代码+类别代码"进行索引。

3.按"部门代码+类别代码"，对原值、净残值、累计折旧、净值、月折旧额汇总，按部门资产求合计，按全部资产求总计。

4.对每项资产计算资产新旧程度，资产新旧程度（%）=净值/原值。

5.输出内容。

固定资产新旧程度统计表，见表6-12。

表6-12　　　　　　　　　　固定资产新旧程度统计表

日期：（操作日期）

部门名称	资产类别	使用年限	原值	净残值	累计折旧	净值	新旧程度(%)	月折旧额

八、固定资产系统的使用

在初次启用本系统时，首先要使用基本设置模块完成系统初始设置和初始数据的输入等初始化工作。平时根据固定资产的增减变化情况和查询的需要，使用固定资产的增加、减少、变更和查询模块。月末要完成计提折旧和统计分析两项任务，在计提折旧的同时完成计提折旧费用的转账处理。

复习思考题

1. 说明固定资产手工系统的内容及特点。
2. 简要说明固定资产手工系统的业务处理流程。
3. 说明固定资产子系统的数据处理流程。
4. 固定资产子系统应设置哪些数据文件?其结构怎样?
5. 举例说明固定资产的代码应怎样进行设计。
6. 固定资产子系统的各功能模块的任务和设计要求是什么?
7. 每个功能模块在程序设计中涉及哪几个数据文件?

第七章

应收账款子系统设计

学习目标

通过本章学习，了解应收账款子系统手工的工作流程，了解会计信息系统应收账款子系统设计思路，掌握应收账款子系统主要数据文件的设计，掌握应收账款子系统各功能模块的设计方法。

第一节 应收账款手工系统的描述与分析

市场经济盛行商业信用，企业因赊销商品而产生应收账款，加强应收账款的回收，对于减少呆账、坏账的发生，加速流动资金的周转，有着非常重要的作用。应收账款核算是指企业因赊销商品或提供劳务而发生的客户往来欠款的核算，包括对企业经营过程中各项应收账款进行的日常核算，及时反映货款的赊欠和回收情况，同时还要对客户的偿债能力和账龄进行分析，提供催款信息及坏账信息等。

应收账款子系统的主要特点是：①数据的实时性要求高。②冲账比较复杂。③信息加工的深度要求高。应收账款手工系统业务流程，见图7-1。

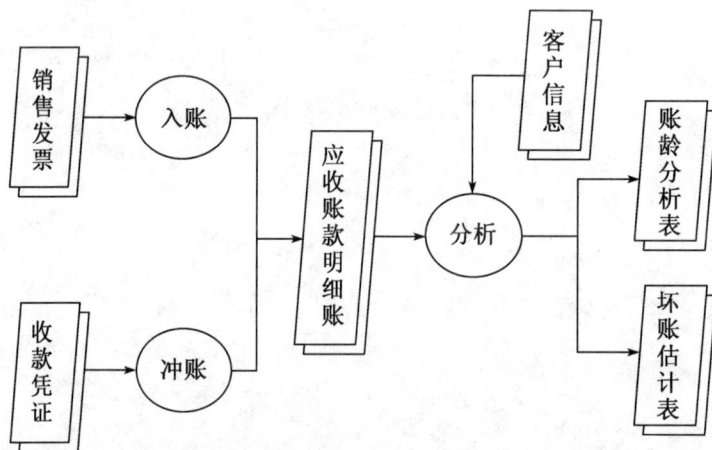

图 7-1 应收账款手工系统业务流程

应收账款的核算主要通过应收账款科目进行，应收账款科目应按应收账款的责任人和赊销客户设置明细账。当发生赊销业务时，根据销售凭证借记应收账款，待收到货款后，根据收款凭证贷记应收账款。在应收账款核算的同时还有可能涉及预收账款的核算。企业应定期根据应收账款明细账和客户信息进行应收账龄、欠款和坏账等情况分析。

第二节　应收账款子系统数据处理流程

应收账款子系统的数据主要来源于赊销和收款业务记录的销售发票和收款凭证，登记应收账款明细账，并定期进行应收账龄、客户欠款和应收坏账的统计分析。根据销售核算系统的销售发票文件和销售发票凭证进行审核，审核无误后编制记账凭证转给总账系统，同时登记应收账款明细账。待货款收回时，根据收款凭证进行输入、审核处理，存储于收款凭证文件中，同时编制转账凭证转给总账系统，并冲销应收账款明细账，定期输出应收账款明细账。为了反映客户资料，进行客户分析评价，需建立客户档案文件。根据客户档案文件和应收账款明细账文件可以编制应收账龄分析表和坏账估计表。在系统初始化时，应建立客户档案文件、设置账龄区间、设置转账科目、输入应收账款明细账初始余额。

应收账款子系统数据处理流程，见图7-2。

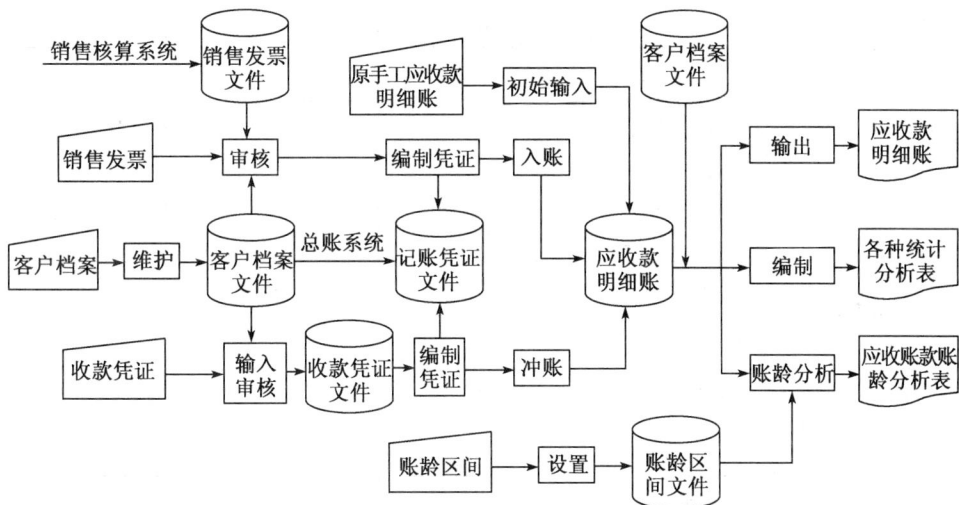

图7-2　应收账款子系统数据处理流程

从图7-2中可以看出，应收账款子系统用来存储和处理有关应收账款数据的文件主要有四个，即应收账款明细账文件、收款凭证文件、客户档案文件和账龄区间文件。其中应收账款明细账文件是该子系统的主文件，应收账款明细账文件的数据来源于销售发票文件和收款凭证文件。客户档案文件用以控制收款凭证和销售发票的输入及审核过程中客户代码的正确，并对照显示客户名称。客户档案文件同时还用于应收账款明细账的输出和应收账款统计分析。账龄区间文件用于可定义的账龄区间，便于进行应收账款的账龄分析。

应收账款子系统应设置初始客户档案的维护、账龄区间和转账科目的定义、应收账款明细账初始余额的输入；销售发票的审核；收款凭证的输入、审核；应收账款明细账的入账和冲销；输出应收账款明细账；坏账估计表的编制；应收账龄的分析等功能。

第三节　应收账款子系统主要数据文件设计

在应收账款子系统中，用来存储和处理有关应收账款数据的文件有：客户档案文件、应收账款明细账文件、收款凭证文件、账龄分析表文件、账龄区间文件。在系统中还需要相关系统中的其他数据库文件有：销售发票、结算方式代码、销售员代码、所属区域代码、客户类型代码、产品代码、转账科目、结账标志、坏账估计表等文件。

一、客户档案文件

客户档案文件是用来存储客户的基本信息以及客户的信誉情况的文件。以各个独立的客户为对象设置记录。详细记载每一客户的具体情况，以便加强对客户的管理。客户档案文件的具体结构描述见表7-1：

表7-1   文件名：**客户档案（KHDA.DBF）**

字段名	字段意义	类型	宽度	小数位
KHDM	客户代码	C	5	
KHMC	客户名称	C	50	
SSQYDM	所属区域代码	C	6	
KHZJM	客户助记码	C	10	
KHLBDM	客户类型代码	C	2	
DZ	地址	C	30	
DH	电话	C	20	
KHYH	开户银行	C	30	
YHZH	银行账号	C	20	
SWDJH	税务登记号	C	20	
LXR	联系人	C	10	
YZBM	邮政编码	C	6	
YYDZ	营业地址	C	50	
QYXZ	企业性质	C	10	
XYDJ	信用等级	C	1	
XYED	信用额度	N	12	2
XSYDM	销售员代码	C	4	
BZ	备注	C	60	

在数据结构表中，涉及所属区域代码、客户类型代码、客户代码三个方面的代码设计，具体设计见图7-3。

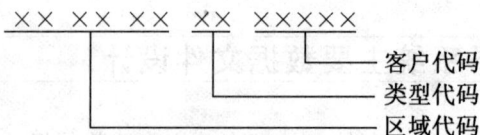

图7-3　数据结构表具体设计

第1~2位表示大区域，第3~4位表示省份，第5~6位表示市/县，第7~8位表示客户类型，第9~13位表示客户序号。例如：东北（01）吉林省（01）长春市（01）药店（03）利民医药商店（00169）。

二、应收账款明细账文件

应收账款明细账文件是存储各客户销售往来业务的应收未收和应收已收账款的数据文件，该文件同时可以处理预收账款的数据。应按每个客户的每笔业务设置记录，具体字段包括应收账款明细账的基本内容和为了冲账设置的有关内容。具体数据结构的描述见表7-2：

表7-2　　　　　　　　文件名：应收账款明细账（YSZKMX.DBF）

字段名	字段意义	类型	宽度	小数位
RQ	日期	D	8	
JSFSDM	结算方式代码	C	2	
KHDM	客户代码	C	5	
XSYDM	销售员代码	C	4	
CPDM	产品代码	C	18	
FPH	发票号	C	8	
凭证号	凭证号	C	4	
摘要	摘要	C	28	
数量	数量	N	12	3
借方金额	借方金额	N	12	2
贷方金额	贷方金额	N	12	2
余额	余额	N	12	2
DZBZ	对账标志	L	1	

在数据结构表中，结算方式代码是反映回款的结算方式；客户代码用以反映应收账款的明细；销售员代码反映的是该客户的责任人；产品代码用以说明应收或已收款项的货物情况；发票号是货款回收时冲账的唯一标志，也是销售发票和收款凭证的关键字；对账标志反映的是该笔业务是否已冲销，如.F.值说明未冲销，.T.值说明已冲销。

三、收款凭证文件

收款凭证文件是存储收款凭证全部信息的数据文件。按每张收款凭证开设记录，用以提供生成应收账款明细账和回款冲账所需的收款信息。具体数据结构的描述见表7-3：

表7-3　　　　　　　　　　文件名：收款凭证（SKPZ.DBF）

字段名	字段意义	类型	宽度	小数位
RQ	日期	D	8	
SKDH	收款单号	C	9	
JSFSDM	结算方式代码	C	2	
KHDM	客户代码	C	5	
XSYDM	销售员代码	C	4	
JSPH	结算票号	C	8	
FPH	发票号	C	8	
SHHK	收回货款	N	12	2
DDYF	代垫运费	N	12	2
SKHJ	收款合计	N	12	2

　　在数据结构表中，收款单号设置9位，由年月日（各2位）和顺序号（3位）构成；发票号用以标明收回的是哪一发票的货款；收款合计=收回货款+代垫运费。

四、账龄分析表文件

　　账龄分析表文件是存储每位客户在各个时间段的应收账款情况的数据文件。按客户开设记录，总共设置6个时间段。具体数据结构的描述见表7-4：

表7-4　　　　　　　　　　文件名：账龄分析表（ZLFXB.DBF）

字段名	字段意义	类型	宽度	小数位
BH	编号	C	2	
KHDM	客户代码	C	5	
ZE	总额	N	12	2
WDQ	未到期	N	12	2
JED01	第1段金额	N	12	2
JED02	第2段金额	N	12	2
JED03	第3段金额	N	12	2
JED04	第4段金额	N	12	2
JED05	第5段金额	N	12	2

五、账龄区间文件

账龄区间文件是存储所设置的账龄区间各段的说明、上下限和坏账率等有关方面数据的文件，应按不同的期间段设置记录。具体数据结构的描述见表7-5：

表7-5　　　　　　　　　　　文件名：账龄区间（ZLQJ.DBF）

字段名	字段意义	类型	宽度	小数位
QDSM	期间段说明	C	12	
QJDSX	期间段上限	N	4	
QJDXX	期间段下限	N	4	
QJHZL	期间坏账率	N	6	4

例如，期间段说明为：未到期；期间段上限为：1；期间段下限为：30；期间坏账率为：1%。这就是一个账龄区间段的全部内容。

第四节 应收账款子系统功能模块设计

为了及时完整地反映应收账款的增减变动情况，正确地进行回款冲账和坏账处理，以及进行应收账款的统计分析，应收账款子系统应设计的功能有：应收账款系统的基本设置、销售发票的审核、收款凭证的输入和审核、回款的冲账、坏账的处理、月末结账，以及应收账款的查询打印和统计分析等功能，具体功能设计见图7-4。

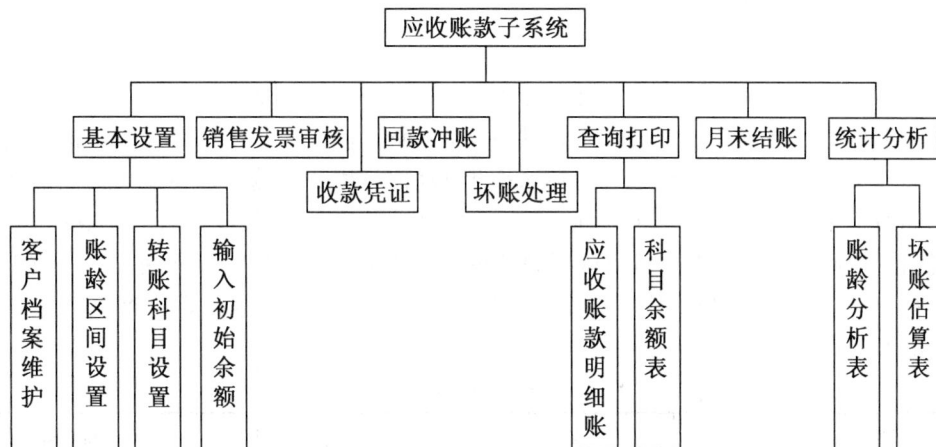

图7-4　应收账款子系统具体功能设计

一、基本设置模块

基本设置模块主要完成在系统初次建立时的客户档案的维护和账龄区间、转账科目的初始设置，以及应收账款初始余额的输入。

（一）客户档案维护

客户档案管理模块应设在销售子系统，但由于应收账款子系统也需要客户档案提供大量数据，因此在本子系统中也应对客户档案进行维护。客户档案维护的屏幕界面，见图

7-5。

客户代码：	客户名称：	客户区域：
客户类型：	客户助记码：	客户地址：
电话：	开户银行：	银行账号：
税务登记号：	邮政编码：	营业地址：
企业性质：	信用等级：	信用额度：

联系人（法人、业务主管、联系人）：

销售员姓名：

备注：

增加　修改　删除　查询　打印　退出

图7-5　客户档案维护的屏幕界面

客户档案维护涉及的数据文件有：客户档案、所属区域代码、客户类型代码和销售员代码等文件。与客户档案的有关信息将存储在客户档案文件里，客户档案文件应关联于所属区域代码文件、客户类型代码文件和销售员代码文件，被关联的这些文件在增加、修改、删除功能中起到控制代码的存在和对照显示作用。对客户代码的操作要符合编码规则，即5位非空数字。对客户代码、客户名称、客户区域、客户类型、地址、电话、税务登记号、邮政编码、开户银行、银行账号、营业地址、联系人、销售员姓名等数据项要采取非空控制，以保证数据的有效性。

（二）账龄区间设置

由于不同的用户对账龄的区间要求有所不同，估计期间坏账率也有所不同，需要用户根据本企业的实际情况自行定义。系统共设6个账龄区间段，每个账龄区间段的期间段说明、期间段上限、期间段下限、期间坏账率等4项内容由用户输入取得。要控制期间段上限和期间段下限的关系，下一个期间段上限的天数是上一个期间段下限的天数加1，而期间段说明是期间段上限和期间段下限天数的说明。期间坏账率应是逐段递增的，应大于等于零，且小于等于1。本模块应具有增加、修改、删除、查询、打印等功能。

账龄区间表见表7-6：

表7-6　　　　　　　　　　　　**账龄区间表**

期间段说明	期间段上限	期间段下限	期间坏账率
未到期	1	30	0.01
过期1~30天	31	60	0.03
过期31~90天	61	120	0.10
过期91~180天	121	210	0.30
过期181~365天	211	395	0.50
过期365天以上	396		0.70

（三）转账科目设置

在应收账款子系统中应设置的转账科目，一般用于应收款发生业务、回款业务、冲账业务、坏账处理业务生成凭证时需要的转账科目。例如，应收款发生业务设置的转账科目见表7-7。

表7-7   **应收款发生业务设置的转账科目**

编号	业务说明	摘要	方向	科目编码
01	销售产品	销售甲产品	借	1131
01	销售产品	货款尚未收到	贷	510101
02	收回货款	收到前欠货款	借	100201
02	收回货款	甲产品货款已收回	贷	1131

在设置转账科目时，同一编号的记录为同一经济业务，借贷两个方面，摘要采取一个科目一个摘要的处理办法。控制要求是在同一编号下必须有两条以上记录，并且方向有借有贷；科目编码必须是已存在，并符合编码规则，输入编码要有科目名称予以对照显示，避免差错。本模块应具有增加、修改、删除、查询、打印等功能。

（四）输入初始余额

在正式启用本系统之前，首先将应收账款的期初明细余额进行初始输入处理。此项功能一旦本系统正式启用后就不能使用了，在关闭此项功能（即启用本系统）前，必须将本系统的所有应收账款的期初明细余额之和与总账系统中应收账款科目期初余额核对一致，否则不可以关闭。数据控制的基本要求是：结算方式代码、客户代码、销售员代码、产品代码控制其存在；所有项目非空控制；每一笔业务借、贷金额不能同时为0，且借、贷金额又不能同时不为0。输入应收账款初始余额的界面见表7-8。

表7-8   **应收账款初始余额**

日期	结算方式代码	客户代码	销售员代码	产品代码	发票号	凭证号	摘要	数量	借方金额	贷方金额	余额

本模块应具有增加、修改、删除、启用、反启用、查询、打印等功能。

二、销售发票审核模块

根据销售子系统的销售发票文件进行审核，以确保输入数据的正确性。当审核正确无误时，根据业务情况和所定义的转账科目，编制记账凭证。本模块应设置审核、取消审核、编制凭证、翻页、查询、打印等功能。其中审核功能是根据销售发票的数据与已显示销售发票的数据进行审核，如正确则按"审核"按钮，然后对销售发票文件进行审核通过标记处理，同时在屏幕界面应予以显示。对已审核过的销售发票，但又发现错误，可以取消审核。只能对审核正确的销售发票进行编制凭证处理，对已编制完成记账凭证的销售发票不可重复编制凭证。此项账务处理主要完成赊销业务记账凭证的编制，借：应收账款，贷：产品销售收入。在编制凭证的同时需将应收账款的业务存入应收账款明细账文件。此项功能处理的顺序只能是：审核—编制凭证—入账。销售发票审核的屏幕，见图7-6。

销售增值税发票

发票日期：

发票号：　　　　　　　订单号：

客户名称：　　　　　　税务登记号：　　　　　发货单号：

地址、电话：　　　　　开户行、账号：

销售员：　　　　　　　备注：

产品名称	规格型号	计量单位	数量	含税单价	单价	金额	税率	税额	价税合计
合计									

单位名称：　　　　　税务登记号：　　　　　地址、电话：　　　　开户行、账号：

审核人：　　　　　　开票人：

| 审核 | 取消审核 | 编制凭证 | 翻页 | 查询 | 打印 | 退出 |

图7-6　销售发票审核的屏幕

三、收款凭证模块

收到客户的销售回款时，应填制收款单予以输入，并存储在收款凭证文件中。收款凭证模块主要完成收款凭证数据的接收和审核等项处理，应设置增加、删除、修改、审核、查询、打印等功能。收款凭证的屏幕界面，见图7-7。

日期	收款单号	结算方式	客户代码	销售员	结算票号	发票号	收回货款	代垫运费	收款合计

| 增加 | 修改 | 审核 | 查询 | 打印 | 退出 |

图7-7　收款凭证

收款凭证的增加应控制收款单号的自动连续性，并符合编号规则；对结算方式代码、客户代码、销售员代码、结算票号、发票号等数据要控制数据的有效性，要与相关数据文件关联，输入代码时应控制其存在并采取对照显示名称的办法，保证输入数据的正确；日期、收款单号、客户代码、收款合计等数据项应采取非空控制；收款合计应等于收回货款加代垫运费之和。收款凭证的修改是指对输入有差错的数据进行修改，不能修改已审核的收款凭证，修改时应保持增加时的控制要求。收款凭证的审核应由与输入人员不同的操作人员完成，对所输入的收款数据进行逐一核对，发现差错应予以修改，审核正确无误后，编制记账凭证，即借：银行存款，贷：应收账款，并将回款数据记入应收账款明细账文件。收款凭证的查询和打印的条件范围应包括收款单全部项目，输出格式与屏幕界面相同。

四、回款冲账模块

回款冲账模块是将应收账款各客户的应收款项与已收款项进行核对冲销，是根据销售发票的数据与销售回款数据按发票号和金额进行核对，用销售回款冲销销售发票的应收款项。回款冲账的屏幕界面，见图7-8。

客户代码：□□□□□□

销售发票

客户名称	销售员	发票号	发票日期	发票金额	已还金额	差额

收款凭证

客户名称	销售员	发票号	结算方式	结算票号	回款金额	核对标志

图7-8　回款冲账的屏幕界面

在回款冲账时，首先选择输入客户代码，然后在打开的销售发票文件和收款凭证文件中，按已选择客户，过滤销售发票文件中差额不为0和收款凭证核对标志为.F.值的记录，供核对冲销之用。核对冲销时，先选择某一笔收款业务（即核对标志选中为.T.值），然后在销售发票表中填写已还金额，由系统自动计算差额（差额=发票金额−已还金额），剩余差额的业务可继续核对冲销，直至差额为0。同时还要在应收账款明细账文件中进行冲销处理，用收款凭证文件核对标志为.T.值的记录和销售发票差额为0的记录，对应的应收账款明细账文件记录要进行标记处理。

五、坏账处理模块

坏账处理模块包括坏账准备的计提、坏账损失的发生和坏账损失的回收三个部分。根据坏账比率法（赊销百分比法）、账龄分析法、应收账款余额比例法，对坏账损失进行估算，然后进行账务处理，借：管理费用，贷：坏账准备。当确认有些坏账无法收回时，要进行坏账损失的账务处理，借：坏账准备，贷：应收账款。有些坏账损失虽已确认损失，但又有可能收回，在收回坏账损失时，也要进行账务处理，借：应收账款，贷：坏账准备，同时借：银行存款，贷：应收账款。

在坏账处理模块中计提坏账准备的功能尤为重要，如利用账龄分析法进行计提坏账准备，对坏账损失进行估算的处理：打开坏账估计表（HZGJB.DBF）、应收账款明细账（YSZKMX.DBF）、账龄区间（ZLQJ.DBF）、账龄分析表（ZLFXB.DBF）和转账科目（ZZKM.DBF）文件；从应收账款明细账文件中按客户的赊账日期取得应收货款，从账龄区间文件中取得账龄区间划分的时段，形成账龄分析表文件的数据；根据账龄分析表文件的未到期和已到期各时段的应收款项以及账龄区间文件的期间坏账率，形成坏账估计表的数据；根据坏账估计表各时段的应收款项和转账科目文件提供的转账科目，编制计提坏账准备的记账凭证，其数据关系见图7-9。

六、查询打印模块

查询打印模块包括应收账款明细账和科目余额表的查询打印。

应收账款明细账的查询打印主要根据应收账款明细账文件的数据，按一定的查询打印条件进行输出。在具体处理时，首先打开应收账款明细账文件，接收查询打印条件，根据条件过滤数据，按规范的账簿格式予以输出，其格式见表7-9。

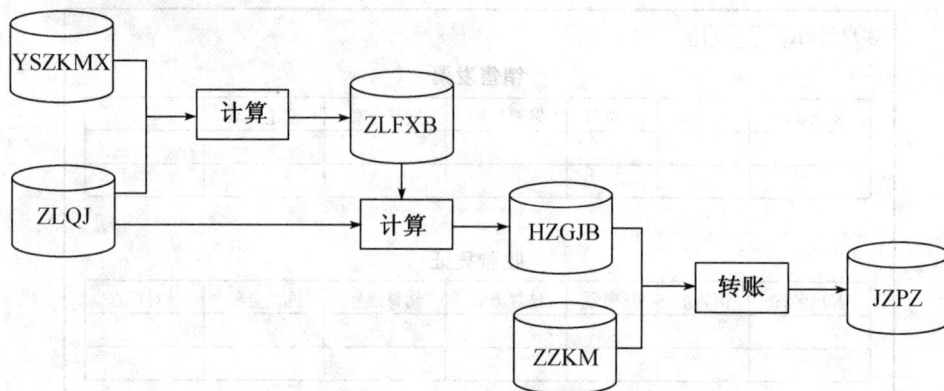

图 7-9　坏账处理模块数据关系

表 7-9　　　　　　　　　　　　　　　应收账款明细账

客户：×××公司

××××年		凭证号	摘要	借方金额	贷方金额	借贷	余额
月	日						

　　科目余额表的查询打印，根据应收账款明细账文件，按客户查询打印某一月份的尚未收回的账款情况。首先打开应收账款明细账文件，选择确定月份，汇总计算期初余额和发生额合计。在表的底行应计算出期初余额、借方金额、贷方金额和期末余额的合计，科目余额表的输出格式见表 7-10。

表 7-10　　　　　　　　　　　　　　　科目余额表

××××年××月

客户代码	客户名称	期初余额	借方金额	贷方金额	期末余额
	合计				

七、月末结账模块

　　月末结账模块是进行本月应收账款业务处理的结束标志，同时完成数据的强制备份。上月未结账本月不能结账，本月结账后不可进行任何的应收账款的增减业务处理。结账的标志处理是根据应收账款结账标志文件标明的结账标识来处理的，应收账款结账文件应包括会计期间（月份）和结账标识两个字段，记录应按会计期间开设。在结账时需将本子系统涉及的主要数据文件进行备份。

八、统计分析模块

　　统计分析模块主要包括账龄分析表和坏账估计表。账龄分析表是根据应收账款明细账文件中各客户的应收未收账款和账龄区间文件的各账龄区间段的设置来完成账龄分析表的编制，具体输出格式见表7-11。

表 7-11　　　　　　　　　　　　**应收账龄分析表**

日期：

客户	总额	未到期金额	已　过　期				
			1～30天	31～90天	91～180天	181～365天	365天以上
合计							

坏账估计表是根据账龄分析表文件最后合计记录各时段应收账款余额，以及账龄区间各时段的坏账率，计算账龄区间各时段坏账损失金额，坏账损失金额=应收账款余额×坏账比率。具体输出格式见表7-12。

表 7-12　　　　　　　　　　　　**坏账估计表**

日期：

组别	应收账款余额	坏账比率	坏账损失金额
未到期			
过期1～30天			
过期31～90天			
过期91～180天			
过期181～365天			
过期365天以上			
合计			

九、应收账款系统的使用

在初次启用本系统时，首先要使用基本设置模块完成账龄区间和转账科目的初始设置，客户档案的维护，以及应收账款初始余额的输入等初始化工作。日常根据应收账款的增减变化情况审核销售发票，输入审核收款凭证，进行回款冲账和坏账处理，同时完成赊销、回款和坏账处理等业务记账凭证的编制，根据需要查询打印应收账款明细账和科目余额表。月末完成结账和统计分析两项任务。

复习思考题

1. 说明应收账款手工系统的内容及其特点。
2. 简要说明应收账款手工系统的业务处理流程。
3. 说明应收账款子系统的数据处理流程。
4. 应收账款子系统应设置哪些数据文件?其结构怎样?

5. 举例说明客户代码应怎样进行设计。

6. 应收账款子系统的各功能模块的任务和设计要求是什么？

7. 功能模块在程序设计中涉及哪几个数据文件？

第八章

应付账款子系统设计

学习目标

通过本章学习，了解应付账款子系统手工的工作流程，了解会计信息系统应付账款子系统设计思路，掌握应付账款子系统主要数据文件的设计，掌握应付账款子系统各功能模块的设计方法。

第一节 应付账款手工系统的描述与分析

应付账款产生在采购过程。加强应付账款合理、有效地支付，对维护企业自身的利益，增强企业信誉，都有着非常重要的作用。应付账款核算是指企业因购买材料、商品和接受劳务供应等而发生的，应付未付供应商各种款项的核算。其核算范围包括从收到供应商的发票到处理付款为止的全过程的核算，反映监督采购过程中的应付和已付货款情况，通过对应付款账龄的分析，跟踪应付账款的到期日，及时提供应付款项的总额和付款资金的需要，能够有效地管理应付款，计划和控制资金的使用。

应付账款子系统的主要特点是：①数据的实时性要求高。②冲账比较复杂。③管理要求高。应付账款手工系统业务流程，见图8-1。

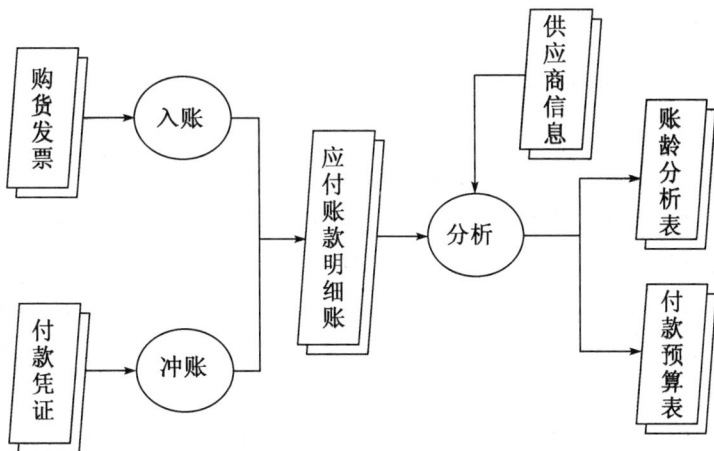

图8-1 应付账款手工系统业务流程

应付账款的核算主要通过应付账款和银行存款等科目进行，应付账款科目应按供应商设置明细账。当发生赊购业务时，根据购货发票借记应付账款入账，待实际付款后，根据付款凭证贷记应付账款冲账。在应付账款核算同时还要进行预付账款的核算。企业应定期根据应付账款明细账和供应商信息进行应付账龄的分析以及应付款预算表的编制。

第二节　应付账款子系统数据处理流程

　　应付账款子系统的数据主要来源于购货发票和付款凭证的赊购和付款业务记录，登记应付账款明细账，并定期进行应付款账龄分析和编制应付款预算。根据采购管理系统的购货发票文件和购货发票凭证进行审核，审核无误后编制记账凭证转给总账系统，同时登记应付账款明细账。待货款实际支付时，再根据付款凭证输入、审核处理，存储于付款凭证文件中，同时编制转账凭证转给总账系统，并进行冲销应付账款明细账，定期输出应付账款明细账。为了反映供应商资料，进行供应商分析评价，需建立供应商档案文件。根据供应商档案文件和应付账款明细账文件可以编制应付款账龄分析表和应付款预算表。在系统初始化时，应建立供应商档案文件、设置账龄区间、设置转账科目、输入应付账款明细账初始余额。

　　应付账款子系统数据处理流程，见图8-2。

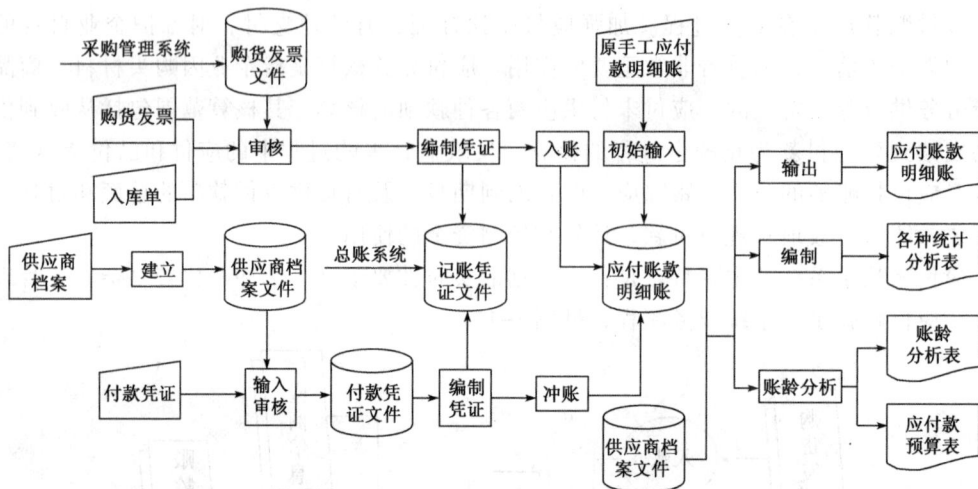

图8-2　应付账款子系统数据处理流程

　　从图8-2中可以看出，应付账款子系统用来存储和处理有关应付账款数据的文件主要有4个，即应付账款明细账文件、付款凭证文件、供应商档案文件和账龄区间文件。其中应付账款明细账文件是本子系统的主文件，应付账款明细账文件的数据来源于购货发票文件和付款凭证文件。供应商档案文件用以控制付款凭证和购货发票的输入和审核过程中供应商代码的正确，并对照显示供应商名称。供应商档案文件同时还用于应付账款明细账的输出和应付账款统计分析。账龄区间文件用于可定义的账龄区间，便于进行应付账款的账龄分析和应付款预算的编制。

　　应付账款子系统应设置初始供应商档案的维护、账龄区间和转账科目的定义、应付账款明细账初始余额的输入；购货发票的审核；付款凭证的输入、审核；应付账款明细账的入账和冲销；输出应付账款明细账；应付账款账龄的分析；应付款预算表的编制等功能。

第三节 应付账款子系统主要数据文件设计

在应付账款子系统中，用来存储和处理有关应付账款数据的文件主要有：供应商档案文件、应付账款明细账文件、付款凭证文件、应付款预算表文件。在系统中还需要相关系统中的数据库文件：购货发票、所属区域代码、采购员代码、转账科目、结账标志、账龄分析表等。

一、供应商档案文件

供应商档案文件是用来存储供应商的基本信息以及供应商的信誉情况的文件。以各个独立的供应商为对象设置记录。记录中各字段详细记载每一供应商的具体情况，以便加强对供应商的管理。供应商档案文件的具体结构描述见表8-1：

表8-1　　　　　　　　　　文件名：供应商档案（GYSDA.DBF）

字段名	字段意义	类型	宽度	小数位
GYSDM	供应商代码	C	5	
GYSMC	供应商名称	C	50	
SSQYDM	所属区域代码	C	6	
GYSZJM	供应商助记码	C	10	
GYSLBDM	供应商类型代码	C	2	
DZ	地址	C	30	
DH	电话	C	20	
KHYH	开户银行	C	30	
YHZH	银行账号	C	20	
DZYJ	电子邮件	C	20	
LXR	联系人	C	10	
YZBM	邮政编码	C	6	
YYDZ	营业地址	C	50	
QYXZ	企业性质	C	10	
FKBL	付款比例	N	6	4
CGYDM	采购员代码	C	4	
BZ	备注	C	60	

在数据结构表中，涉及所属区域代码、供应商类型代码、供应商代码3个方面的代码设计，具体设计描述见图8-3。

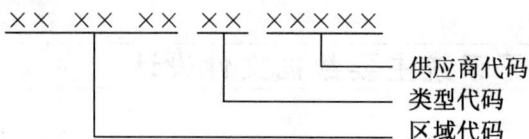

图 8-3 数据结构表设计描述

第 1～2 位表示大区域，第 3～4 位表示省份，第 5～6 位表示市/县，第 7～8 位表示供应商类型，第 9～13 位表示供应商序号。付款比例用于编制应付款预算表。

二、应付账款明细账文件

应付账款明细账文件是存储各供应商购货往来业务的应付未付和应付已付账款的数据文件，同时该文件也可以处理预付账款的数据。应按每个供应商的每笔业务设置记录，具体字段包括应付账款明细账的基本内容和为了对账设置的有关内容。具体数据结构的描述见表 8-2：

表 8-2   文件名：应付账款明细账（YFZKMX.DBF）

字段名	字段意义	类型	宽度	小数位
RQ	日期	D	8	
JSFSDM	结算方式代码	C	2	
GYSDM	供应商代码	C	5	
CGYDM	采购员代码	C	4	
FPH	发票号	C	8	
凭证号	凭证号	C	4	
摘要	摘要	C	28	
借方金额	借方金额	N	12	2
贷方金额	贷方金额	N	12	2
余额	余额	N	12	2
DZBZ	对账标志	L	1	

在数据结构表中，结算方式代码是反映付款的结算方式；供应商代码用以反映应付账款的明细；采购员代码反映的是该供应商的责任人；发票号是货款支付时冲账的唯一标志，即是购货发票和付款凭证的关键字。对账标志反映的是该笔业务是否已冲销，.F. 值说明未冲销，.T. 值说明已冲销。

三、付款凭证文件

付款凭证文件是存储付款凭证全部信息的数据文件。按付款凭证开设记录，用以提供生成应付账款明细账和付款冲账所需的付款信息。具体数据结构的描述见表 8-3：

表8-3　　　　　　　　　　　文件名：付款凭证（FKPZ.DBF）

字段名	字段意义	类型	宽度	小数位
RQ	日期	D	8	
SKDH	付款单号	C	9	
JSFSDM	结算方式代码	C	2	
GYSDM	供应商代码	C	5	
CGYDM	采购员代码	C	4	
JSPH	结算票号	C	8	
FPH	发票号	C	8	
FKJE	付款金额	N	12	2

在数据结构表中，付款单号设置9位，由年月日（各2位）和顺序号（3位）构成；发票号用以标明支付的是哪一个购货发票的货款。

四、应付款预算表文件

应付款预算表文件是存储供应商在某一时间支付款项预算的数据文件，具体数据结构的描述见表8-4：

表8-4　　　　　　　　　　　文件名：账龄分析表（YFKYS.DBF）

字段名	字段意义	类型	宽度	小数位
GYSDM	供应商代码	C	5	
YFK	应付款	N	12	2
FKBL	付款比例	N	6	4
YJFK	预计付款	N	12	2

第四节　应付账款子系统功能模块设计

为了及时、完整地反映应付账款的增减变动情况，正确地进行付款冲账和记账、结账处理，以及进行应付账款的统计分析，应付账款子系统应设计的功能有：应付账款系统的基本设置、购货发票的审核、付款凭证的输入和审核、付款的冲账、月末结账，以及应付账款的查询打印和统计分析等，具体功能设计见图8-4。

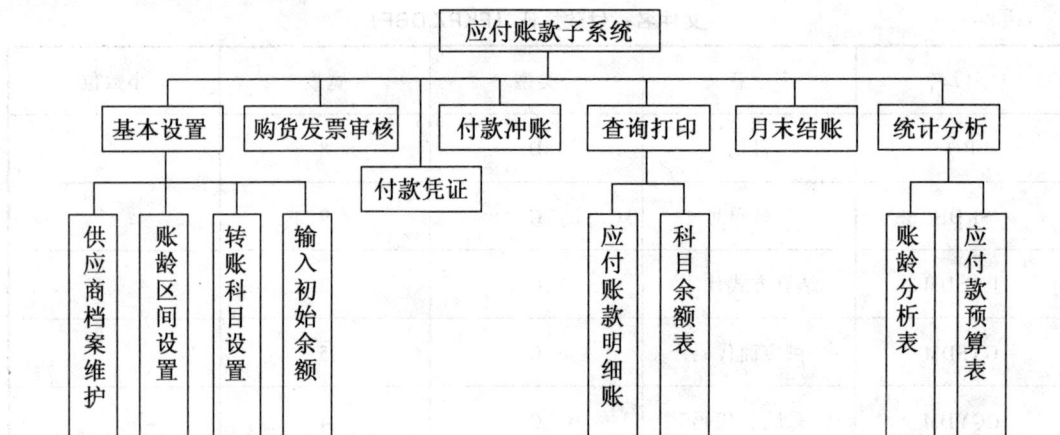

图8-4 应付账款子系统具体功能设计

一、基本设置模块

基本设置模块主要完成在系统初次建立时的供应商档案的维护和账龄区间、转账科目的初始设置，以及应付账款初始余额的输入。

（一）供应商档案维护

供应商档案管理模块应设置在采购子系统里，但由于应付账款子系统也需要供应商档案提供大量数据，在本子系统中也应对供应商档案进行维护。供应商档案维护的屏幕界面见图8-5。

图8-5 供应商档案维护的界面

供应商档案维护涉及的数据文件有：供应商档案、所属区域代码、供应商类型代码和采购员代码等。供应商档案的有关信息将存储在供应商档案文件里，供应商档案文件应关联于所属区域代码文件、供应商类型代码文件和采购员代码文件，被关联的这些文件在增加、修改、删除功能中起到控制代码的存在和对照显示作用。对供应商代码的操作要符合编码规则，即5位非空数字。对供应商代码、供应商名称、供应商区域、供应商类型、地址、电话、邮政编码、开户银行、银行账号、营业地址、联系人、采购员姓名等数据项要采取非空控制，以保证数据的有效性。

（二）账龄区间设置

由于不同的用户对账龄的区间要求有所不同，需要用户根据本企业的实际情况自行定义。设置的方法与应收账款子系统基本相同。

（三）转账科目设置

在应付账款子系统中应设置的转账科目，一般用于应付发生业务和付款业务生成凭证时需要的转账科目。科目编码必须是已存在的，并符合编码规则，输入编码要有科目名称予以对照显示，避免差错。本模块应具有增加、修改、删除、查询、打印等功能。

（四）输入初始余额

在正式启用本系统之前，首先将应付账款的期初明细余额进行初始输入处理。此项功能一旦系统正式启用后就不能使用了，在启用本系统前，必须将系统的所有应付账款的期初明细余额之和与总账系统中应付账款科目期初余额核对一致，否则不可启用。数据控制的基本要求是：结算方式代码、供应商代码、采购员代码，控制其存在；所有项目非空控制；每一笔业务借、贷金额不能同时为0，且借、贷金额又不能同时不为0。输入应付账款初始余额模块应具有增加、修改、删除、启用、反启用、查询、打印等功能。

二、购货发票审核模块

根据采购子系统的购货发票文件进行审核，以确保输入数据的正确性。当审核正确无误后，需根据业务情况和所定义的转账科目，编制记账凭证。本模块应设置审核、取消审核、编制凭证、翻页、查询、打印等功能。其中审核功能是根据购货发票的数据与已显示购货发票的数据进行审查的，如审核正确按"审核"按钮，将对购货发票文件进行审核通过标记处理，同时在屏幕界面予以显示。对已审核过的购货发票，又发现错误，可以取消审核。只能对审核正确的购货发票进行编制凭证处理，对已编制完成记账凭证的购货发票不可重复编制凭证。此项账务处理主要完成赊购业务记账凭证的编制，借：原材料或材料采购，借：应交税费，贷：应付账款。在编制凭证的同时需将应付账款的业务存入应付账款明细账文件。此项功能处理的顺序只能是：审核—编制凭证—入账。购货发票审核的屏幕显示见图8-6。

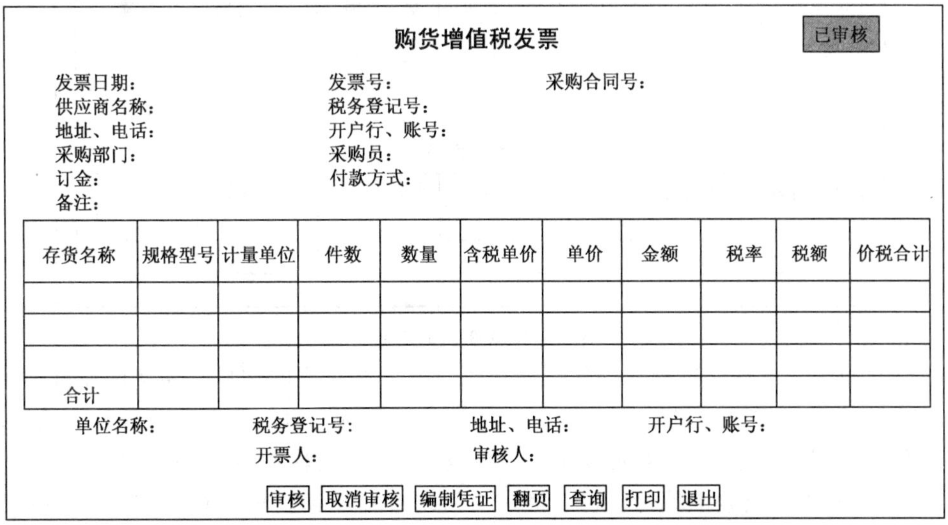

图8-6　购货发票审核的屏幕

三、付款凭证模块

在支付供应商货款时，应填制付款单予以输入，并存储在付款凭证文件中。付款凭证模块主要完成付款凭证数据的接收和审核等项处理，应设置增加、删除、修改、审核、查询、打印等功能。付款凭证的屏幕界面见图8-7。

日期	付款单号	结算方式	供应商代码	采购员	结算票号	发票号	付款金额

增加　修改　审核　查询　打印　退出

图8-7　付款凭证的屏幕界面

付款凭证的增加功能应控制付款单号的自动连续性，并符合编号规则；对结算方式代码、供应商代码、采购员代码、结算票号、发票号等数据要控制数据的有效性，要与相关数据文件关联，输入代码时应控制其存在并采取对照显示名称的办法，保证输入数据的正确；日期、付款单号、供应商代码、付款金额等数据项应采取非空控制；付款凭证的修改功能是指对输入有差错的数据进行修改，不能修改已审核的付款凭证，在修改时应保持增加时的控制要求。付款凭证的审核应由与输入人员不同的操作员完成，对所输入的付款数据进行逐一核对，发现差错应予以修改，审核正确无误后，编制记账凭证，即借：应付账款，贷：银行存款，并将付款数据记入应付账款明细账文件。付款凭证的查询和打印的条件范围应包括付款单全部项目，输出格式与屏幕界面相同。

四、付款冲账模块

付款冲账模块是将各供应商应付账款的应付款项与已付款项进行核对冲销，根据购货发票的数据与采购付款数据按发票号和金额进行核对，用采购付款冲销购货发票的应付款项。付款冲账的屏幕界面见图8-8。

供应商代码：□□□□□

购货发票

供应商名称	采购员	发票号	发票日期	发票金额	已付金额	差额

付款凭证

供应商名称	采购员	发票号	结算方式	结算票号	付款金额	核对标志

图8-8　付款冲账的屏幕界面

在付款冲账时，首先选择输入供应商代码，然后在打开的购货发票文件和付款凭证文件中，按已选择供应商，过滤购货发票文件中差额不为0和付款凭证核对标志为.F.值的记录，供核对冲销之用。核对冲销时，先选择某一笔付款业务（即核对标志选中为.T.值），然后在购货发票表中填写已付金额，由系统自动计算差额（差额=发票金额-已付金额），剩余差额的业务可继续核对冲销，直至差额为0。同时还要在应付账款明细账文件中进行冲销处理，将付款凭证文件核对标志为.T.值的记录和购货发票差额为0的记录，对应在应付账款明细账文件的记录要进行标记处理。

五、查询打印模块

查询打印模块包括应付账款明细账和科目余额表的查询打印。

应付账款明细账的查询打印，主要根据应付账款明细账文件的数据，按一定的查询打印条件进行输出。在具体处理时，首先打开应付账款明细账文件，查询打印条件，根据条件过滤数据，按规范的账簿格式予以输出。其格式见表8-5。

表8-5　　　　　　　　　　　应付账款明细账

供应商：×××公司

××××年		凭证号	摘要	借方金额	贷方金额	借贷	余额
月	日						

科目余额表的查询打印，根据应付账款明细账文件，按供应商查询打印某一月份的尚未付款情况。首先打开应付账款明细账文件，选择确定月份，汇总计算期初余额和发生额合计。在表的底行计算出期初余额、借方金额、贷方金额和期末余额的合计，科目余额表见表8-6。

表8-6　　　　　　　　　　　科目余额表

××××年××月

供应商代码	供应商名称	期初余额	借方金额	贷方金额	期末余额
	合计				

六、月末结账模块

月末结账模块主要是进行本月应付账款业务处理的结束标志，同时完成数据的强制备份。上月未结账本月不能结账，本月结账后不可进行任何应付账款的增减业务处理。结账的标志处理是根据应付账款结账标志文件标明的结账标识来处理的，应付账款结账文件应包括会计期间（月份）和结账标识两个字段，记录应按会计期间开设。在结账时需将本子系统涉及的主要数据文件进行备份。

七、统计分析模块

统计分析模块主要包括账龄分析表和应付款预算表。账龄分析表根据应付账款明细账文件中各供应商的应付未付账款和账龄区间文件的各账龄区间段的设置，完成账龄分析表的编制。应付款预算表的编制应根据应付账款明细账文件各供应商的未付款记录和供应商档案文件的付款比例，确定预付金额。付款时间和付款比例的确定应根据供应商要求的付款期限、折扣条件、过期付款罚款规定，以及应付账龄分析，确定在最佳付款时间的付款额度，为企业能获得最大的折扣折让利益，最少的罚款损失，或者在企业还款能力与罚款损失、借款利息负担之间取得最佳的平衡，提供最佳付款方案。应付款预算表见表8-7。

表8-7　　　　　　　　　　　　　　应付款预算表

日期：

供应商代码	供应商名称	应付款	付款比例	预计付款
	合　计			

八、应付账款系统的使用

在初次启用本系统时，首先要使用基本设置模块完成账龄区间和转账科目的初始设置，供应商档案的维护，以及应付账款初始余额的输入等初始化工作。日常根据应付账款的增减变化情况审核购货发票，输入审核付款凭证，进行付款冲账处理，同时完成赊购和付款等业务记账凭证的编制，根据需要查询打印应付账款明细账和科目余额表。月末完成结账和统计分析两项任务。

复习思考题

1.说明应付账款手工系统的内容及其特点。

2.简要说明应付账款手工系统的业务处理流程。

3.说明应付账款子系统的数据处理流程。

4.应付账款子系统应设置哪些数据文件?其结构怎样?

5.举例说明供应商代码应怎样进行设计。

6.应付账款子系统的各功能模块的任务和设计要求是什么?

7.每个功能模块在程序设计中涉及哪几个数据文件?

第九章

存货子系统设计

学习目标

通过本章学习，了解存货子系统手工的工作流程，了解会计信息系统存货子系统设计思路，掌握存货子系统主要数据文件的设计，掌握存货子系统各功能模块的设计方法。

第一节 存货手工系统的描述与分析

存货是企业在生产过程中为生产或者销售而储备的各种资产，包括材料、商品、在产品、半成品、包装物、低值易耗品等。企业存货占流动资产比重较大，一般约为40%~60%。存货利用的好坏，对企业财务状况的影响很大。存货核算与管理的任务是在保证生产和销售的前提下，尽量降低库存，及时反馈各种存货的需求信息；正确反映存货的入库、出库和结存情况，及时反映增减变化，保护其安全完整；正确地计算出期末存货的数量和价值，及时提供存货储备资金占用情况，既保证生产和销售的需求，又减少资金积压；反映和监督各生产部门材料的耗用，正确计算产品的材料费用，考核各部门材料耗用情况，促使企业节约材料开支，降低产品成本。存货核算主要是为资金管理和成本管理及时准确地提供数据；为配合资金管理，应及时提供物资采购、在途物资、库存物资收发动态和储备情况的数据；为配合成本管理，应当及时反映物资采购成本与成本差异，材料耗用与材料消耗定额执行情况的信息。

存货子系统在数据处理方面所具有的特点是：数据量大，单据种类多，核算方法复杂。

存货手工系统业务流程，见图9-1。

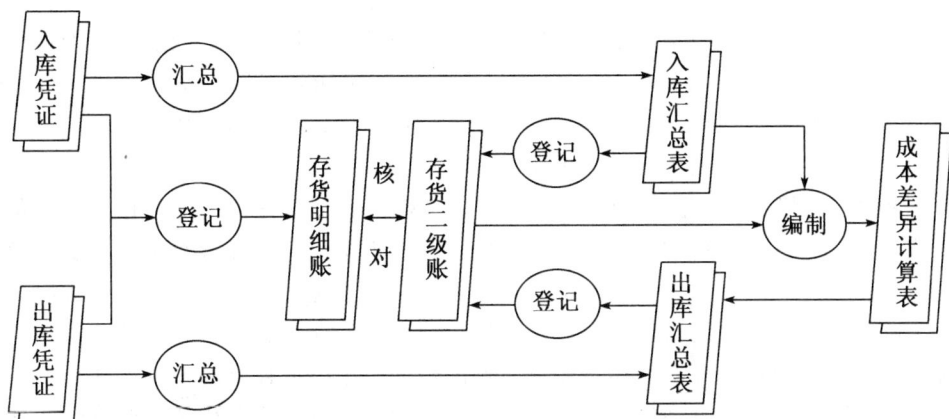

图9-1 存货手工系统业务流程图

在存货子系统中，涉及的入库业务有采购入库、委托加工入库、产成品入库、自制半成品入库、退料入库等，出库业务有材料出库、销售出库、采购退货、产品自用等。这些入库和出库业务数据主要从入库凭证（材料验收单、成品入库单、半成品入库单、材料退库单等）和出库凭证（领料单、领料登记表、限额领料单、销售出库单、采购退货单等）中取得，根据入库凭证和出库凭证登记存货明细账，通过对入库凭证的汇总形成存货入库汇总表，对出库凭证汇总形成存货出库汇总表，再根据收、出库汇总表登记存货二级账。存货发出核算在按计划成本计价的情况下，根据存货二级账中的各类存货期初计划成本和入库汇总表中各类存货的本期入库计划成本，以及期初和本期成本差异，计算各类存货成本差异率，形成存货成本差异计算表，据此计算出库汇总表中的发出存货成本差异。最后将存货入库、存货出库和存货成本差异等方面的数据，编制转账凭证转入总账。存货发出核算在按实际成本计价的情况下，可选用先进先出法、加权平均法、移动平均法、个别计价法和后进先出法来确定发出存货的实际成本，不存在存货成本差异的计算过程。对存货还应加强盘点的管理，正确处理盘盈盘亏。为了更好地管理存货，还必须对存货进行统计分析，找出存货管理中存在的问题，以便加以改进。

手工系统材料按计划成本计价核算过程示意，见图9-2。

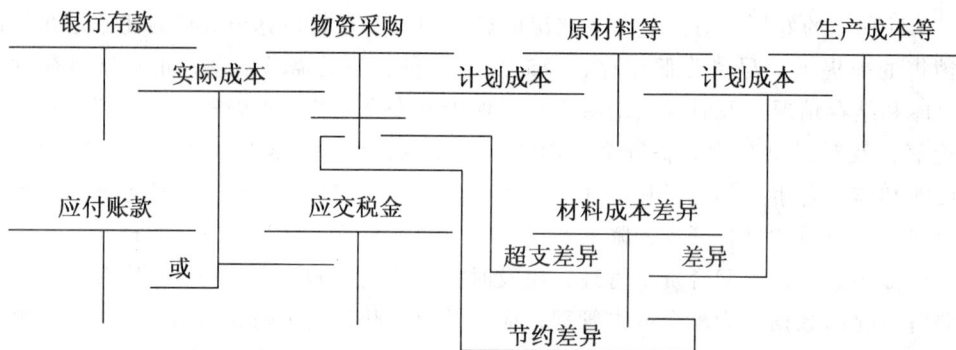

图9-2　手工系统材料按计划成本计价核算过程示意图

第二节　存货子系统数据处理流程

存货子系统的数据主要来源于日常发生的入库凭证和出库凭证，通过输入处理形成存货凭证文件的数据。月末进行入库汇总和出库汇总，计算存货成本差异，并进行转账处理。输出入库汇总表、出库汇总表和存货成本差异计算表，以及转账凭证。

存货子系统数据处理流程，见图9-3。

从图9-3中可以看出，存货子系统需建立的文件有：存货凭证文件、存货名称及余额文件、成本差异文件、存货发出汇总文件，以及存货类型代码、存货类别代码、存货仓库代码、单位代码（部门代码）等。存货凭证文件是该子系统的主文件，可将存货明细账文件设置为临时文件，在输出时建立，输出完毕后即废除。存货收入汇总文件可由存货凭证文件加工生成，不用单独设立。存货凭证文件的数据，是根据存货的入库凭证和出库凭证通过输入取得的。在输入时必须通过存货名称及余额文件对存货名称的对照显示和存货编码进行控制，来提高输入速度和输入的准确性。存货凭证文件是存货子系统中数据加工处

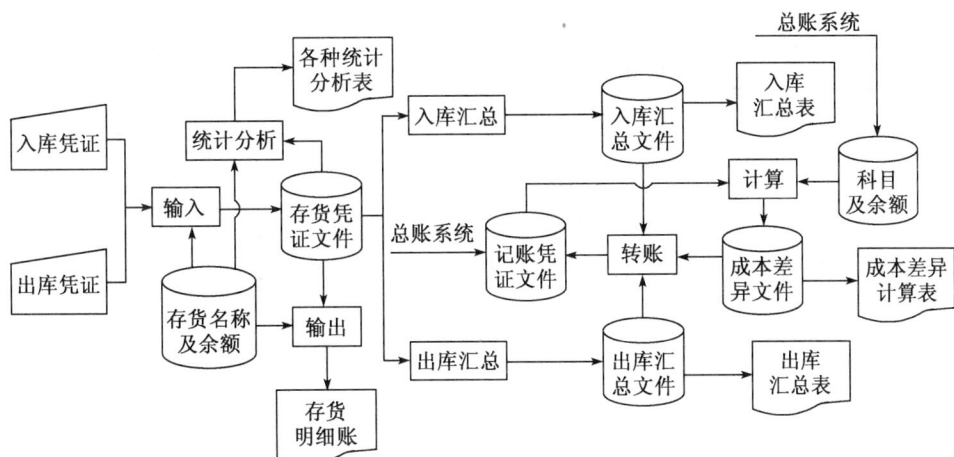

图9-3　存货子系统数据处理流程图

理的主要对象。存货明细账数据是根据存货凭证文件中的本期发生额数据和存货名称及余额数据文件中的期初、期末余额数据加工而成的，并定期输出存货明细账。月末通过对存货凭证文件的入库汇总处理，自动生成入库汇总文件，并可输出入库汇总表，同时完成存货入库的转账处理。存货凭证文件的另一方面处理是出库汇总，在按计划成本计价的情况下，在出库汇总前，要进行存货成本差异的计算处理。存货成本差异计算是根据总账子系统的账户余额文件中的期初存货成本差异、期初各类存货的计划成本和记账凭证文件中的本期存货成本差异和本期各类存货入库计划成本，计算存货成本差异率，并形成存货成本差异文件，输出存货成本差异计算表，同时完成存货成本差异的转账处理。存货的出库汇总是根据存货凭证文件中的本期发出的各类存货计划成本数据，以及存货成本差异文件中的各类存货成本差异率，按存货发出的领用单位、用途和存货发出的种类进行汇总，形成出库汇总文件，还要进行出库汇总和转账处理，本系统转账后的有关数据都将传递给总账子系统。本系统还要定期进行存货盘点，审批和处理盘盈盘亏的存货。根据存货名称及余额文件的期初或期末数据以及存货凭证文件本期数据进行统计分析，输出存货收发存汇总表、超出积压统计表、ABC分析表等。

第三节　存货子系统主要数据文件设计

一、存货凭证文件

存货凭证文件是用来存储本期入库、出库业务的数据文件。每一笔入库或出库业务都有一个记录，入库业务的记录反映入库的日期、入库凭证号、订单号、仓库代码、存货编码、数量、金额等。出库业务的记录反映出库的日期、出库凭证号、仓库代码、单位代码、用途代码、存货编码、数量、金额。具体数据结构的描述见表9-1。

在数据结构表中，凭单号字段在一个记录中既可存放入库凭证号，又可存放出库凭证号;日期、仓库代码和存货编码都是入库凭证和出库凭证的共用字段;订单号可以是采购订单号、生产订单号，也可以是销售订单号;单位代码（部门代码）是企业内部各生产部门的编码;其余字段都是专用字段。用途代码直接引用了存货发出去向的借方科目代码，便

表9-1　　　　　　　　　　　文件名：**存货凭证（CHPZ.DBF）**

字段名	字段意义	类型	宽度	小数位
RQ	日期	D	8	
PDH	凭单号	C	9	
CKDM	仓库代码	C	2	
DDH	订单号	C	9	
DWDM	单位代码	C	2	
KMH	用途代码	C	12	
CHBM	存货编码	C	10	
RKSL	入库数量	N	10	3
RKJE	入库金额	N	12	2
CKSL	出库数量	N	10	3
CKJE	出库金额	N	12	2

于发出存货汇总分配与自动转账处理，该字段应该与总账子系统的会计科目文件中科目号字段同名、同类型、同宽度。存货凭证文件也可以设置两个文件，即入库凭证文件和出库凭证文件，这样可减少数据存储的冗余，但不便于数据的加工处理。

存货编码设计为10位，前两位表示存货的类型（如01为材料、02为商品、03为在产品、04为半成品、05为包装物、06为低值易耗品等），3~4位表示存货的类别（如在材料类型中01为钢材类等），5~8位表示存货的品种，9~10位表示存货的规格。具体表示见图9-4。

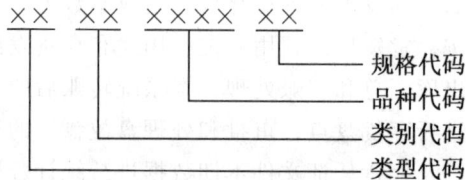

图9-4　存货编码设计

例如：材料（01），钢材类（01），角钢（0006），50×50（02），该种存货编码为：0101000602。材料凭证文件的记录见表9-2。

二、存货名称及余额文件

存货名称及余额文件主要是用来存储存货档案和存货余额等方面的数据文件。主要包括存货的编码、名称、规格型号、单价或计划单价、期初数量和金额、期末数量和金额，按品种规格开设记录。该文件数据量大，应设置索引文件，以便提高程序的执行速度。该文件的存货编码字段应与存货凭证中的存货编码字段相一致。具体数据结构的描述见表9-3。

表9-3中计划单价字段，如采用存货按实际成本计价方式，也可把该字段作为实际单价字段；ABC类别字段是为了对存货进行ABC分析所设置的；最高储备量字段用以控制存货储备是否超储积压，如存货超储积压应拒绝入库；最低储备量用以控制存货储备是否满足生产需要，如达到最低储备量可按经济批量法或订货点法计算采购批量组织采购。

存货名称及余额文件中的记录见表9-4。

表9-2　　　　　　　　　　　　材料凭证文件记录表

USE　CHPZ

LIST　OFF

RQ	PDH	CKDM	DDH	DWDM	KMH	CHBM	RKSL	RKJE	CKSL	CKJE
2015/13/01	010513101	01	010410003			0101000101	650.000	2 925.00		
2015/13/01	010513102	01	010410096			0101000201	30.000	150.00		
2015/13/01	010513103	01	010419004			0102000101	2.000	1 300.00		
2015/13/01	010513104	01	010423016			0102000201	1.000	1 250.00		
2015/13/01	010513105	01	010425019			0101000101	250.000	1 125.00		
2015/13/01	010513027	01		01	410101010101	0101000101			200.000	900.00
2015/13/01	010513028	01		01	410101010101	0101000201			600.000	3 000.00
2015/13/01	010513029	01		02	410101020101	0102000101			2.000	1 300.00

表9-3　　　　　　　　文件名：存货名称及余额（CHMCYE.DBF）

字段名	字段意义	类型	宽度	小数位
CKDM	仓库代码	C	2	
CHBM	存货编码	C	10	
CHMC	存货名称	C	20	
GGXH	规格型号	C	10	
JLDW	计量单位	C	4	
JHDJ	计划单价	N	10	2
QCSL	期初数量	N	12	3
QCYE	期初金额	N	12	2
QMSL	期末数量	N	12	3
QMYE	期末金额	N	12	2
ABCLB	ABC类别	C	1	
ZGCBL	最高储备量	N	12	3
ZDCBL	最低储备量	N	12	3

表9-4　　　　　　　　　　　存货名称及余额文件记录表

USE　CHMCYE

LIST　OFF

CKDM	CHBM	CHMC	GGXH	JLDW	JHDJ	QCSL	QCYE	QMSL	QMYE
01	0101000101	元钢直径	20	Kg	4.50	3 000.000	13 500.00	3 700.000	16 650.00
01	0101000201	冷轧板	0.5X1X2	Kg	5.00	1 500.000	7 500.00	930.000	4 650.00
01	0102000101	原煤	吨	650.00	6.000	3 900.00		6.000	3 900.00
01	0102000201	焦炭	吨	1 250.00	4.000	5 000.00		5.000	6 250.00

三、存货成本差异文件

存货成本差异文件是为了计算和存储各类存货成本差异率而设置的文件。按存货类别开设记录，每项记录都反映存货类别代码、类别名称、期初差异、本期差异、期初存货计划成本、本期入库存货计划成本、存货差异率。具体数据结构描述见表9-5：

表9-5 　　　　　　　　　　　文件名：存货成本差异（CHCBCY.DBF）

字段名	字段意义	类型	宽度	小数位
LBDM	类别代码	C	2	
LBMC	类别名称	C	20	
QCCY	期初差异	N	12	2
QCCK	期初存货	N	12	2
BQCY	本期差异	N	12	2
BQCK	本期存货	N	12	2
CYL	差异率	N	10	6

存货成本差异文件的记录见表9-6：

表9-6 　　　　　　　　　　　存货成本差异文件记录表

USE　CHCBLY

LIST　OFF

LBDM	LBMC	QCCK	QCCY	BQCK	BQCY	CYL
01	钢材类差异	100.00	15.00	400.00	25.00	0.80000
02	燃料类差异	320.00	−28.00	2550.00	−50.00	−0.027178

四、存货出库汇总文件

存货出库汇总文件是用来存储每个单位所领用的、不同用途的各类存货的计划成本、成本差异和实际成本数据的文件。反映每类存货出库的情况，也反映存货耗用的去向，为成本计算提供存货消耗数据。计划成本、成本差异和实际成本三个字段要根据存货的类别进行设置，如果有四类存货，就应设置相应的十二个字段，还要设置三个合计字段，即计划成本合计、成本差异合计和实际成本合计字段。此外，计算字段和出库金额是在程序计算中根据数据处理的需要而设置的。例如存货只有两类的情况下，具体数据结构描述见表9-7：

表9-7 　　　　　　　　　　　文件名：存货出库汇总（CHCKHZ.DBF）

字段名	字段意义	类型	宽度	小数位
DWDM	单位代码	C	2	
DWMC	单位名称	C	10	
KMH	用途代码	C	12	
YTMC	用途名称	C	20	
JH01	计划01	N	12	2
CY01	差异01	N	12	2
SJ01	实际01	N	12	2
JH02	计划02	N	12	2
CY01	差异02	N	12	2
SJ02	实际02	N	12	2
JHHJ	计划合计	N	12	2
CYHJ	差异合计	N	12	2
SJHJ	实际合计	N	12	2
SJZD	计算字段	C	16	
CKJE	出库金额	N	12	2

存货出库汇总文件的记录见表9-8：

表9-8　　　　　　　　　　　存货出库汇总文件记录表

USE　CHCKHZ

LIST　OFF

DWDM	DWMC	KMH	YTMC	JH01	CY01	SJ01	JH02	CY02	SJ02	JHHJ	CYHJ	SJHJ
01	机加工车间	410101010101	甲产品	50.00	4.00	54.00				50.00	4.00	54.00
01	机加工车间	41050107	车间消耗				150.00	-4.08	145.92	150.00	-4.08	145.92
02	装配车间	410101020201	乙产品	60.00	4.08	64.80	300.00	-8.15	291.85	360.00	-3.35	356.65

第四节　存货子系统功能模块设计

为了正确反映存货收发和结存动态情况，以及为成本计算提供及时可靠的存货分配数据，应设置的功能有：入库单、出库单的输入、修改、删除、查询、打印等项处理，入库和出库汇总，存货成本差异率的计算，存货的盘点，存货明细账的打印输出，存货月末结账，以及各种统计分析等。具体功能设计见图9-5。

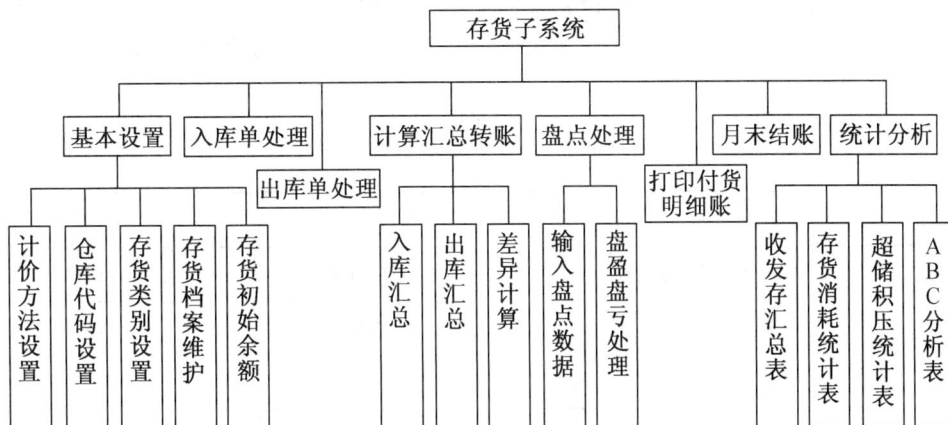

图9-5　存货子系统

一、基本设置模块

基本设置模块主要完成在系统建立时的初始设置，存货档案的维护，以及存货初始余额的输入。

（一）计价方法设置

存货的日常核算可以按计划成本或按实际成本计价，对不同的存货可以采用不同的计价方法。在系统启用之前可由用户自行定义计价方法，来完成存货在不同计价方法下的核算。应建立计价方法文件，设置计价方法的编号和名称两项内容，按计价方法设置记录。计价方法表见表9-9。

表9-9 计价方法表

日期：

计价方法编号	计价方法名称
01	计划成本法
02	先进先出法
03	加权平均法
04	移动平均法
05	个别计价法

（二）仓库代码设置

为了更好地进行仓库管理，应建立仓库代码文件，需要按存货的存储仓库设置仓库的代码和名称、地点、电话、负责人、资金定额等字段，按仓库设置记录。应设置仓库代码的增加、减少、修改、查询、打印等功能。

（三）存货类别设置

存货编码结构中的第二组是存货的类别，用以反映存货的分类，例如在材料类型中的分类有：钢材类、油类、木材类、化工类、建筑材料类、玻璃仪器类、电子器件类、零配件类、劳保用品类、电工材料类、低值工具类、标准件类等。应建立存货类别文件，设置存货类别代码（含存货类型代码2位）、类别名称、计价方法、对应会计科目等，按存货类别设置记录。应设置增加、修改、删除、查询、打印等项目功能，进行定义处理。存货类别表见表9-10。

表9-10 存货类别表

日期：

类别代码	类别名称	计价方法	对应会计科目
0101	材料——钢材	03(加权平均法)	1211(原材料)
0111	材料——低值工具	01(计划成本法)	1231(低值易耗品)

（四）存货档案维护

在本系统正式使用前，首先应输入本企业所有存货的基本信息，通过初始输入存入存货名称及余额文件。存货档案的维护可在系统初次建立时使用，也可以在日常存货发生增减变化时使用。

应设置增加、修改、删除、查询、打印等项目功能。

增加功能应对所输入的数据进行控制：仓库代码应控制其存在性；存货编码输入时要使其符合编码规则，不能为空且不能重复；存货名称、规格型号和计量单位控制为非空；ABC类别只能输入ABC三个字母；最高储备量应大于最低储备量。修改功能应保持增加时的控制。不能修改和删除已使用的存货，即存货凭证文件已存在的存货编码不能修改和删除。查询和打印要在一定条件下进行处理，查询打印输出的格式要符合要求。存货档案表见表9-11。

表9-11 　　　　　　　　　　　　　　存货档案表

日期：

仓库代码	存货编码	存货名称	规格型号	计量单位	ABC类别	最高储备量	最低储备量

（五）存货初始余额

在存货档案建立后，应完成存货初始余额的输入处理，将系统启用月初的单价（计划单价或实际单价）和存货数量予以输入，计算期初余额，存入存货名称及余额文件。此项功能一旦本系统正式启用后就不能使用了，在关闭此项功能（即启用本系统）前，必须将本系统的所有存货的期初明细余额之和与总账系统中存货各科目期初余额核对一致，否则不可关闭。输入存货编码，对照显示存货名称、规格型号、计量单位等项数据；输入单价和期初数量，二者都必须大于0；期初金额=期初数量×单价。存货初始余额表见表9-12。本模块应具有增加、修改、删除、启用、反启用、查询、打印等功能。

表9-12 　　　　　　　　　　　　　　存货初始余额表

日期：

存货编码	存货名称	规格型号	计量单位	单　　价	期初数量	期初金额

二、入库单处理模块

入库单处理模块包括采购入库单、产成品入库单和其他入库单等业务的增加、修改、删除、查询、打印等项处理。由于不同的入库单的格式都有所差别，所以必须由不同的模块完成，但无论入库单的格式怎样都需将入库数据存储在存货凭证文件中。

入库单的增加功能输入的数据项一般有：日期、凭单号、仓库代码、单位代码、订单号、存货编码和数量。为了保证输入数据的正确，对各项数据分别采取了相应的控制措施。日期控制为合法的日历日期；凭单号由系统按日期和顺序自动生成，控制其不重号；

仓库代码和单位代码的输入，控制其存在，并对照显示名称；存货编码输入后，从存货名称及余额文件中取出存货名称、规格型号、计量单位、单价（计划单价），并用对照显示的办法控制其非法性；在按实际成本计价的情况下，金额需要输入，单价通过金额除以数量取得。数量是通过计算机自动算出入库金额和某一入库凭证总金额并在屏幕上显示的办法加以控制的。最后，通过目测确认所输入数据正确的情况下，才能进行存入存货凭证文件的处理。输入时的屏幕格式还需要认真加以考虑，既要和实际凭证格式相接近，又要满足各类凭证的需要，还要考虑计算机的特点。以采购入库单为例，其屏幕界面见图9-6，同时还要设计好修改、删除、查询、打印等功能。

采购入库单

日期：

订单号：　　　　　　　　　　　　入库单号：

单位：　　　　　　　　　　　　　仓库：

存货编码	存货名称	规格型号	计量单位	数量	单价	金额
合计						

采购员：　　　　　　验收员：　　　　　　保管员：

[增加] [修改] [删除] [查询] [打印] [退出]

图9-6　采购入库单界面

三、出库单处理模块

出库单处理模块包括销售出库单、材料出库单和其他出库单等业务的增加、修改、删除、查询、打印等项处理。由于出库单的格式不同，处理也有所不同。同样需将出库单数据存储在存货凭证文件中。出库单的增加功能需要输入的数据项一般有：日期、凭单号、仓库代码、单位代码、用途代码、存货编码和数量。具体的控制方法与入库单的处理基本相同。出库单一般采取一料一单的方式进行处理。以材料出库单为例，其屏幕界面见图9-7。同时还要设计好修改、删除、查询、打印等功能。

材料出库单

日期：

领料单位：　　　　　　　　　　　出库单号：

领料用途：　　　　　　　　　　　仓库：

存货编码	存货名称	规格型号	计量单位	数量	单价	金额

领料员：　　　　　　　　　　　　保管员：

[增加] [修改] [删除] [查询] [打印] [退出]

图9-7　材料出库单界面

四、计算汇总转账模块

计算汇总转账模块是存货子系统中数据处理最为复杂的模块，它与总账子系统间存在一定的数据传递关系，包括入库汇总、差异计算和出库汇总三个子模块。

（一）入库汇总

入库汇总子模块是针对存货凭证文件中的入库记录，按存货的类别进行汇总计算，计算每类存货收入的计划成本，同时形成存货收入汇总文件，对该文件进行输出和转账处理，由计算机自动编制存货入库的记账凭证。

1.数据文件。①存货凭证文件（CHPZ.DBF）用以提供本期存货入库方面的数据。②存货类别文件（CHLB.DBF）用以提供类别名称和转账科目。③记账凭证文件（JZPZK.DBF）是在存货入库凭证转账时需要的文件。

2.利用存货凭证库中存货编码的第3～4位进行索引，对入库金额类别求和汇总。利用存货类别文件提供的对应会计科目和存货采购科目的二级科目号生成记账凭证。

3.该程序完成的转账处理是：借：原材料等，贷：物资采购。

4.进入该模块后，系统将自动完成入库的汇总，同时输出简化的入库汇总表，然后进行转账处理，即完成记账凭证的编制、输出和转存处理。具体输出结果见表9-13、表9-14：

表9-13　　　　　　　　　　　　入库汇总表

类别代码	类别名称	入库金额
01	钢材类	4 200.00
02	油类	2 550.00

表9-14　　　　　　　　　　　　记账凭证

日期	凭证号	摘要	科目号	借方金额	贷方金额
2015/01/25	0568	材料入库	121101	14 200.00	
2015/01/25	0568	材料入库	120101		14 200.00
2015/01/25	0568	材料入库	121102	22 550.00	
2015/01/25	0568	材料入库	120102		22 550.00

（二）差异计算

存货成本差异计算子模块主要是完成存货按计划成本计价情况下的存货成本差异率的计算，并对本期产生的存货成本差异进行转账处理。本模块的数据来源于总账子系统中的记账凭证文件和科目及余额文件，通过一系列加工处理，最后把计算存货成本差异率所需的各项数据，以及采用加权平均法计算的差异率存储在存货成本差异文件中，作为结转本期存货成本差异和计算发出存货应分摊差异的依据。存货在按实际成本计价的情况下，则此模块没有使用的必要。

1.数据文件。①存货成本差异文件（CHCBCY.DBF）是用来存储计算各类存货成本差异所需的数据和各类存货成本、差异率等数据的文件。②科目及余额文件（KMJYE.DBF）用来提供各类存货的月初余额、各类存货成本差异的月初余额。③记账凭证文件（JZPZK.DBF）用来提供本月各类存货成本差异数据和本月入库的各类存货的计划成本。存货成本差异计算表见表9-15。

表9-15 　　　　　　　　　　　　存货成本差异计算表

类别代码	类别名称	期初差异	期初存货	本期差异	本期存货	差异率
		KMJYE.DBF	KMJYE.DBF	JZPZK.DBF	JZPZK.DBF	计算

2.存货类别代码与存货二级科目代码必须相一致。存货二级科目代码与存货采购二级科目代码、存货成本差异二级科目代码也必须相一致，否则无法进行存货成本差异和转账处理。

3.该程序与总账子系统的主要文件紧密相连，既从总账子系统中的记账凭证文件和科目及余额文件中取得数据，又将存货成本差异的转账凭证传递给记账凭证文件。该程序体现了两个子系统间的数据接口问题。

4.该程序完成的转账处理是：

出现借差时：借：材料成本差异
　　　　　　　　贷：物资采购

出现贷差时：借：物资采购
　　　　　　　　贷：材料成本差异

5.只有在入库汇总模块使用后，才能执行该模块。首先确认月份，当月份被重新确认后，系统开始进行差异计算和转账处理，在执行过程中输出存货成本差异计算表和转账凭证记录。具体输出结果见表9-16、表9-17：

表9-16 　　　　　　　　　　　　存货成本差异计算表

LBDM	LBMC	QCCK	QCCY	BQCK	BQCY	CYL
01	钢材类差异	2 100.00	420.00	4 200.00	800.00	0.193651
02	油类差异	8 900.00	-760.00	2 550.00	-50.00	0.070742

表9-17 　　　　　　　　　　　　记账凭证

日期	凭证号	摘要	科目号	借方金额	贷方金额
2015/01/25	0569	结转材料差异	123201	800.00	
2015/01/25	0569	结转材料差异	120101		800.00
2015/01/25	0569	结转材料差异	123202		50.00
2015/01/25	0569	结转材料差异	120102	50.00	

（三）出库汇总

出库汇总子模块是将存货凭证文件中的出库记录，按存货领用的部门、用途和存货的类别进行汇总分配。在存货按实际成本计价的情况下，可选用先进先出法、加权平均法、移动平均法、个别计价法和后进先出法，完成存货发出成本的计算。在存货按计划成本计价的情况下，首先计算出不同受益对象所耗用各类存货的计划成本，然后根据各类存货的差异率计算出各受益对象应分摊的差异额和实际成本，并完成存货出库和存货成本差异的转出总账，由计算机编制相应的记账凭证，同时还要输出存货出库汇总表。

1.数据文件。①存货出库汇总文件（CHCKHZ.DBF）按用途存放出库存货的计划成本、成本差异和实际成本。②存货凭证文件（CHPZK.DBF）用来提供出库存货的计划成本等方面的数据。③存货成本差异文件（CHCBCY.DBF）用来提供各类存货成本差异率。④记账凭证文件（JZPZK.DBF）用以存放出库存货的转账凭证。

2.存货出库汇总的处理过程为：①清除存货出库汇总文件中的全部记录。②在存货凭证文件中将领用单位代码、用途代码和存货类别代码集聚在计算字段（JSZD）中，并进行求和汇总处理。③将汇总文件（LS.DBF）一次性追加到存货出库汇总文件中，此文件只接收 JSZD 字段和 CKJE 字段的值。④分离各类存货的金额，使其分散到各类计划成本字段中。⑤按领用单位和用途进行再次求和汇总，采取的是在本库中压缩相同记录的求和办法，生成所需要的出库汇总文件（CHFCHZ0.DBF）。⑥将 JSZD 字段中的领用单位代码和用途代码分解归还给相应的字段。⑦计算差异额和实际成本，求合计，转账处理。

3.实例中存货的类别有两类，存货出库汇总文件的结构应随着存货类别的变化而变化。存货出库汇总文件的结构应根据存货类别情况自动生成。

4.该程序完成的转账处理是：

借：生产成本

　　贷：原材料

　　　　存货成本差异

5.该模块的整个处理过程全部由计算机自动完成，只有在自动编制记账凭证和转存时需要人工认证。在执行时，需要输出存货出库汇总表和转账凭证。其输出结果见表9-18、表9-19：

表9-18　　　　　　　　　　　　　　存货出库汇总表

DWDM	KMH	JH01	CY01	SJ01	JH02	CY02	SJ02	JHHJ	CYHJ	SJHJ
01	410101010101	3 900.00	755.24	4 655.24	0.00	0.00	0.00	3 900.00	755.24	4 655.24
02	410101020101	0.00	0.00	0.00	1 300.00	−91.96	1 208.04	1 300.00	−91.96	1 208.04
99		3 900.00	755.24	4 655.24	1 300.00	−91.96	1 208.04	5 200.00	663.28	5 863.28

表9-19　　　　　　　　　　　　　　记账凭证

日期	凭证号	摘要	科目号	借方金额	贷方金额
2015/01/25	0570	分配材料费用	410101010101	4 655.24	
2015/01/25	0570	分配材料费用	410101020101	1 208.04	
2015/01/25	0570	分配材料费用	121101		3 900.00
2015/01/25	0570	分配材料费用	123201		755.24
2015/01/25	0570	分配材料费用	121102		1 300.00
2015/01/25	0570	分配材料费用	123202		−91.96

　　上述三个子模块之间存在着一定的关联关系，有一定的执行顺序，即入库汇总—差异计算—出库汇总。这三个子模块必须依次执行，否则会产生错误的结果。每一个子模块都有一个转账处理过程，当某项内容转账处理完成后，即限定其不能重复执行，即转账凭证

不能重复入账。

五、盘点处理模块

盘点处理模块包括输入盘点数据和盘盈盘亏处理两部分功能。在此模块中需要建立盘点表文件，其内容包括存货盘点的日期和仓库，存货账面和实盘的数量、金额，以及存货盘盈盘亏的数量、金额和审批处理等情况，应按每一种存货设置记录。通过计算汇总，在此表的最后一行反映某仓库的账面金额、实盘金额、盘盈金额、盘亏金额的合计。存货盘点表见表9-20。

表9-20　　　　　　　　　　　　　　　　　**存货盘点表**

仓库：日期：

存货编码	存货名称	规格型号	计量单位	单价	账面数量	账面金额	实盘数量	实盘金额	盘盈数量	盘盈金额	盘亏数量	盘亏金额	审批标识
	合计												

（一）输入盘点数据

1.形成存货盘点基表。按用户指定的仓库，从存货名称及余额文件（CHMCYE.DBF）中取得该仓库存货的基本信息和账面数量及金额，账面数量=期初数量+本期入库的数量-本期出库的数量，账面金额=账面数量×单价，形成存货盘点表的基础数据。

2.输入实盘数量。将实际盘点的情况按存货逐一输入实盘数量，其余项不可修改。

3.计算盘点结果。按存货计算实盘金额，即实盘金额=实盘数量×单价；计算替换盘盈盘亏数量，如实盘数量-账面数量>0为盘盈数量，如实盘数量-账面数量<0为盘亏数量，实盘数量-账面数量=0为不盈不亏；计算替换盘盈盘亏金额，用单价分别乘以盘盈盘亏数量得到盘盈盘亏金额。

（二）盘盈盘亏处理

1.盘点审批。可采取三种方式审批：全审批、全不审批、部分审批。当审批方式为"全审批"时，将审批标识替换为.T.。审批方式为"全不审批"时，不替换审批标识。审批方式为"部分审批"时，将存货盘点表显示在屏幕上，供用户选择确定审批的存货，确定审批时将审批标识替换为.T.。

2.盘点结果处理。对审批标识为.T.的存货，用实盘数量更新存货名称及余额文件（CHMCYE.DBF）的期初数量和金额。期初数量=实盘数量+本期出库数量-本期入库数量，期初金额=期初数量×单价。

3.生成会计凭证。根据存货盘点表文件中的审批标识，按存货的类别分别计算已审批盘盈金额和盘亏金额，未审批盘盈金额和盘亏金额的，据此编制记账凭证。

六、打印存货明细账模块

打印存货明细账模块主要是完成在一定输出条件下对存货明细账的打印输出。根据存货的名称及余额文件和存货凭证文件进行加工处理输出存货明细账，其打印输出格式应符合数量金额明细账的格式要求，在现阶段要求打印输出的存货明细账的账页必须是连续的。

七、月末结账模块

结账模块是在月末根据存货的名称及余额文件和存货凭证文件，计算替换每一种存货的期末数量和金额。同时备份存货主要数据文件，特别是备份存货的名称及余额文件和存货凭证文件。存货数据备份后，还要将期末数量和金额替换为期初数量和金额，为下月进行存货账簿处理做准备。一旦月末结账后将不能再做当前月的存货业务，只能做下个月的日常存货业务。

八、统计分析模块

（一）收发存汇总表

收发存汇总表反映在一定时期内存货的收入、发出和结存情况的报表。本表的数据来源于存货的名称及余额文件和存货凭证文件，存货的编码、名称和期初结存的数量、金额直接从存货的名称及余额文件中取得，本期收入和发出的数据从存货凭证文件中按存货编码对数量和金额汇总取得，期末结存通过计算得出。收发存汇总表应按存货类别范围和仓库范围编制和输出。通过计算汇总，在此表的最后一行反映某存货类别和仓库的期初结存金额、本期收入金额、本期发出金额、期末结存金额的合计。存货收发存汇总表见表9-21。

表9-21　　　　　　　　　　　　　**存货收发存汇总表**

存货类别：　　　　　　　　日期：　　　　　　　　仓库：

存货编码	存货名称	期初结存		本期收入		本期发出		期末结存	
		数量	金额	数量	金额	数量	金额	数量	金额
	合计								

（二）存货消耗统计表

存货消耗统计表是反映在一定时期内各领料单位耗用存货的情况，可以了解不同时期对存货的需求。存货消耗统计表根据存货凭证文件中出库的消耗数据，按存货编码对出库数量和金额进行汇总，并与存货名称及余额文件关联取得存货名称、规格型号、计量单位。通过计算汇总，在此表的最后一行反映领用单位的消耗金额合计。存货消耗统计表见表9-22。

表9-22　　　　　　　　　　　　**存货消耗统计表**

领用单位：　　　　　　　　　　　　　　　日期：

存货编码	存货名称	规格型号	计量单位	消耗数量	消耗金额
	合计				

（三）超储积压统计表

为了加强存货管理，必须定期对超储积压的存货进行统计分析。通过超储积压统计表反映某一存货库存超储的数量、超储金额和超储时间，便于采取措施减少库存资金占用，降低储备成本。根据存货名称及余额文件将结存数量大于最高储备量的存货显示出来，计算超储数量和超储金额。再根据存货凭证文件用当前日期减最后出库日期确定超储时间，超储时间应以月为单位予以反映。超储积压统计表应按存货类别范围和仓库范围编制和输出。通过计算汇总，在此表的最后一行反映某存货类别和仓库的结存金额、超储金额的合计。超储积压统计表见表9-23。

表9-23　　　　　　　　　　　　　超储积压统计表

存货类别：　　　　　　　　　　　日期：　　　　　　　　　　　　仓库：

存货编码	存货名称	单价	结存数量	结存金额	最高储备量	超储数量	超储金额	超储时间
	合计							

（四）ABC分析表

对于一个企业来说，会有成千上万种存货，不能不分主次面面俱到进行管理。应把存货划分ABC三大类：A类存货种类虽少，但占用的资金多，应集中主要精力管理，应采用经济批量方式认真规划，对入库、出库要进行严格控制，实行重点管理；C类存货虽然种类繁多，但资金占用不多，不必花费更多的精力进行规划和控制，实行一般管理；B类存货介于A类和C类之间，也应给予一定重视，但不必像A类那样进行严格控制，实行次重点管理。根据存货名称及余额文件计算每一种资金占用额占全部资金占用额的百分比，并按大小顺序排列。根据事先测定好的标准把存货分成ABC三类，填入ABC类别字段。ABC分析表见表9-24。

表9-24　　　　　　　　　　　　　ABC分析表

日期：

存货编码	存货名称	占用资金数额	各类存货所占的比率		各类存货所占用的资金		类别
			种数(种)	比重(%)	数额(元)	比重(%)	
	合计						

九、存货子系统的使用

在初次使用存货子系统时，首先执行系统基本设置中的计价方法、仓库代码、存货类别、存货档案的自定义和初始化数据的输入。在自定义和初始化数据输入完成后，才能正式投入使用。日常根据存货的入库、出库凭证进行及时输入，但事先必须对存货入库、出库凭证进行编码处理，包括存货编码、使用单位代码、存货用途码等方面的编码处理。到月末终了，结束存货入库、出库凭证输入后，各功能模块的依次执行顺序为：入库汇总—

差异计算—出库汇总—月末结账—打印存货明细账—存货统计分析。

复习思考题

1.说明存货手工系统的内容及其特点。

2.简要说明存货手工系统的业务流程。

3.说明存货子系统的数据处理流程。

4.存货子系统应设置哪些数据文件?其结构怎样?相互关系如何?

5.存货的代码应怎样进行设计?

6.存货子系统的各功能模块的任务和设计要求是什么?

7.各功能模块在程序设计中涉及哪几个数据文件?为什么?

第十章

产品成本子系统设计

学习目标

通过本章学习，了解产品成本子系统手工的工作流程，了解会计信息系统产品成本子系统设计思路，掌握产品成本子系统主要数据文件的设计，掌握产品成本子系统各功能模块的设计方法。

第一节 产品成本手工系统的描述和分析

成本是指企业为生产产品、提供劳务而发生的各种耗费。产品成本计算是对这些耗费按产品、生产部门、项目等进行归集和分配的过程，是会计核算的重要组成部分。通过产品成本计算可以加强对生产费用的控制，及时提供准确的成本信息。这对于检查成本计划的执行情况，促进增产节约，贯彻内部经济核算制，提高经济效益，都具有非常重要的意义。产品成本计算是根据会计核算和管理要求，计算出全部生产费用的支出和各种产品的总成本和单位成本，并可为编制成本报表、进行成本分析、核算销售利润提供必要的成本数据。

在进行产品成本计算时，一般要经过以下几个步骤：①各项要素费用的分配。②辅助生产费用的归集和分配。③制造费用的归集和分配。④生产费用在完工产品和在产品之间的分配和归集。

产品成本计算在数据处理过程中具有的特点有：①数据处理流程复杂，数据处理量大。②计算方法多样。③与其他子系统交接数据多。

产品成本计算手工系统业务流程，见图10-1。

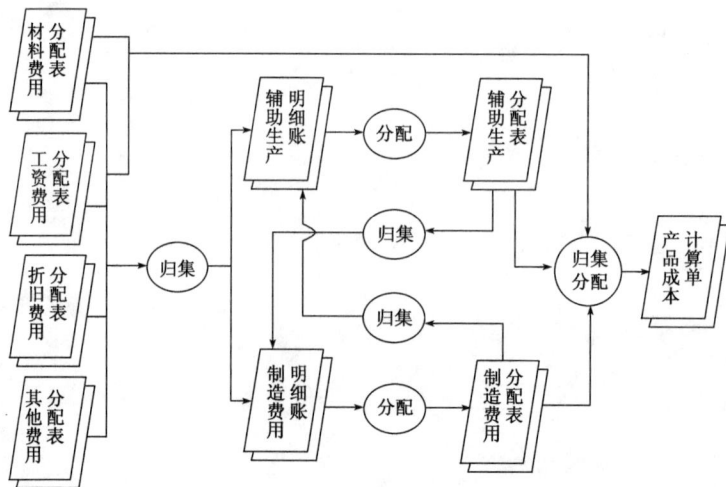

图10-1 产品成本计算手工系统业务流程

第二节　产品成本子系统数据处理流程

　　产品成本子系统的数据主要来源于总账子系统，还有一部分成本计算的辅助数据（各项费用分配标准、产量等数据）需在本子系统通过输入取得。将这些数据通过一系列的归集和分配、再归集和再分配过程，计算出各种产品的实际总成本和单位成本。本模块对数据加工处理的结果，有一部分通过自动转账返回总账子系统，还有一部分为成本报表的编制提供相应的数据。产品成本子系统数据处理流程，见图10-2。

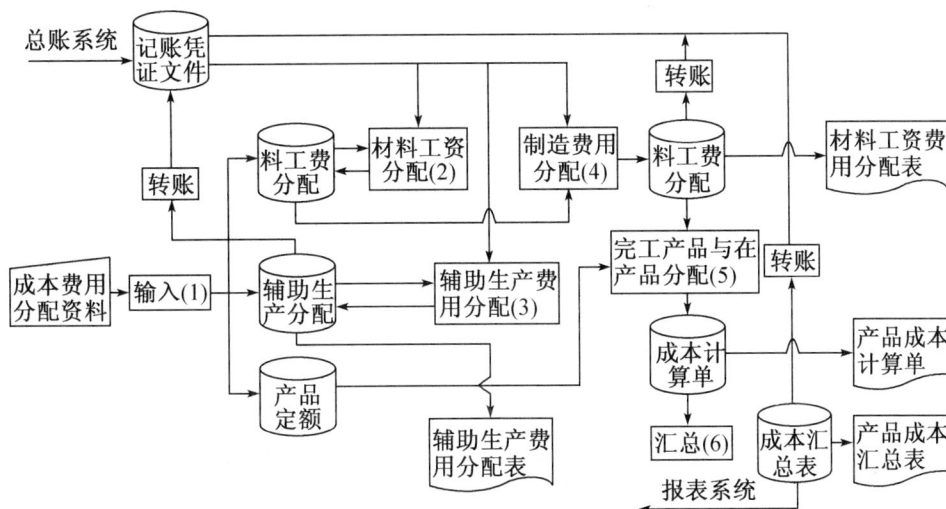

图10-2　产品成本子系统数据处理流程

　　从图10-2中可以看出，该子系统需要建立四个数据文件：①料、工、费分配文件用以存放材料费用、工资费用和制造费用的分配标准、分配额。②辅助生产分配文件用以存放各辅助生产的受益量和分配额。上述两个文件的分配标准数据是通过输入取得的，分配的费用是分配时从记账凭证文件中取得的各项费用的本期发生额。③产品定额文件是用以存放完工产品产量、完工产品和在产品成本分配时所需的定额分配资料，此项数据是通过输入而得到的，供分配完工产品和在产品成本时使用。④成本计算单文件用以存放某种产品的月初在产品成本和本期生产费用，完工产品成本和在产品成本等方面的数据。从料、工、费分配文件中取得本期发生的各种产品的生产费用。在进行完工产品成本汇总时生成成本汇总表文件。该子系统应设置：基本设置、输入成本费用分配资料、各种费用分配（包括费用分配、输出分配表、转账等项功能）、完工产品和在产品的分配、完工产品成本的汇总和转账等方面的功能。

第三节　产品成本子系统主要数据文件设计

　　产品成本子系统应设置的主要数据文件一般有：料、工、费分配文件，辅助生产费用分配文件，产品定额文件以及产品成本计算单文件等。

一、料、工、费分配文件

为了将各项材料工资费用按其耗用对象进行分配，需将被分配的各项材料工资费用和分配去向、分配标准以文件的方式进行存储。料、工、费分配文件应按分配对象设置记录，按分配费用（如原材料、工资、制造费用等）和分配标准设置字段。具体数据结构的描述见表10-1：

表10-1 　　　　　　文件名：料、工、费分配（LGFFP.DBF）

字段名	字段意义	类型	宽度	小数位
CJBH	车间编号	C	2	
CJMC	车间名称	C	16	
CPBH	产品编号	C	10	
CPMC	产品名称	C	18	
CLFPBZ	材料分配标准	N	12	2
GFFPBZ	工资分配标准	N	12	2
YCL	原材料	N	12	2
GZ	工资	N	12	2
ZZFY	制造费用	N	12	2

由于该数据文件包括了各车间的料、工、费的分配，所以在分配时应按车间分别进行分配。该数据文件还将费用的初次分配内容（如原材料、工资）和费用的再次分配内容（制造费用）放置在一个数据文件中，在分配时就应按成本的计算过程分次进行分配。该数据文件这样设置的目的在于减少文件的个数，便于数据的加工处理。费用在初次分配时，对于不同车间的各种产品在费用分配时所选采用的分配方法基本一致；费用再分配时，一般情况下与费用初次分配所采用的分配标准基本一致，所以该数据文件可以将各车间各种产品所分配各项要素费用综合起来进行设置。

二、辅助生产费用分配文件

在对辅助生产费用进行分配时，需设置辅助生产费用分配文件，借以完成辅助生产费用的分配。该数据文件应按各辅助生产受益对象来设置记录，按各辅助生产的受益量、受益额和分配费用的去向设置字段。具体数据结构的描述见表10-2。

上述数据文件结构中的字段编号是按分配辅助生产费用的各辅助生产车间设置的，有几个辅助生产车间就应设置几个受益量、受益额和科目号。各科目号字段是为了结转各辅助生产费用而设置的。

三、产品定额文件

为了进行完工产品成本和在产品成本的分配，需将各车间各种产品成本定额分配资料设置一个产品定额文件，来集中存储成本分配过程中所需的各种定额分配资料，该数据文件应按车间和产品设置记录，按各项成本定额分配资料设置字段。设置这样一个产品成本定额分配资料文件，便于数据的一次输入，全面共享。具体数据结构的描述见表10-3。

表 10-2　　　　　　　　　文件名：辅助生产费用分配（FZSCFP.DBF）

字段名	字段意义	类型	宽度	小数位
BMBH	受益部门编号	C	2	
BMMC	受益部门名称	C	16	
SYO1	受益量 01	N	12	
KMH1	科目号 1	C	10	
FPO1	受益额 01	N	12	2
SYO2	受益量 02	N	12	2
KMH2	科目号 2	C	10	
FPO2	受益额 02	N	12	2
SYO3	受益量 03	N	12	2
KMH3	科目号 3	C	10	
FPO3	受益额 03	N	12	2
HJ	合计	N	12	2

表 10-3　　　　　　　　　　文件名：产品定额（CPDE.DBF）

字段名	字段意义	类型	宽度	小数位
CJBH	车间编号	C	2	
CPBH	产品编号	C	10	
CPMC	产品名称	C	16	
GGXH	规格型号	C	10	
JLDW	计量单位	C	4	
CLDE	材料定额	N	12	2
GSDE	工时定额	N	12	2
BYDECL	本月定额材料	N	12	2
BYDEGS	本月定额工时	N	12	2
WGCL	完工产量	N	12	3

　　上述的车间编号、产品编号、产品名称字段应与料、工、费分配文件中有关字段相一致。

四、产品成本计算单源文件

　　产品成本计算单源文件，又称产品成本计算单母文件。各种产品成本计算单文件都由该文件生成，所以该数据文件记录的设置应是被生成文件的字段，该数据文件的字段应该是字段名、字段类型、字段宽度和小数位四个字段。该数据文件这样设置，便于自动生成各种产品成本计算单文件，有利于该类数据文件的统一管理，同时也具备了文件设计的通用化思想。具体数据结构的描述见表10-4：

表10-4 **文件名：成本计算单源文件（CBCP.DBF）**

字段名	字段意义	类型	宽度	小数位
FIELD_NAME	字段名称	C	10	
FIELD_TYPE	字段类型	C	1	
FIELD_LEN	字段长度	N	3	
FIELD_DEC	小数位	N	3	

该数据文件的记录见表10-5：

表10-5 **成本计算单源文件记录表**

LIST　OFF

FIELD_NAME	FIELD_TYPE	FIELD_LEN	FIELD_DEC
XM	C	12	
CL	N	12	3
DECL	N	12	2
YCL	N	12	2
DEGS	N	12	2
GZ	N	12	2
ZZFY	N	12	2
HJ	N	12	2

上述FIELD_NAME字段各记录的含义如下：

XM——项目　　　　　　CL——产量
DECL——定额材料　　　YCL——原材料
DEGS——定额工时　　　GZ——工资
ZZFY——制造费用　　　HJ——合计

按照产品成本计算单源文件生成的产品成本计算单文件，它的记录一般有五个：月初在产品成本、本月生产费用、合计、本月完工产品成本、月末在产品成本。

产品成本子系统除上述四个主要数据文件外，还有临时生成的文件，如产成品成本汇总文件等。

第四节 产品成本子系统功能模块设计

产品成本的计算过程存在客观的顺序，同时也受不同的成本计算方法约束。该子系统以平行结转分步法为例，设计为两个基本生产车间，连续加工生产甲、乙两种产品。三个辅助生产车间即供水车间、供电车间和机修车间，为基本生产车间和企业管理部门提供劳务。辅助生产费用的分配采取交互分配的方法，完工产品成本和在产品成本分配采用定额比例分配的方法。

由于费用的分配方法和产品成本计算的方法在各企业差异很大，如果该子系统的设计针对性很强，系统的适应性就很差。为了解决这一矛盾，需设计通用化产品成本计算软件。

根据产品成本计算的过程和内容，该子系统应设置：初始基本设置、成本费用分配资料的输入、成本费用的分配、产成品成本的汇总、月末结账等功能。具体功能设计，见图10-3。

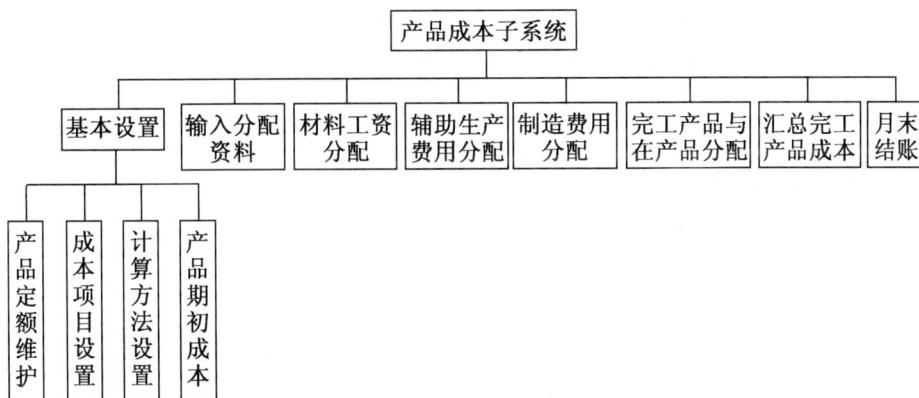

图10-3　产品成本子系统

一、基本设置模块

（一）产品定额维护

在成本费用分配过程中，大多采取定额比例法。这样就需要系统提供各车间、各产品的材料定额和工时定额，以及本期定额材料、定额工时等资料，通过对产品定额文件的维护完成各种产品的材料定额和工时定额的初始输入、日常修订，为成本计算提供分配标准。

（二）成本项目设置

由于各企业的成本项目都有所不同，在料、工、费三大成本项目的基础上进行了细分，所以系统初始化时就应对产品成本项目进行定义设置。利用产品成本计算单源文件来完成产品成本项目的设置，根据这一成本计算单结构文件，可以自动生成用户所定义的、不同成本项目的成本计算单文件。

（三）计算方法设置

产品成本计算方法取决于企业的生产特点和管理要求，不同的生产特点和管理要求有不同的成本计算方法，还有成本计算方法的结合运用，这样就必须在系统初始化时对成本计算方法进行定义。主要定义费用的分配方法、成本的计算方法、成本计算的依次顺序等内容。应建立成本计算方法文件，包括顺次号、表单名称、表单文件名、成本费用分配方法、分配标准来源、完成标识等内容，按表单设置记录。应设置计算方法的增加、减少、修改、查询、打印等功能。

（四）产品期初成本

各车间不同产品的成本计算单，在系统初始化时需将期初在产品余额进行初始输入。在输入时需打开不同的成本计算单文件，输入某车间某产品期初在产品成本的原材料、工资、制造费用等项目的数据。此项功能系统正式启用后不能使用，在启用本系统前，必须将本系统的所有成本计算单的期初成本明细余额之和与总账系统中生产成本科目期初余额核对一致，否则不可启用本系统。应设置产品期初成本的增加、减少、修改、查询、打印等功能。

二、输入分配资料模块

输入分配资料模块，主要完成在成本计算过程中进行成本费用分配所需要的各种分配标准数据的输入处理，包括材料、工资、制造费用分配标准的输入（.USE LGFFP .BROW FIEL CJMC，CPMC，CLFPBZ，GFFPBZ）；辅助生产费用分配标准的输入（.USE FZSCFP .BROW FIEL BMMC，SY01，SY02，SY03）；完工产品成本和在产品成本分配标准的输入（USE CPDE .BROW）。该模块是产品成本计算过程中首先应执行的模块，只有将成本费用分配所需的资料输入完毕，才能进行各项成本费用的分配。

三、材料工资分配模块

材料工资分配模块，主要完成直接记入产品的各项材料工资等费用的分配。在材料工资费用分配标准输入完毕后，先从记账凭证文件中取出材料工资费用的分配额，然后按分配的去向和分配标准进行分配。分配后的数据将提供给完工产品成本计算模块。该模块运行结果见表10-6：

表10-6 原材料和工资费用分配表

CJBH	CJMC	CPBH	CPMC	CLFPBZ	GFFPBZ	YCL	GZ
11	一车间	124301	甲产品	100.00	50.00	33.33	51.72
11	一车间	124302	乙产品	500.00	240.00	166.67	248.28
11	一车间小计	000001		600.00	290.00	200.00	300.00
12	二车间	124301	甲产品	30.00	60.00	240.00	300.00
12	二车间	124302	乙产品	20.00	40.00	160.00	200.00
12	二车间小计	000002		50.00	100.00	400.00	500.00
99	合计	999999		650.00	390.00	600.00	800.00

四、辅助生产费用分配模块

辅助生产费用分配模块，是将各辅助生产车间发生的费用按受益量分配给各受益对象。本模块辅助生产费用的分配采取按实际成本交互分配的办法，并将分配的结果进行自动转账处理。程序设计实例如下：

```
*在辅助生产分配命令按钮单击事件中添加如下代码
SELECT JZPZK
SUM 借方金额 TO A1 FOR 科目号＝′41010201′        &&辅助生产——供水车间
SUM 借方金额 TO A2 FOR 科目号＝′41010202′        &&辅助生产——供电车间
SUM 借方金额 TO A3 FOR 科目号＝′41010203′        &&辅助生产——机修车间
SELECT FZSCFP
*求合计
LOCATE FOR BMMC=′辅助生产车间小计′
JLH1=RECNO（）
LOCATE FOR BMMC=′基本生产车间小计′
JLH2=RECNO（）
GO TOP
SUM NEXT JLH1−1 SY01，SY02，SY03 TO B1，B2，B3
SKIP
REPLACE SY01 WITH B1，SY02 WITH B2，SY03 WITH B3
GO JLH1+1
SUM NEXT JLH2−JLH1−1 SY01，SY02，SY03 TO C1，C2，C3
SKIP
REPLACE SY01 WITH C1，SY02 WITH C2，SY03 WITH C3
**初次分配
GO TOP
REPLACE NEXT JLH1−1 FP01 WITH ROUND（A1/（B1+C1）˚SY01，2），FP02 WITH；
ROUND（A2/（B2+C2）˚SY02，2），FP03 WITH ROUND（A3/（B3+C3）˚SY03，2），；
HJ WITH FP01+FP02+FP03
GO TOP
SUM NEXT JLH1−1 FP01，FP02，FP03 TO D1，D2，D3
SKIP
REPLACE FP01 WITH D1，FP02 WITH D2，FP03 WITH   D3，HJ WITH FP01+FP02+FP03
**计算合计
GO TOP
C=′1′
DO WHILE C<=′3′
S&C=HJ
C=STR（&C+1，1）
SKIP
ENDDO
**再分配
```

```
GO JLH1+1
REPLACE NEXT JLH2-JLH1-1 FP01 WITH ROUND((A1-D1+S1)/C1*SY01,2),FP02 WITH;
ROUND((A2-D2+S2)/C2*SY02,2),FP03 WITH ROUND((A3-D3+S3)/C3*SY03,2),;
HJ WITH FP01+FP02+FP03
*处理分配尾差
GO JLH1+1
SUM NEXT JLH2-JLH1-1 FP01，FP02，FP03 TO E1，E2，E3
REPLACE FP01 WITH FP01+A1-D1+S1-E1，FP02 WITH FP02+A2-D2+S2-E2，;
FP03 WITH FP03+A3-D3+S3-E3，HJ WITH FP01+FP02+FP03
GO JLH2
REPLACE FP01 WITH A1-D1+S1，FP02 WITH A2-D2+S2，FP03 WITH A3-D3+S3，;
HJ WITH FP01+FP02+FP03
**打印代码略
**转账
SELECT JZPZK
GO BOTTOM
MPZH=SUBSTR（STR（VAL（凭证号）+10001，5），2，4）
COPY STRUCTURE TO PZLS
SELECT 0
USE PZLS
SELECT FZSCFP
GO TOP
DO WHILE !EOF（）
IF BMMC<>'辅助生产车间小计' AND BMMC<>'基本生产车间小计'
    A1=KMH1
    B1=FP01
    A2=KMH2
    B2=FP02
    A3=KMH3
    B3=FP03
    SELECT PZLS
    IF B1<>0
       APPEDN BLANK
       REPLACE科目号 WITH A1，借方金额 WITH B1
ENDIF
IF B2<>0
       APPEDN BLANK
       REPLACE科目号 WITH A2，借方金额 WITH B2
ENDIF
```

IF B3<>0

　　APPEDN BLANK

　　REPLACE科目号WITH A3，借方金额WITH B3

ENDIF

ENDIF

SELECT FZSCFP

SKIP

ENDDO

LOCATE FOR BMMC='辅助生产车间小计'

A1=FP01

A2=FP02

A3=FP03

LOCATE FOR BMMC='基本生产车间小计'

A1=A1+FP01

A2=A2+FP02

A3=A3+FP03

SELECT PZLS

APPEND BLANK

REPLACE科目号WITH '41010201'，贷方金额WITH A1

APPEND BLANK

REPLACE科目号WITH '41010202'，贷方金额WITH A2

APPEND BLANK

REPLACE科目号WITH '41010203'，贷方金额WITH A3

REPLACE ALL日期WITH DATE( ),凭证号WITH MPZH,摘要WITH '辅助生产费用分配'

SELECT JZPZK

APPEND FROM PZLS

RETURN

该模块运行结果见表10-7、表10-8：

表10-7　　　　　　　　　　　　　**辅助生产费用分配表**

BMMC	SY01	FP01	SY02	FP02	SY03	FP03	HJ
供水车间	0.00	0.00	20.00	25.00	30.00	41.67	66.67
供电车间	30.00	24.00	0.00	0.00	70.00	97.22	121.22
机修车间	25.00	20.00	40.00	50.00	0.00	0.00	70.00
辅助生产车间小计	55.00	44.00	60.00	75.00	100.00	138.89	257.89
一车间	30.00	52.57	50.00	123.11	82.00	163.37	339.05
二车间	40.00	70.10	50.00	123.11	34.00	67.74	260.95
基本生产车间小计	70.00	122.67	100.00	246.22	116.00	231.11	600.00

表 10-8　　　　　　　　　　　　　　记账凭证

日期	凭证号	摘要	科目号	借方金额	贷方金额	科目说明
2015/01/25	0571	辅助生产费用分配	4101020108	25.00		生产成本——辅助生产成本——供水车间——电费
2015/01/25	0571	辅助生产费用分配	4101020109	41.67		生产成本——辅助生产成本——供水车间——修理费
2015/01/25	0571	辅助生产费用分配	4101020207	24.00		生产成本——辅助生产成本——供电车间——水费
2015/01/25	0571	辅助生产费用分配	4101020209	97.22		生产成本——辅助生产成本——供电车间——修理费
2015/01/25	0571	辅助生产费用分配	4101020307	20.00		生产成本——辅助生产成本——机修车间——水费
2015/01/25	0571	辅助生产费用分配	4101020308	50.00		生产成本——辅助生产成本——机修车间——电费
2015/01/25	0571	辅助生产费用分配	41050110	52.57		生产成本——基本生产成本——一车间——水费
2015/01/25	0571	辅助生产费用分配	41050111	123.11		生产成本——基本生产成本——一车间——电费
2015/01/25	0571	辅助生产费用分配	41050112	163.37		生产成本——基本生产成本——一车间——修理费
2015/01/25	0571	辅助生产费用分配	41050210	70.10		生产成本——基本生产成本——二车间——水费
2015/01/25	0571	辅助生产费用分配	41050211	123.11		生产成本——基本生产成本——二车间——电费
2015/01/25	0571	辅助生产费用分配	41050212	67.74		生产成本——基本生产成本——二车间——修理费
2015/01/25	0571	辅助生产费用分配	41010201		166.67	生产成本——辅助生产成本——供水车间
2015/01/25	0571	辅助生产费用分配	41010202		321.22	生产成本——辅助生产成本——供电车间
2015/01/25	0571	辅助生产费用分配	41010203		370.00	生产成本——辅助生产成本——机修车间

五、制造费用分配模块

制造费用分配模块，在各项要素费用和辅助生产费用分配完毕后才能进行分配，并将分配的结果进行转账处理。根据料、工、费分配文件提供的分配标准，以及记账凭证文件提供的本期发生的制造费用，按车间和产品进行分配。该模块的运行结果见表10-9、表10-10：

表10-9　　　　　　　　　　　　　制造费用分配表

CJMC	CPMC	GFFPBZ	ZZFY
一车间	甲产品	50.00	79.15
一车间	乙产品	240.00	379.90
一车间小计		290.00	459.05
二车间	甲产品	60.00	190.70
二车间	乙产品	40.00	127.14
二车间小计		100.00	317.84
合计		390.00	776.89

表10-10　　　　　　　　　　　　　记账凭证

日期	凭证号	摘要	科目号	借方金额	贷方金额	科目说明
2015/01/25	0572	分配制造费用	41010101		459.05	生产成本——基本生产成本——一车间
2015/01/25	0572	分配制造费用	410501	459.05		制造费用——一车间
2015/01/25	0572	分配制造费用	41010102	317.84		生产成本——基本生产成本——二车间
2015/01/25	0572	分配制造费用	410502		317.84	制造费用——二车间

六、完工产品与在产品分配模块

完工产品与在产品分配模块，是完成企业各车间完工产成品成本和在产品成本的分配任务。本模块采取的分配方法是定额比例法，是在最终完工产品与广义在产品之间分配费用。按照每一种产品开设一个产品成本计算单文件的方式来计算成本和存储数据。根据成本计算单源文件生成成本计算单文件，用以存储从料、工、费分配文件中取得的本月生产费用数据；从记账凭证文件中取得的本月发生的直接材料和直接人工成本数据；从产品定额文件中取得的定额资料。在成本计算单文件中进行完工产品与广义在产品之间的费用分配，最后输出产品成本计算单。成本计算单文件将为完工产品汇总提供数据。该模块的运行结果见表10-11、表10-12、表10-13、表10-14：

表10-11　　　　　　　　　　　　一车间甲产品成本计算单

XM	CL	DECL	YCL	DEGS	GZ	ZZFY	HJ
月初在产品		160.00	12.00	240.00	10.00	22.00	44.00
本月费用		500.00	143.33	400.00	51.72	79.15	274.20
合计		660.00	155.33	640.00	61.72	101.15	318.20
本月完工产品	7.000	490.00	115.32	560.00	54.01	88.51	257.84
月末在产品		170.00	40.01	80.00	7.71	12.64	60.36

表 10-12　　　　　　　　　　　二车间甲产品成本计算单

XM	CL	DECL	YCL	DEGS	GZ	ZZFY	HJ
月初在产品		100.00	50.00	80.00	45.00	15.00	110.00
本月费用		500.00	560.00	400.00	300.00	190.70	1 050.70
合 计		600.00	610.00	480.00	345.00	205.70	1 160.70
本月完工产品	7.000	476.00	483.93	420.00	301.88	179.99	965.80
月末在产品		124.00	126.07	60.00	43.12	25.71	194.90

表 10-13　　　　　　　　　　　一车间乙产品成本计算单

XM	CL	DECL	YCL	DEGS	GZ	ZZFY	HJ
月初在产品		100.00	160.00	500.00	80.00	34.00	274.00
本月费用		300.00	766.67	740.00	248.28	379.90	1 394.85
合 计		400.00	926.67	1 240.00	328.28	413.90	1 668.85
本月完工产品	5.000	350.00	819.59	700.00	185.32	233.65	1 229.81
月末在产品		50.00	117.08	540.00	142.96	180.25	439.04

表 10-14　　　　　　　　　　　二车间乙产品成本计算单

XM	CL	DECL	YCL	DEGS	GZ	ZZFY	HJ
月初在产品		70.00	80.00	120.00	40.00	25.00	145.00
本月费用		300.00	310.00	740.00	200.00	127.14	637.14
合 计		370.00	390.00	860.00	240.00	152.14	782.14
本月完工产品	5.000	350.00	368.92	600.00	167.44	106.14	642.50
月末在产品		20.00	21.08	260.00	72.56	46.00	139.64

七、汇总完工产品成本模块

汇总完工产品成本模块，是对各车间的各种完工产品的份额进行汇总处理。按产品和成本项目分别进行汇总，计算出各种完工产品的总成本和单位成本，同时要进行自动转账处理。本模块是产品成本计算的最后一个模块，它将为成本报表提供相应的数据。该模块运行结果见表 10-15、表 10-16、表 10-17、表 10-18：

表 10-15　　　　　　　　　　　甲产品成本汇总表

XM	CL	YCL	GZ	ZZFY	HJ
一车间甲产品	7.000	115.32	54.01	88.51	257.84
二车间甲产品	7.000	483.93	301.88	179.99	965.80
合 计		599.25	355.89	268.50	1 223.64
单位成本		85.61	50.84	38.36	174.81

表10-16　　　　　　　　　　　　　　记账凭证

日期	凭证号	摘要	科目号	借方金额	贷方金额	科目说明
2015/01/25	0573	结转完工产品成本	124301	1 223.64		产成品——甲产品
2015/01/25	0573	结转完工产品成本	4101010101		257.84	生产成本——基本生产成本——一车间——甲产品
2015/01/25	0573	结转完工产品成本	4101010201		965.80	生产成本——基本生产成本——二车间——甲产品

表10-17　　　　　　　　　　　　乙产品成本汇总表

XM	CL	YCL	GZ	ZZFY	HJ
一车间乙产品	5.000	810.84	185.32	233.65	1 229.81
二车间乙产品	5.000	368.92	167.44	106.14	642.50
合计		1 179.76	352.76	339.79	1 872.31
单位成本		235.95	70.55	67.96	374.46

表10-18　　　　　　　　　　　　　　记账凭证

日期	凭证号	摘要	科目号	借方金额	贷方金额	科目说明
2015/01/25	0574	结转完工产品成本	124302	1 872.31		产成品——甲产品
2015/01/25	0574	结转完工产品成本	4101010102		1 229.81	生产成本——基本生产成本——一车间——乙产品
2015/01/25	0574	结转完工产品成本	4101010201		642.50	生产成本——基本生产成本——二车间——乙产品

八、月末结账模块

月末结账模块，是在月末对各种产品成本计算单文件中的在产品成本，按成本项目分别结转为月初在产品成本，为下月的成本计算做好准备。同时进行结账的标记处理，强制备份本系统的数据文件。

九、产品成本子系统的使用

产品成本子系统使用的顺序将按本系统所设的功能顺序来进行，即首先完成系统初始化的基本设置，然后输入分配资料—材料工资的分配—辅助生产费用的分配—制造费用的分配—完工产品成本与在产品成本的分配—汇总完工产品成本—月末结账。该顺序在成本计算过程中不能改变，否则将产生错误的加工处理结果。在程序的设计过程中应考虑成本计算的时序控制，即前一个功能没有完成，后一个功能就不能执行。

复习思考题

1.说明产品成本计算手工系统的内容、步骤及其特点。

2.简要说明产品成本计算手工系统的业务流程。

3.说明产品成本子系统的数据处理流程。

4.产品成本子系统应设置哪些数据文件?其结构怎样?相互关系如何?

5.产品成本子系统的各功能模块的任务和设计要求是什么?

6.各功能模块在程序设计中涉及哪几个数据文件?为什么?

第十一章

销售子系统设计

学习目标

通过本章学习，了解销售子系统手工的工作流程，了解会计信息系统销售子系统设计思路，掌握销售子系统主要数据文件的设计，掌握销售子系统各功能模块的设计方法。

第一节 销售手工系统的描述与分析

随着社会主义市场经济的发展，销售在企业生产经营活动中变得越来越重要。企业生产的产品只有通过销售，其价值才能得以实现，并在补偿生产耗费后创造一定的利润。因此，企业必须加强销售管理，及时掌握销售动态，并进行市场预测，以此促使企业按市场需求组织生产和销售工作，努力降低销售成本，提高经济效益。基于此，企业必须建立起集销售计划、核算、监督、控制、分析和辅助决策等功能为一体的销售子系统，以辅助企业对销售进行有效管理与核算。

销售子系统必须具有以下功能：动态地反映客户的信誉程度、欠款状况、产品需求情况；反映和监督销售计划和销售合同的执行情况；将客户发出的订购信息进行加工整理，及时反映销售订货情况，以便组织生产。还要根据客户的订货需求，保质保量地按时发货，考核销售订货的执行情况；为了提高企业盈利水平，降低企业经营风险，销售子系统应反映和监督产品的销售收入、销售税金及附加、销售成本、销售费用和销售利润的完成情况；通过对销售计划、销售合同、销售发货、销售开票、销售回款等环节的处理，销售子系统应能够及时、准确、动态、系统地反映销售的全过程，并提供方便灵活的统计分析功能，以便为销售政策的制定和销售决策提供可靠的数据。

销售子系统在数据处理方面具有以下几个特点：①要求数据及时、准确。②数据量不大，但业务内容比较复杂。③各企业产品销售情况不同，产品销售核算也各具特点。

销售手工系统业务流程，见图11-1。

销售子系统根据企业经营目标和销售预测情况编制销售计划。企业在掌握客户需求的基础上签订销售合同或销售订单，及时组织生产，按时发货。货物发出后应开出销售发票，确认销售实现。根据销售订单、销售发货和销售发票登记销售台账，反映和监督销售情况。根据销售发票登记销售明细账，再根据销售明细账计算汇总销售利润明细表。对销售实现情况与销售计划进行对比分析编制销售执行情况报告，同时还要对销售员的销售业绩进行考核。

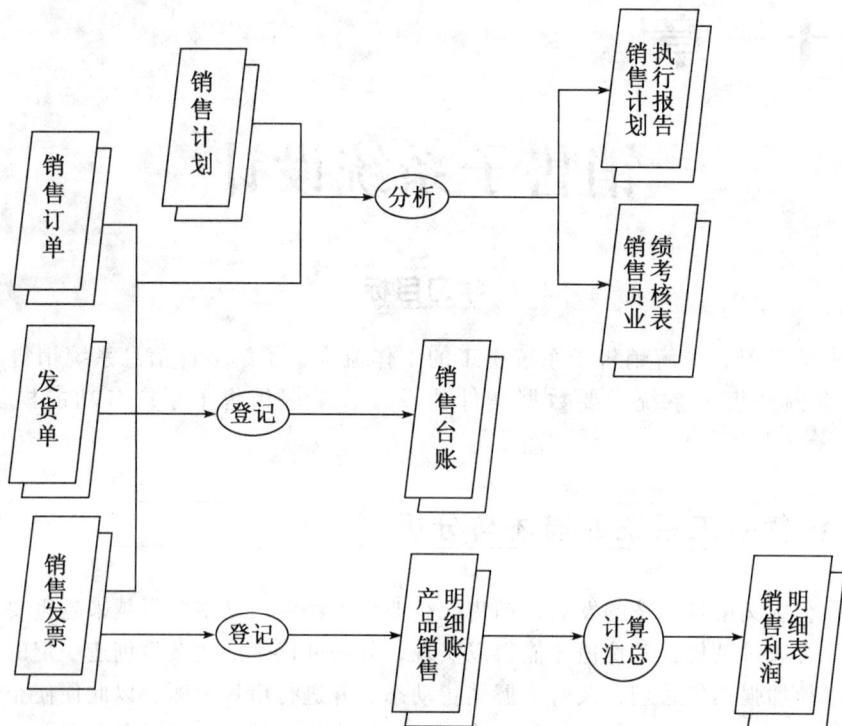

图 11-1 销售手工系统业务流程

第二节 销售子系统数据处理流程

从销售计划、销售订货、销售发货和销售开票四个环节来看，其都需要客户档案、产品价格、销售人员档案、发货方式和结算方式等基本信息。根据企业的经营目标、市场预测资料和历史销售情况编制销售计划，形成销售计划文件，用以考核销售实际执行情况；根据销售订单（销售合同）完成输入处理，存储在销售订单文件里，为销售发货单的输入提供数据；根据销售发货资料和销售订单数据，进行输入和取得，存储在销售发货单文件里；根据开出的销售发票和销售发货单数据，通过输入和取得处理，存储在销售发票文件里；根据销售计划文件、销售订单文件、销售发货单文件和销售发票文件以及应收账款子系统的收款凭证文件，编制和输出销售计划执行报告，同时进行统计分析形成各种销售统计分析表，并予以输出；根据销售订单文件、销售发货单文件和销售发票文件，登记和输出销售台账。根据销售发票文件的销售收入登记和输出销售明细账。

销售子系统数据处理流程，见图11-2。

根据销售子系统的数据处理流程图，可以看出需要建立的数据库文件有：①基础资料类文件，包括客户档案、销售人员档案、产品价格档案、发货方式、结算方式等文件；②主要处理类文件，包括销售计划、销售订单、销售发货单、销售发票等文件；③处理结果输出类文件，包括销售计划执行报告、销售台账、各种统计分析，以及产品销售明细账等文件。根据销售子系统的数据处理流程图，还可以看出应设置的功能模块：基本设置的客户档案的建立、销售人员档案维护、产品价格管理、发货方式等模块；基本业务的产品销售计划、销售订货、销售发货、销售开票，以及销售账表和销售统计分析等模块。

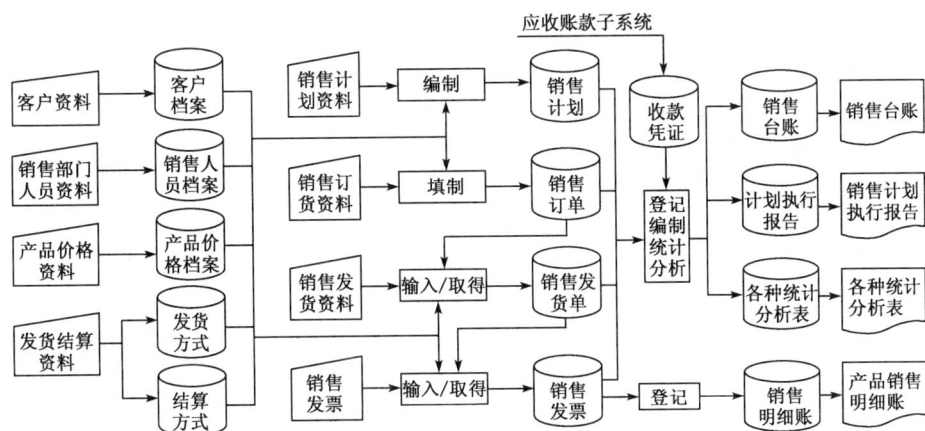

图 11-2　销售子系统数据处理流程

第三节　销售子系统主要数据文件设计

销售子系统的主要存储文件有销售计划文件、销售订单文件、销售发货单文件、销售发票文件等，除此之外还应有销售基础资料、销售账表和销售统计分析等方面的文件。销售基础资料的客户档案文件已在应收账款子系统中建立了，结算方式文件不应在本子系统中建立。

一、销售人员档案文件

销售人员档案文件是存储销售人员的代码、姓名、所属部门、业绩等级和联系方式等的文件，按销售人员设置记录。具体数据结构的描述见表11-1：

表 11-1　　　　　　　　文件名：销售人员档案（XSRYDA.DBF）

字段名	字段意义	类型	宽度	小数位
BMDM	部门代码	C	4	
XSYDM	销售员代码	C	4	
XSYXM	销售员姓名	C	10	
YJDJ	业绩等级	C	2	
SJ	手机	C	15	
HJ	呼机	C	20	
ZD	宅电	C	20	
E-MAIL	E-mail 地址	C	20	

在数据结构表中，业绩等级字段可存放甲、乙、丙、丁等内容，业绩等级可由系统根据销售员在一定时期内所完成的销售额和回款额，以及业绩等级的评定标准进行自动评定。

二、产品价格档案文件

为了反映产品价格情况应建立产品价格档案，用以提供在销售各环节所需的产品价格，包括各种产品不同地区、不同时间、不同类型的价格，按每种产品设置记录。具体数据结构的描述见表11-2：

表11-2　　　　　　　　　　文件名：产品价格档案（CPJGDA.DBF）

字段名	字段意义	类型	宽度	小数位
CPBM	产品编码	C	10	
ZXDQDM	执行地区代码	C	6	
ZXRQ	执行日期	D	8	
SXRQ	失效日期	D	8	
JGLZ	价格类型	C	10	
CPJG	产品价格	N	10	2
BZ	备注	C	50	

在数据结构表中，产品编码与存货子系统的存货编码相同；执行地区代码与应收账款子系统所属区域代码相同；价格类型主要反映产品销售时执行的不同价格，包括出厂价、零售价、现款价等。产品的名称、规格型号、计量单位来源于存货子系统的存货名称及余额文件。

三、发货方式文件

发货方式文件用以存储销售发货方式的代码和名称的文件，按每种发货方式设置记录，发货方式包括航空、铁路、水运、邮政、汽车送货、空车配货、自提等。具体数据结构的描述见表11-3：

表11-3　　　　　　　　　　文件名：发货方式（FHFS.DBF）

字段名	字段意义	类型	宽度	小数位
FHFSDM	发货方式代码	C	2	
FHFSMC	发货方式名称	C	10	

四、销售计划文件

销售计划文件可分为部门销售员销售计划和产品销售计划。部门销售员销售计划文件反映的是各个时期、各部门、各销售员的计划销售量和计划销售额，按每个销售员设置记录；产品销售计划文件反映的是各个时期、各种产品的计划销售量和计划销售额，按每种产品设置记录。以产品销售计划文件为例，具体数据结构的描述见表11-4：

在数据结构表中，计划销售量和计划销售额应按一年12个月设置字段，表中部分月份的计划销售量和计划销售额省略。

表 11-4　　　　　　　　　　　　文件名：**产品销售计划（CPXSJH.DBF）**

字段名	字段意义	类型	宽度	小数位
CPBM	产品编码	C	10	
XSBL	销售比例(%)	N	6	4
NXSL	年计划量	N	12	3
NXSE	年计划额	N	12	2
XSL01	1月计划量	N	12	3
XSE01	1月计划额	N	12	2
…	…	…	…	…
XSL12	12月计划量	N	12	3
XSE12	12月计划额	N	12	2

五、销售订单文件

销售订单文件存储销售订单全部有效信息，反映客户对产品的需求品种、数量和交货时间，以及各方面的责任人和处理标识，按销售订单的不同产品品种设置记录。在同一销售订单下可能有多种产品，这样可以将销售订单分成两个文件，即销售订单头文件和销售订单明细文件。例如，销售订单是一个文件，具体数据结构的描述见表 11-5：

表 11-5　　　　　　　　　　　　文件名：**销售订单（XSDD.DBF）**

字段名	字段意义	类型	宽度	小数位
DDH	订单号	C	9	
DDRQ	订单日期	D	8	
KHDM	客户代码	C	5	
XSYDM	销售员代码	C	4	
BZ	备注	C	50	
KPR	开票人	C	10	
SHF	审核人	C	10	
CPBM	产品编码	C	10	
SL	数量	N	12	3
DJ	单价	N	12	2
JE	金额	N	12	2
JHRQ	交货日期	D	8	
FHBS	发货标识	C	1	
FPBS	发票标识	C	1	
SJFCSL	实际发出数量	N	12	3

在数据结构表中，发货标识和实际发出数量字段需在发货后进行回填；发票标识需在销售开票后进行回填。

六、销售发货单文件

销售发货单文件存储销售发货单的全部有效数据，包括销售发货的日期、去向、发货方式、发出货物的数量，以及各方面的责任人等数据，按销售发货单的不同产品品种设置记录。具体数据结构的描述见表11-6：

表11-6　　　　　　　　　文件名：销售发货单（XSFHD.DBF）

字段名	字段意义	类型	宽度	小数位
FHDH	发货单号	C	9	
FHRQ	发货日期	D	8	
JHRQ	交货日期	D	8	
DDH	订单号	C	9	
FPH	发票号	C	8	
KHDM	客户代码	C	5	
FHFSDM	发货方式代码	C	2	
FHDZ	发货地址	C	30	
DZ	到站	C	30	
SHR	收货人	C	10	
BZ	备注	C	50	
XSYDM	销售员代码	C	4	
FHR	发货人	C	10	
KPR	开票人	C	10	
SHF	审核人	C	10	
CPBM	产品编码	C	10	
SL	数量	N	12	3
DJ	单价	N	12	2
JE	金额	N	12	2
FPBS	发票标识	C	1	

七、销售发票文件

销售发票文件包括普通发票和增值税发票的全部内容，同时也反映红字发票的内容。该文件能反映企业产品销售情况，能反映客户购买商品的情况，也能反映销售人员的工作业绩，是企业纳税的依据。应按不同销售发票的内容设置字段，按发票的不同产品设置记录。具体数据结构的描述见表11-7：

表11-7　　　　　　　　　　　文件名：销售发票（XSFP.DBF）

字段名	字段意义	类型	宽度	小数位
FPH	发票号	C	8	
FPRQ	发票日期	D	8	
DDH	订单号	C	9	
FHDH	发货单号	C	9	
SWDJH	税务登记号	C	7	
KHDM	客户代码	C	5	
FHFSDM	发货方式代码	C	2	
JSFSDM	结算方式代码	C	2	
XSYDM	销售员代码	C	4	
ZJSHJ	总价税合计	N	12	2
BZ	备注	C	50	
FHF	复核人	C	10	
KPR	开票人	C	10	
CPBM	产品编码	C	10	
SL	数量	N	12	3
HSDJ	含税单价	N	12	2
DJ	单价(不含税)	N	12	2
JE	金额(不含税)	N	12	2
SL	税率	N	6	4
SE	税额	N	12	2
JSHJ	价税合计	N	12	2
FPBS	发票标识	C	1	

在数据结构表中，含税单价来自订单或发货单的单价；单价（不含税）=含税单价/（1+增值税税率），此项是增值税发票用；金额（不含税）在增值税发票中等于数量×单价，在普通发票中等于数量×含税单价，在红字发票中等于（-1）×金额；税率项是增值税发票用；税额=金额×税率，此项也是增值税发票用，在红字发票中税额=（-1）×金额×税率；价税合计=金额+税额；发票标识为0时反映的是增值税发票，为1时反映的是普通发票。

八、销售台账文件

销售台账文件用以记录、反映销售业务的全过程，包括销售人员销售某种产品的销售订货、销售发货、销售开票等，按销售人员销售的产品设置记录。具体数据结构的描述见表11-8：

表11-8　　　　　　　　　　　文件名：销售台账（XSTZ.DBF）

字段名	字段意义	类型	宽度	小数位
BMDM	部门代码	C	4	
XSYDM	销售员代码	C	4	
KHDM	客户代码	C	5	
CPBM	产品编码	C	10	
DDH	订单号	C	9	
DJRQ	订单日期	D	8	
DHSL	订货数量	N	12	3
DHJE	订货金额	N	12	2
FHDH	发货单号	C	9	
FHRQ	发货日期	D	8	
FHSL	发货数量	N	12	3
FHJE	发货金额	N	12	2
FPH	发票号	C	8	
KPRQ	开票日期	D	8	
KPSL	开票数量	N	12	3
HSDJ	含税单价	N	12	2
DJ	单价(无税)	N	12	2
JE	金额(无税)	N	12	2
SE	税额	N	12	2
JSHJ	价税合计	N	12	2
THDH	退货单号	C	9	
THRQ	退货日期	D	8	
THSL	退货数量	N	12	3
THJE	退货金额	N	12	2

九、销售计划执行报告文件

为了反映产品销售计划的执行情况，应定期进行对比分析，需建立销售计划执行报告文件反映销售计划完成情况，包括的内容分别是产品计划销售量、销售额和实际销售量、销售额，以及实际比计划的完成量、完成额、完成率，按每种产品设置记录。具体数据结构的描述见表11-9：

表11-9　　　　　　文件名：销售计划执行报告（XSJHZXBG.DBF）

字段名	字段意义	类型	宽度	小数位
CPBM	产品编码	C	10	
JHXSL	计划销售量	N	12	3
JHXSE	计划销售额	N	12	2
SJXSL	实际销售量	N	12	3
SJXSE	实际销售额	N	12	2
SJBJHL	实际比计划完成量	N	12	3
SJBJHE	实际比计划完成额	N	12	2
SJBJHLU	实际比计划完成率	N	6	4

第四节 销售子系统功能模块设计

为了加强销售全过程的管理，销售子系统应设置的功能有：基本设置、销售计划、销售订货、销售发货、销售开票、销售账表和销售统计分析等。

销售子系统的功能结构，见图11-3。

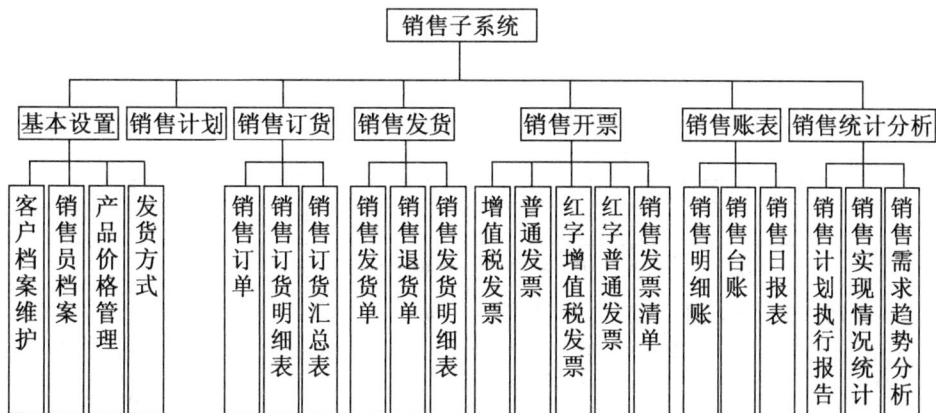

图11-3　销售子系统的功能结构

一、基本设置模块

基本设置模块主要完成销售基础资料数据的建立与维护，包括客户档案、销售员档案、产品价格管理、发货方式等子模块，应在系统建立时进行初始设置。

（一）客户档案维护

由于销售子系统和应收账款子系统关系非常密切，有些数据应共享使用，特别是客户档案数据都是两个子系统的基础数据，所以应在这两个子系统分别设置客户档案维护子模块。客户档案维护的设计与应收账款子系统客户档案维护的设计相同。

（二）销售员档案

销售员档案子模块完成销售人员基本信息和业绩等级等数据的建立与维护。应设置增加、删除、查询、打印等功能。销售员档案的屏幕界面见图11-4。

```
┌─────────────────────────────────────────────────┐
│                                                   │
│     销售员代码:            销售员姓名:            │
│                                                   │
│     所属部门:              业绩等级:              │
│                                                   │
│     手机:                  E-mail:                │
│                                                   │
│     宅电:                                         │
│                                                   │
│                                                   │
│        增加   删除   查询   打印   退出           │
└─────────────────────────────────────────────────┘
```

图11-4　销售员档案的屏幕界面

在增加销售员时应进行非空控制，如销售员代码、销售员姓名、所属部门和其中一种联系方式等项目；销售员代码应控制其重码；所属部门应控制其部门代码的存在。在减少销售员时应控制其未使用，即销售员代码已使用，不能删除，应到客户档案文件查找销售员代码，该销售员代码是否存在，如存在则不能删除。减少销售员的处理过程：当前数据—删除操作—确认删除—已使用不能删除—删除处理。

（三）产品价格管理

在实施价格管理时，通过产品价格的不同执行时间和地区、不同价格类型的处理，建立产品价格体系，以便完成销售订货、发货和开票等业务的处理。产品价格管理的屏幕界面见图11-5。

```
┌─────────────────────────────────────────────────┐
│                                                   │
│     产品编码:              产品名称:              │
│                                                   │
│     计量单位:              规格型号:              │
│                                                   │
│     执行日期:              失效日期:              │
│                                                   │
│     价格类型:              产品价格:              │
│                                                   │
│     执行地区:              备注:                  │
│                                                   │
│                                                   │
│        增加   修改   查询   打印   退出           │
└─────────────────────────────────────────────────┘
```

图11-5　产品价格管理的屏幕界面

产品价格管理子模块的处理，需要关联存货名称及余额文件，取得产品名称、计量单位、规格型号等数据；需要控制产品编码的存在，还有输入时除备注项目外的非空控制。

（四）发货方式

在销售订货和销售发货时需要确定发货方式，以便组织发货。销售发货方式应通过设置增加、删除、查询、打印等功能，完成销售发货代码和名称的处理。

二、销售计划模块

销售计划模块可以完成按产品编制的销售计划，也可以完成按部门销售员编制的销售计划，这里只以产品销售计划为例说明其设计。企业应根据市场情况，估计在各个时期的产品销售情况，用以编制产品销售计划。销售计划应设置增加、删除、查询、打印等功能，其屏幕界面见图11-6。

日期：（系统日期）											
产品名称	规格型号	计量单位	销售比例(%)	年销售额	年计划额	1月计划量	1月计划额	…	…	12月计划量	12月计划额

增加　删除　查询　打印　退出

图11-6　产品销售计划界面

在编制产品销售计划时，应首先取得产品名称、规格型号、计量单位等资料；输入各月计划销售量和计划销售额；年度销售量和年度销售额应分别等于1—12月计划之和；计算各种产品年销售额占全部销售额的销售百分比，即销售比例（%）=某产品年销售额/销售总额。

三、销售订货模块

（一）销售订单

销售订单是根据客户的需求编制的，主要反映销售订单的日期、客户、所需产品的数量、交货日期等信息，作为组织生产的重要依据。销售订货应设置增加、修改、删除、审核、取消审核、查询、打印等功能，其屏幕界面见图11-7。

客户名称：　　　　　　　　订单日期：　　　　　　　　订单号：							
产品名称	规格型号	计量单位	数量	单价	金额	交货日期	备注

销售员：　　　　　　　　开票人：　　　　　　　　审核人：

增加　修改　删除　审核　取消审核　查询　打印　退出

图11-7　销售订单界面

销售订单增加的处理，订单日期项：取系统日期，由用户填制；订单号项：9位流水号，由系统自动生成；客户名称项：关联客户档案文件，输入客户代码时要进行非法控制，显示客户名称；产品名称：关联存货名称及余额文件，输入产品编码时要进行非法控制，显示规格型号和计量单位；输入数量，从存货名称及余额文件中取得单价，金额=数量×单价；输入交货日期和备注；销售员项：为销售员姓名，通过客户档案文件取得，也可选择输入；开票人、审核人项：为不同授权的操作者。

销售订单修改的处理，首先查找到指定的销售订单，然后检查销售订单是否已经审核，销售订单文件中审核人不等于空为已审核，应拒绝修改，否则可进行修改操作。

销售订单删除的处理，只能对未审核的销售订单进行删除处理。

销售订单审核的处理，将当前销售订单，用审核操作员姓名替换。

销售订单取消审核的处理，将当前销售订单，用空格替换审核操作员姓名。

销售订单查询和打印的处理，在销售订货单界面上，弹出一个对话框，输入销售订单号，进行指针定位，予以显示或打印输出。

（二）销售订货明细表

为了系统地反映销售订单的详细情况，根据销售订单文件，按时间、订单号、客户、销售员、产品等，由用户自行选择条件并确定后，输出销售订货明细表，既可显示输出，也可打印输出。输出的条件见图11-8。

月份： 至	订单号： 至
客户：	销售员：
产品：	

销售订货明细表

日期：（系统日期）

订单号	订单日期	客户名称	销售员	产品名称	规格型号	计量单位	数量	单价	金额	交货日期	备注	开票人	审核人

图11-8　销售订货明细表输出的条件

（三）销售订货汇总表

为了总括反映销售订单的情况，根据销售订单文件，按销售员、客户、产品、订单号等进行汇总，输出各种销售订货汇总表，既可显示输出，也可打印输出。下面以按销售员汇总和按产品汇总为例说明。

1.按销售员汇总（见表11-10）

表11-10　　　　　　　　　　**销售订货汇总表（销售员）**

日期：　至　　　　　　　　　　　　　　　　　部门：

部门名称	销售员	订货金额
	销售员1	
	销售员2	
部门1合计		
	销售员3	
部门2合计		
总计		

2.按产品汇总（见表11-11）

表11-11 **销售订货汇总表（产品）**

日期： 至

产品名称	规格型号	计量单位	数量	订货金额
产品1				
产品2				
合计				

四、销售发货模块

（一）销售发货单

销售发货单是销售发货的依据，应反映客户收货的信息、发出产品的信息，以及责任人情况。可根据销售订单或销售发票取得数据，也可以直接输入，生成销售通知单文件的数据。销售发货应设置增加、修改、删除、审核、取消审核、查询、打印等功能，其屏幕界面见图11-9。

销售发货单

日　　期： 发货单号： 订单号：

客户名称： 销售员： 发票号：

发货地址： 发货日期： 交货日期：

到站： 发货方式： 收货人：

备注：

产品名称	规格型号	计量单位	数量	单价	金额

发货人： 开票人： 审核人：

增加 修改 审核 取消审核 查询 打印 退出

图11-9 销售发货单界面

销售发货单增加的处理，可以从销售订单或销售发票中取得销售发货数据，并可通过客户代码从客户档案文件中取得客户名称、发货地址数据；还可根据产品编码从存货名称及余额文件中取得产品名称、规格型号、计量单位、单价等数据。各项数据的处理如下：

1.发货单日期：取系统日期，由用户填制；

2.发货单号：9位流水号，系统自动生成；

3.有销售订单再发货：选择输入未封闭的订单号；

4.先开票后发货：选择输入未封闭的发票号；

5.通过订单号或发票号，把已有的数据取出，其余输入；

6.在客户名称栏用鼠标点击后，可提示：应收账款余额，用以对客户进行信用额度控制；

7.在发货数量栏用鼠标点击，可确定发货数量，同时可进行产品超现存量发货控制；

8.其余项的处理同销售订货单。

销售发货单修改的处理，查找到指定的销售发货单，检查是否已经审核，如已审核则拒绝修改，否则进行修改操作。

销售发货单审核的处理，在当前销售发货单中，用审核操作员姓名替换，生成销售出库单（生成销售出库单文件的记录）。

（二）销售退货单

销售退货单是销售退货的依据，应建立销售退货单文件，反映客户退货的信息、所退产品的信息，以及责任人情况。可根据销售发货单或销售发票取得数据，也可以直接输入，生成销售退货单文件的数据。

（三）销售发货明细表

为了系统地反映销售发货的详细情况，需按时间、发货单号、客户、销售员、产品等条件由用户自行选择确定后，输出销售发货明细表，既可显示输出，也可打印输出。输出的条件见图11-10。

月份：   至   发货单号：   至

客户：   销售员：

产品：

销售发货明细表

日期：（系统日期）

发货单号	发货日期	客户名称	销售员	发货方式	发货地址	收货人	产品名称	规格型号	计量单位	数量	单价	金额	备注	发货人	开票人	审核人

图11-10 销售发货明细表界面

五、销售开票模块

（一）增值税发票

对实施增值税的企业，在产品销售时要开具增值税发票，据以作为销售实现的根据。销售开票可分为有订单不发货开票的、先发货后开票的、开票后直接发货的三种情况，其在开票处理时有所不同。销售增值税发票的数据存储于销售发票文件中，增值税发票子模块应设置增加、修改、删除、查询、打印等功能，其屏幕界面见图11-11。

增值税发票增加的处理：

1.发票日期项：取系统日期，由用户填制。

2.发票号项：8位流水号，系统自动生成。

3.订单号项：在有订单不发货的情况下，应先选择输入已存在的订单号，生成销售增值税发票，取出全部数据。

销售增值税发票

发票日期：　　　　　　　　　发票号：　　　　　　　　　订单号：

客户名称：　　　　　　　　　税务登记号：　　　　　　　发货单号：

地址、电话：　　　　　　　　开户行、账号：

销售员：　　　　　　　　　　备注：

产品名称	规格型号	计量单位	数量	含税单价	单价	金额	税率	税额	价税合计
合计									

单位名称：　　　　　税务登记号：　　　　　地址、电话：　　　　　开户行、账号：

　　　　　　　　　　审核人：　　　　　开票人：

增加　修改　删除　查询　打印　退出

图 11-11　销售增值税发票界面

4.发货单号项：在先发货后开票的情况下，应先选择输入已存在的发货单号，生成销售增值税发票，取全部数据。

5.客户名称项：在开票后直接发货的情况下，关联于客户档案文件，输入客户代码，进行非法控制，并提示应收账款余额，用以对客户进行信用额度控制。显示客户名称、税务登记号、地址、电话、开户行、银行账号。

6.销售员项：输入销售员代码，显示销售员名称。

7.备注项：根据实际情况直接输入。

8.产品名称项：关联于存货名称及余额文件，输入产品编码，进行非法控制。显示规格型号、计量单位。

9.数量项：输入数量，同时可进行产品超现存量发货控制。

10.含税单价项：根据不同的销售方式确定不同的产品销售单价，并进行最低销价控制，例如：普通销售——出厂价，零星销售——零售价，批量销售——批发价，赊货销售——赊货价，现款销售——现款价。

11.单价（无税单价）项：单价（无税单价）=含税单价/（1+增值税税率）。

12.金额项：金额=数量×单价。

13.税率项：预置在程序中，设定为17%。

14.税额项：税额=金额×税率。

15.价税合计项：价税合计=金额+税额。

16.开票人、审核人项：为不同授权的操作者。

17.发票标识项：系统自动完成，用"0"替换，表示为增值税发票。

增值税发票修改的处理，查找到指定的销售增值税发票，检查是否已经审核，如已审核的销售增值税发票应拒绝修改，否则进行修改操作。

增值税发票删除的处理，查找到指定的销售增值税发票，不能删除已经审核的销售增值税发票。

增值税发票查询或打印的处理，在销售增值税发票的界面上，弹出一个对话框，输入发票号，进行指针定位，予以显示输出或打印输出。

增值税发票打印的格式见图11-12。

在客户销售退货时，原发票是增值税发票冲销时需开红字增值税发票，据以作为销售退回的根据。开红字发票应根据原发票号处理。数据仍需存储在发票文件中，金额用负数反映。

销售增值税专用发票

年　　月　　日　　　　　　　　　发票号：

购货单位	名　称		税务登记号				
	地址、电话		开户银行及账号				
货物或应税劳务名称	规格型号	计量单位	数量	单价	金额	税率	税额
合　计							
价税合计							
备　注							
销货单位	名　称		税务登记号				
	地址、电话		开户银行及账号				

销货单位（章）：　　　　收款人：　　　　复核人：　　　　开票人：

图11-12　销售增值税专用发票

（二）普通发票

对不实施增值税的企业，产品在销售时要开具普通发票，作为销售实现的依据。开票分为有订单不发货开票、先发货后开票、开票后直接发货三种情况，其在开票处理时有所不同。销售普通发票的数据存储于销售发票文件，普通发票子模块也应设置增加、修改、删除、查询、打印等功能。各功能的处理与增值税发票各功能处理基本相同，在存储时发票标识用"1"替换，表示为普通发票。

（三）销售发票清单

销售发票清单模块是根据开具的销售发票形成的销售发票文件，以发票号、发票日期、客户、销售员、产品等信息为条件，输出销售发票清单。以销售增值税发票为例，输出结果见图11-13。

销售增值税发票清单

日期：（系统日期）

发票号	发票日期	客户名称	税务登记号	销售员	产品名称	规格型号	计量单位	数量	含税单价	单价	金额	价税合计

图 11-13 销售增值税发票清单

六、销售账表模块

（一）销售明细账

销售明细账模块是根据销售发票文件登记并输出销售明细账，借以反映销售的实现情况。销售明细账输出的格式见表 11-12。

表 11-12　　　　　　　　　**销售明细账**

产品名称：　　　　规格型号：　　　　计量单位：第　页

日期	发票号	摘要	数量	单价	金额

打印日期：

（二）销售台账

销售台账是按销售员、客户和产品反映销售的订货、发货、开票、退货等全部情况，借以考核销售人员的工作业绩。根据销售订单文件、销售发货文件、销售开票文件，以及销售退货情况经过登记处理，形成销售台账文件数据，并进行打印输出处理，输出格式见表 11-13。

（三）销售日报表

根据销售发票文件按日和月统计产品销售情况，输出产品销售日报。销售日报表模块的处理，首先选择输入日期，从销售发票文件中取得各种产品的销售量和销售额，汇总计算本日销售量、本日销售额、本月累计销售量、本月累计销售额，以及平均单价，销售日报的输出格式见表 11-14。

表11-13   **销售台账**

日期：（系统日期）

销售员	客户名称	产品名称	规格型号	计量单位	订单号	订单日期	订货数量	订货金额	发货单号	发货日期	发货数量	发货金额	发票号	开票日期	开票数量	含税单价	单价	金额	税额	价税合计	退货单号	退货日期	退货数量	退货金额

表11-14   *产品销售日报*

日期：（系统日期）

产品名称	规格型号	计量单位	本日			本月累计		
			销售量	单价	销售额	销售量	单价	销售额
合计								

七、销售统计分析模块

（一）销售计划执行报告

根据销售计划文件和销售发票文件对销售产品计划执行情况进行考核。可选择月份范围编制输出销售计划执行报告，其输出格式见表11-15。

表11-15   *产品销售计划执行报告*

日期：（系统日期）

产品名称	规格型号	计量单位	计划销售量	计划销售额	实际销售量	实际销售额	实际比计划完成量	实际比计划完成额	实际比计划完成率

产品销售计划执行报告的处理，产品名称、规格型号、计量单位等项数据，通过关联

于存货名称及余额文件取得；计划销售量、计划销售额数据是从产品销售计划文件的某个月份计划数取得的；实际销售量、实际销售额是根据销售发票文件求和计算取得；实际比计划完成额=实际销售额-计划销售额；实际比计划完成率（%）=（实际销售额-计划销售额）/计划销售额。

（二）销售实现情况统计

销售实现情况统计是统计分析销售产品在一定时期内销售的情况，从销售产品的发货开始到销售开票、销售回款。根据销售发货文件、销售发票文件，以及应收账款子系统的收款凭证文件，进行统计分析，输出销售实现情况统计表，其输出格式见表11-16。

表11-16　　　　　　　　　　　　销售实现情况统计表

日期：（系统日期）

产品名称	规格型号	计量单位	客户名称	发货数量	发货金额	开票数量	开票金额	回款数量	回款金额	退货数量	退货金额	销售员

（三）销售需求趋势分析

根据销售发票文件分析客户在各个时期对不同产品的需求情况，分析出一年里不同月份对产品需求的变化趋势，并用图示予以反映。输出销售需求趋势分析表，其输出格式见表11-17。

表11-17　　　　　　　　　　　　销售需求趋势分析表

日期：（系统日期）

客户名称	产品名称	规格型号	计量单位	一月销售量	…	十二月销售量	累计销售量	一月销售额	…	十二月销售额	累计销售额

按某一客户某一产品销售额进行分析，绘制直方图、排列图、圆饼图，如图11-14所示。

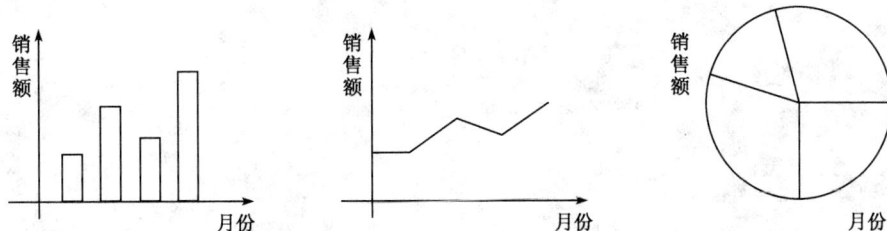

图11-14　同一产品销售额分析图示

按某一客户不同产品累计销售额进行分析，绘制直方图、排列图、圆饼图，如图11-15所示。

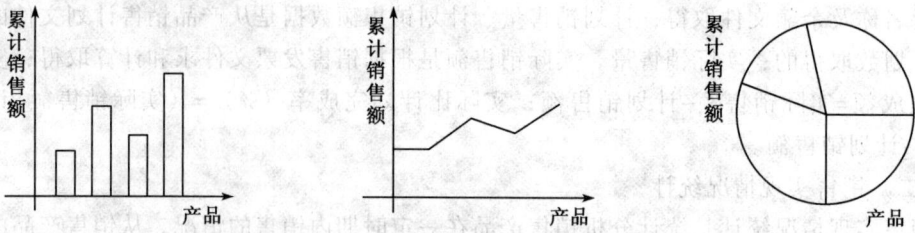

图 11-15　不同产品累计销售额分析图示

按客户累计销售额前十名，画排列图，如图 11-16 所示。

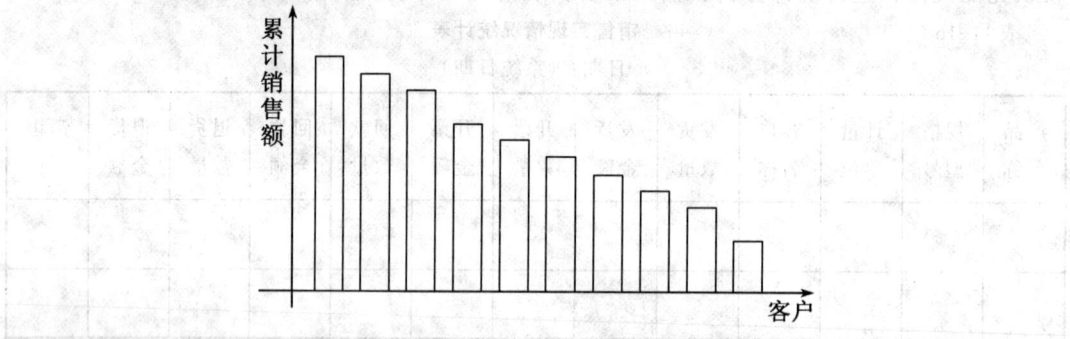

图 11-16　客户累计销售额前十名排列图示

复习思考题

1. 说明销售手工系统的内容及特点。

2. 简要说明销售手工系统的业务流程。

3. 说明产品销售子系统的数据流程。

4. 销售子系统应设置哪些数据文件?其结构怎样?

5. 销售子系统各功能模块的任务和设计要求是什么?

6. 各功能模块在程序设计中涉及哪几个数据文件?为什么?

▲第十二章▲

会计报表子系统设计

学习目标

通过本章学习，了解会计报表子系统手工工作流程，了解会计信息系统会计报表子系统设计思路，掌握会计报表子系统主要数据文件的设计，掌握会计报表子系统各功能模块的设计方法。

第一节 会计报表手工系统的描述与分析

会计报表是根据日常核算资料定期编制，用来综合反映企业某一特定日期的财务状况和某一会计期间经营成果和现金流量情况的文件。会计报表按其反映的经济内容可分为：反映财务状况的资产负债表；反映经营成果的利润表；反映现金流动情况的现金流量表。按编报时间可分为：月报、季报、半年报和年报。按编制单位可分为：单位报表和汇总报表。按反映数字内容可分为：个别报表和合并报表。按服务对象可分为：对外报表和对内报表。会计报表主要包括：资产负债表、利润表、现金流量表、所有者权益变动表、各种附表及附注说明。另外，为了企业管理的需要，通常要编制适应企业内部经营管理需要的不对外公开的会计报表，如销售日报表、费用分配表等。这些会计报表的指标是相互联系、相互补充的，形成一个完整的指标体系。会计报表数据来源一般包括：会计账簿的本期发生额、期初余额、期末余额，以及前期报表的上年同期数和补充资料等。会计报表数据的组织与处理具有内容多、较复杂、易变化等特点。

会计报表手工系统业务流程，如图12-1所示。

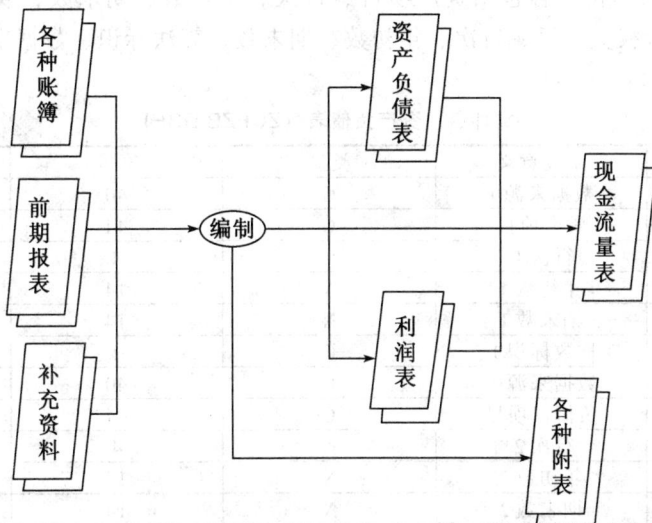

图12-1 会计报表手工系统业务流程

第二节 会计报表子系统数据处理流程

会计报表子系统的数据主要来源于总账子系统中的科目及余额文件和记账凭证文件,前期会计报表文件和一部分补充资料等。通过会计报表的编制过程,编制出各种会计报表,然后将这些报表打印输出。利用会计报表各项数据,进行分析处理,输出会计报表分析说明。

会计报表子系统数据处理流程,如图12-2所示。

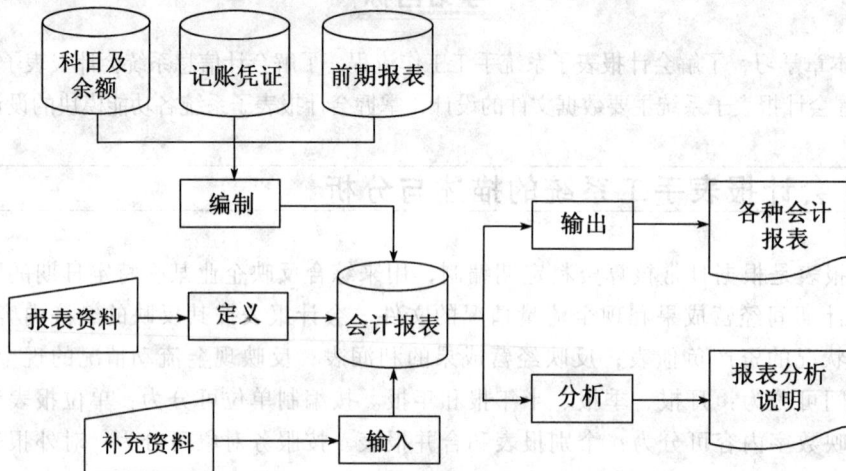

图12-2 会计报表子系统数据处理流程

第三节 会计报表子系统主要数据文件设计

会计报表的存储对象应按会计报表的内容进行组织,即有多少个会计报表就应设置多少个会计报表文件。下面以资产负债表为例,说明编制资产负债表所需设置的数据文件。

资产负债表的结构内容包括资产项目、行次、年初数、期末数、取数标识、数据来源,负债及所有者权益项目、行次、年初数、期末数、算法标识、数据来源。具体数据结构的描述见表12-1:

表12-1 文件名:资产负债表(ZCFZB.DBF)

字段名	字段意义	类型	宽度	小数位
KMH1	数据来源1	C	40	
XM1	资产项目	C	44	
HC1	行次1	C	4	
NC1	年初数1	N	14	2
QM1	期末数1	N	14	2
BS1	取数标识1	C	1	
KMH2	数据来源2	C	40	
XM2	负债权项目	C	44	
HC2	行次2	C	4	
NC2	年初数2	N	14	2
QM2	期末数2	N	14	2
BS2	取数标识2	C	1	

在数据结构表中，除取数标识和数据来源字段外，其他各项均与资产负债表的栏目相一致。取数标识是确定各项目栏在取得数据时所采取的计算方法，如：取数标识（BS1或BS2）为"1"则表示从单一会计科目中取得数据；"2"则表示从多个会计科目中取得数据；"3"则表示表内运算，利用表内行次号加以运算。数据来源是用各项目栏取得数据的科目号、运算符号、行次号予以表示的。

该文件中的某些字段及部分记录见表12-2：

表12-2　　　　　　　　　　资产负债表某些字段及部分记录表

记录号#	XM1	HC1	KMH1	BS1
1	流动资产：			
2	货币资金	1	1001+1002+1009	2
3	短期投资	2	1101-1102	2
4	应收票据	3	1111	1
5	应收股利	4	1121	1
6	应收利息	5	1122	1
7	应收账款	6	1131-114101	2
8	其他应收款	7	1133-114102	2
9	预付账款	8	1151	1
10	应收补贴款	9	1161	1
11	存货	10	1211+1221+1231+1241+1243+1251+1261+1271+1291-1232-1244-1281	2
12	待摊费用	11	1301	1
13	一年内到期的长期债权投资	21		
14	其他流动资产	24		
15	流动资产合计	31	1+2+3+4+5+6+7+8+9+10+11+21+24	3

如果会计报表子系统是一个完全通用的子系统，则应设的数据文件有：报表名称文

件、报表参数文件、报表数据文件。各文件数据结构描述，见表12-3、表12-4、表12-6：

表12-3　　　　　　　　　　**文件名：报表名称（BBMC.DBF）**

字段名	字段意义	类型	宽度	小数位
BH	表号	C	2	
MC	表名	C	14	

如： BH　　　　　　BM

01　　　　　资产负债表

02　　　　　利润表

03　　　　　现金流量表

表12-4　　　　　　　　　　**文件名：报表参数（BBCS.DBF）**

字段名	字段意义	类型	宽度	小数位
BH	表号	C	2	
LH	栏号	C	2	
LKD	栏宽度	N	3	
LLX	栏类型	C	1	
LXS	栏小数位	N	1	

以资产负债表（表号01）为例，记录见表12-5：

表12-5　　　　　　　　　　**资产负债表记录表**

BH	LH	LKD	LLX	LXS
01	01	40	C	
01	02	4	C	
01	03	14	N	2
01	04	14	N	2
01	05	40	C	
01	06	4	C	
01	07	14	N	2
01	08	14	N	2

表12-6　　　　　　　　　　**文件名：报表数据（BBSJ.DBF）**

字段名	字段意义	类型	宽度	小数位
NO	表号行号栏号	C	6	
SJ	数据	N	12	2
SJLY	数据来源	C	100	
BS	取数标识	C	1	

在数据结构表中，行号为记录号；取数标识同资产负债表文件的取数标识含义相同。仍以资产负债表（表号01）为例，记录见表12-7：

表12-7　　　　　　　　　　　　　资产负债表记录表

NO	SJLY	BS	
010203	1001+1002+1009	2	资产负债表第2条记录第3栏，从1001.1002.1009多科目余额相加取数
010303	1101-1102	2	资产负债表第3条记录第3栏，从1101.1102多科目余额相减取数
010403	1111	1	资产负债表第4条记录第3栏，从1111单科目余额取数
010503	1121	1	资产负债表第5条记录第3栏，从1121单科目余额取数

第四节　会计报表子系统功能模块设计

会计报表子系统可按各种会计报表分别设置编制功能、输出功能、分析功能。由于会计报表的易变性，一些实用软件都可建立一个通用的会计报表系统，这样的系统一般需设置的功能有：定义报表格式，定义报表数据来源、编制报表、打印报表、报表管理等项功能。

会计报表子系统功能，如图12-3所示。

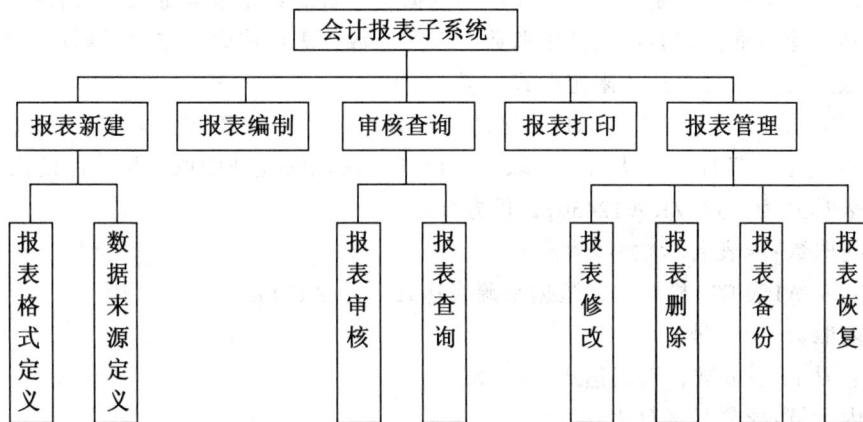

图12-3　会计报表子系统功能

一、报表新建模块

报表新建模块主要完成会计报表的初始建立，即定义报表的格式和报表的数据来源。

（一）报表格式定义

报表的格式可分为表头、表体、表尾三个部分。

1.表头。表头是报表中描述报表整体性质的部分，位于报表的顶端。一般包括：报表标题、报表编号、编制单位、编制日期、计量单位、报表栏目名称等。报表栏目名称是表头中最主要的内容，它决定了报表的栏目数，决定了报表表体项目的内容和形式，反映了报表的结构。有的报表栏目由若干层组成，在定义时比较复杂，有的报表栏目只有一层，在定义时比较简单。资产负债表的栏目包括：资产、行次、年初数、期末数、负债及所有者权益（或股东权益）、行次、年初数、期末数。

2．表体。表体是报表的主体，位于报表的中间，由报表的不同表线和报表的行列组成。报表行列的相交处是表的单元格，在单元格里可以定义固定项目内容，也可以定义变动项目数据来源。

3．表尾。报表底端的附注、说明。

报表格式定义模块应具有的功能，如图12-4所示。

文件	编辑	格式	数据	工具	窗口	帮助
新建	撤销	行列数	编辑公式	状态栏	层叠	帮助主题
打开	恢复	行高	公式列表	工具栏	水平平铺	日积月累
保存	剪切	列宽	排序	显示比例	垂直平铺	关于
关闭	复制	区域划线	汇总	计算器	拆分	
页面设置	粘贴	单元字体	审核			
打印	插入行列	单元对齐				
打印预览	删除行列	单元颜色				
		单元类型				
		单元合并				

图12-4　报表格式定义模块应具有的功能

图12-4中的页面设置和打印功能应属于报表打印模块，数据功能应属于数据来源定义功能。

（二）数据来源定义

数据来源定义模块，是报表中需要填制数据各栏目的数据来源定义。报表中的数据来源一般包括三个方面的内容：文件中取数、表间取数、表内取数。主要运算形式有：表内运算、常数运算。主要表达式限定形式：

1．文件中取数：<文件名>（<科目序列>，<月份>，<字段名或字段间运算表达式>）

如表达式中省略月份为从当前月取数。例如：从记账凭证中取出甲产品的入库成本，数据来源表达式为：JZPZK（124301，借方金额）。

2．表间取数：<表名><栏号>

例如：从 A1 表 E23 栏取数，数据来源表达式为：'A1'!$E23。

3．表内取数：<栏号>

例如：从 F8 栏取数，其表达式为：F8。

4．表内运算：<栏号运算表达式>

例如：B5 栏加上 D5 栏，其表达式为：B5+D5。

5．常数运算：<运算符><常数>

例如：将 T9 栏乘以 2%，其表达式为：T9×2%。

上述数据来源定义表达式在不同会计软件中有所不同，但定义的方法是一致的，只不过是运用的符号有所不同而已。

二、报表编制模块

报表编制是根据报表定义的格式和数据来源，进行取数运算的过程。一般通用的会计报表软件，其报表的定义、编制和打印的功能都在一起完成。由于会计报表数据存在一定的勾稽关系，在生成时要按顺序生成报表，其顺序是：利润表—资产负债表—现金流量表。

根据所建立的资产负债表文件（ZCFZB.DBF），用程序实例说明报表的编制，具体如下：

```
*在表单初始事件中添加如下代码
SELECT 0
USE ZCFZB
REPLACE ALL QM1 WITH 0，QM2 WITH 0
SELECT 0
USE KMYE INDEX KMYESY
*在取数计算命令按钮单击事件中添加如下代码
* ①填单一科目余额
C='1'
 DO WHILE   C<='2'
   SELECT ZCFZB
   GO TOP
    DO WHILE !EOF（）
      IF BS&C='1'
       A1=TRIM（KMH&C）
       SELECT KMYE
       SEEK A1
       SELECT ZCFZB
       REPLACE QM&C WITH KMYE.YE&YWUE       &&YWUE公用变量业务月
       ENDIF
      SKIP
    ENDDO
   C=STR（&C+1，1）
 ENDDO
* ②填几个科目余额
D='1'
   DO WHILE   D<='2'
     SELECT ZCFZB
     GO TOP
     DO WHILE !EOF（）
     IF BS&D='2'
      KS=.T.
      A1="
      AA=LTRIM（TRIM（KMH&D））
      C=1
        DO WHILE   C<=LEN（AA）
```

```
          A0=SUBSTR（AA，C，1）
          IF A0<>'-' AND A0<>'+'
          A1=A1+A0
          ELSE
          SELECT KMYE
          SEEK A1
            DD=YE&YWUE
            IF KS
            SM=DD
            A00=A0
            KS=.F.
            ELSE
            SM=SM&A00.DD
            A00=A0
            ENDIF
            A1=''
          ENDIF
          C=C+1
        ENDDO
      SELECT KMYE
      SEEK A1
      SM=SM&A00.YE&YWUE
      SELECT ZCFZB
      REPLACE QM&D WITH SM
     ENDIF
    SELECT ZCFZB
    SKIP
   ENDDO
   D=STR（&D+1，1）
  ENDDO
*③表内计算
D='1'
  DO WHILE   D<='2'
  SELECT ZCFZB
  GO TOP
  DO WHILE !EOF（）
    IF BS&D='3'
    JLH=RECN（）
    KS=.T.
```

```
    H1="
    AA=LTRIM（TRIM（KMH&D））
    C=1
      DO WHILE C<=LEN（AA）
      A0=SUBSTR（AA，C，1）
        IF A0<>'-' AND A0<>'+'
        H1=H1+A0
        ELSE
        LOCATE FOR LTRI（TRIM（HC&D））=H1
          IF KS
          SM=QM&D
          A00=A0
          KS=.F.
          ELSE
          SM=SM&A00.QM&D
          A00=A0
          ENDIF
          H1="
        ENDIF
      C=C+1
      ENDDO
    LOCATE FOR LTRI（TRIM（HC&D））=H1
    SM=SM&A00.QM&D
    SELECT ZCFZB
    REPLACE RECORD JLH QM&D WITH SM
    ENDIF
   SELECT ZCFZB
  SKIP
  ENDDO
  D=STR（&D+1，1）
 ENDDO
```

三、审核查询模块

报表审核查询模块的使用是在一定的操作权限下进行的，审核查询报表人员是不允许对报表的格式和数据来源直接进行修改的。既要审核查询报表格式又要审核查询报表的数据来源，审核正确无误后才可以编制和打印正式报表。

四、报表打印模块

报表打印模块主要是为了完成各种会计报表的打印输出而设置的模块，可以完成报表的页面设置、打印预览、打印输出，按照报表规定的格式和内容予以打印。对根据已结账数据生成的会计报表，在输出的会计报表上做一个特殊标记，以示区别。

五、报表管理模块

报表管理模块主要设置会计报表的修改、删除、备份和恢复等项功能。报表修改的功能主要完成报表格式和报表数据来源的修改，修改时要在一定操作权限下进行，不得直接修改系统根据会计凭证和据以登记的相应账簿生成的各种会计报表数据。报表删除的功能主要完成报表的删除处理，删除报表要经过再确认和强制备份，并防止非法越权操作。报表备份和恢复功能完成报表的定期备份和误删除等意外情况的报表恢复。

复习思考题

1.说明会计报表手工系统的内容及特点。

2.简要说明会计报表手工系统的业务处理流程。

3.说明会计报表子系统的数据处理流程。

4.资产负债表文件的结构应怎样设置?为什么?

5.通用会计报表子系统包括哪几个数据文件?其结构怎样?相互间存在哪些联系?

6.通用会计报表子系统设置的功能有哪些?各自的任务、要求和运行结果怎样?各功能模块间的执行顺序如何?

7.应怎样定义会计报表的格式?

8.应怎样定义会计报表中各栏目的数据来源?

9.会计报表中各栏目数据来源的取数和运算形式怎样?

10.说明编制资产负债表程序设计的处理过程。

11.编制资产负债表程序设计中涉及哪几个数据文件?为什么?

第十三章

系统的实施与管理

学习目标

通过本章学习，了解会计信息系统的具体实施与日常管理。

第一节 试运行前的准备

一、计算机硬件和软件的准备

（一）硬件的选择

计算机硬件包括计算机主机及外设、UPS不间断电源等。计算机硬件是会计信息系统运行的物质基础，硬件的性能直接影响到会计信息系统的运行状况。选择硬件设备，应根据单位的会计电算化工作规划、所选的软件和单位的经济力量综合考虑。

下面根据硬件的组成分项说明：①主机的处理速度。微机的工作速度由其主频决定，主频越高，速度越快。②内存。内部存储器，它应以能保证软件系统正常运行为最低限度。一般的会计软件在64MB内存的微机上就能正常运行。③硬盘。它是外部存储器的一种。一般情况下存储容量为10G的硬盘完全可以满足存储会计信息的要求。④显示器。有单色显示器和彩色显示器。一般选用彩色显示器。⑤打印机。选择时，一般考虑打印机速度、打印机宽度、中文处理能力、打印机的质量。打印质量取决于每英寸可打印的点数，即点数/每英寸，这个参数越高，打印出的字符越美观。一般用24针打印机，如LQ1600K打印机。⑥UPS不间断电源。配备UPS，当计算机运行中突然停电时，能继续为计算机供电，使用户能将有用的数据存盘。一般配备一台500W的UPS即可。

（二）软件的选择

软件的取得一般有以下几种方式：①财务部门自行开发。这种方式开发出的软件，实用性较强、投资少，使用和维护方便。但是开发出的软件，质量不能保证，系统性较差，开发周期较长，需要本部门配备开发人员。②委托外单位开发。这种方式对被委托单位要求较高。若被委托单位对会计业务不熟悉，即使有一定水平，开发出的软件往往也使用性较差，难以满足用户需要。这种方式最突出的缺陷是后期维护和再开发较困难。③联合开发。由财务部门与计算机中心联合开发。这种方式开发的技术力量强，开发周期短，系统可维护性和实用性都较好，但软件的规范性和标准化程度可能不高，另外各方参加人员的相互关系也可能出现问题。④购买商品化软件。商品化软件，由专门从事会计软件开发的公司组织开发。这种软件质量有保证，灵活性及可移植性较好。软件公司一般负责售后服务。

目前，社会上商品化会计软件日益增多，这些软件通用性、实用性都较好，单位购买后进行一些初始化工作即可投入使用。这样，既加快了会计电算化发展速度，又为各单位实施会计电算化提供了许多选择的机会。

选择商品化会计软件时，应从软件的性能特点、软件的功能、厂家售后服务、本单位会计业务的特点、费用等几个方面综合考虑。其中软件的性能特点包括合法性、可靠性、易使用性、易适应性、可维护性等。

二、系统的工作基础

（一）组织机构和管理制度的建立

实施会计电算化，必然会对会计工作及其组织机构产生一定的影响，为了适应会计电算化的要求，必须建立与之相适应的机构。

图 13-1 是一种电算化后机构设置形式。

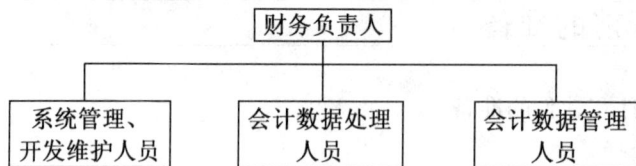

图13-1　电算化后机构设置形式

系统管理、开发、维护人员负责会计电算化工作的规划、开发和日后的维护工作；会计数据处理人员负责会计信息系统数据的组织和整理，以及系统的运行工作（输入、运行、输出）；会计数据管理人员负责对会计数据的分析，参与企业的经营管理，当好领导的参谋。

建立了组织机构之后，还要制定相应的管理制度，以确保会计信息资料的全面、正确、安全，如岗位责任制、操作管理制度、系统维护制度、机房管理制度、会计档案管理制度等。

（二）会计核算业务的规范化

账务处理业务的规范化，主要指记账程序和方法。手工会计核算形式，一般有记账凭证记账程序、日记账记账程序、科目汇总表记账程序、汇总记账凭证记账程序等几种形式。开展会计电算化后，记账程序有所改进，没有必要根据科目汇总表登记总账，可以直接根据记账凭证进行汇总后登记总分类账。记账方法一般采用借贷记账法。

固定资产核算的关键是折旧方法的确定。目前国家规定，按分类折旧法计提折旧，但使用计算机后，完全可按个别固定资产计提折旧。

存货核算在电算化情况下，可以核算到小类。

随着经济体制改革的深入，工资计算方法差别变得越来越大，有计时工资、计件工资、岗位技能工资等，因此应根据单位的具体情况确定核算方法。

成本计算方法是多种多样的。由于产品成本计算业务量大，手工核算只是简单地计算产品成本，而对复杂产品的成本计算、成本控制、部门责任成本的核算，对目标考核成本的计算很少涉及，所以手工核算往往难以满足企业管理的需要。电算化情况下，具备了完成以上功能的能力，因此要在设计成本计算方案时，充分考虑上述这些管理的需要。

（三）科目编码的确定

软件使用前需确定本单位会计科目体系及其编码方案。软件一般都会对科目编码方案作出规定，对于商品化会计核算软件，还允许单位根据自身要求设置。

会计科目的设置既要符合会计制度规定，又要满足会计核算和管理的要求，同时又要考虑软件对编码的规定。

我国会计制度对主要行业的总账科目及其编码由财政部统一规定。对于明细科目，有的在国家制度中规定，有的则根据企业管理需要由企业自行规定。

（四）凭证、账簿、报表的规范化

在会计核算软件使用前，应按软件的规定，对记账凭证、会计账簿、会计报表进行规范统一。为了保证从手工方式到电算化方式的顺利转换，还必须核对账目，保证账证相符、账账相符、账实相符。科目期末余额必须整理，同时还应注意往来账、银行账的清理。

三、人员的配备

在会计信息系统中人始终起主导作用。特别是实施会计电算化后，组织机构发生了改变，岗位职能发生了改变，单纯的会计人员已不能满足需要，需要另外配备与电算化工作有关的专业人员，负责会计电算化工作的管理以及项目开发和系统运行、维护等。

除会计人员外，一般还需要配备以下几类人员：①会计电算化管理人员。这类人员负责会计电算化的规划、开发、运行等的管理工作。②数据输入员。这类人员完成日常会计数据的输入工作。③硬件维护员。这类人员负责整个电算化系统硬件的维护工作。若企业规模较小，硬件维护员可以是兼职的。④软件维护员。这类人员需要既懂计算机又熟悉会计业务，他们可以参与系统开发，又负责系统运行和一些维护工作。

第二节 系统的转换

系统的转换，是指用会计信息系统替代手工会计系统。系统转换之前必须经过试运行阶段。

一、试运行

会计信息系统正式使用之前，即系统转换之前，必须与手工会计系统并行一段时间，这就是试运行阶段。试运行阶段的主要任务是检验系统是否达到预定目标，软件是否有缺陷或错误，系统的合法性、安全性等性能指标是否达到要求。

会计核算软件必须要经过三个月以上的试运行。在试运行阶段，一方面继续手工核算工作，另一方面进行电算化核算工作。分析计算机输出数据与手工数据的差异，找出原因，与有关人员合作改正缺陷。

二、系统的转换

会计信息系统经过试运行阶段，满足一定的要求，还需要经财政部门审定通过之后，才可以进行新旧系统的转换工作。系统转换方式一般有三种：直接转换、平行转换和分段转换。

直接转换方式是在规定的某一时刻，旧系统停止使用，新系统开始启用。这种方式最简单，费用最省，但风险大，一旦出现问题，其危险将很大，因而很少有人采用此种方式。

平行转换方式是让新旧系统同时并列运行一段时间，处理同一批数据，相互印证，并通过运行结果来决定旧系统是否可以停止使用，新系统是否可以单独运行。由于在转换期间两套系统并行，因而此种转换方式最为安全可靠，但费用较高。

分段转换方式是分阶段，一个部分一个部分地以新系统替换旧系统，这是介于上述两种方式之间的一种转换方式。它既避免了直接转换的风险性，又可节省平行转换的双倍费用。这种转换方式产生较多的新旧系统的接口，控制技术比较复杂，转换的时间也比较长。

第三节 系统的运行及维护

一、系统的运行

会计信息系统进入运行阶段之后，大部分会计核算工作由计算机完成。会计人员必须严格按照各项管理制度的规定要求完成各项工作。会计人员的主要工作有：①日常核算工作。包括记账凭证编制及审核工作，输入日常核算数据工作，操作计算机完成各项核算业务工作，查询和打印输出有关会计账目、凭证、报表及其他有关会计数据工作。②保管好会计档案资料。③做好软件、硬件日常维护工作。

二、系统的维护

系统维护一般可分为硬件和软件维护。

（一）硬件维护

为了使计算机硬件设备正常运转，保持良好的性能，必须对硬件设备进行检测，更换已损坏的部件，清洗机械部件。为适应新的要求，必须更新某些硬件设备。计算机运行过程中，必然出现各种故障，需要及时排除。硬件维护工作由硬件维护人员承担或由单位计算中心承担，有时由计算机销售部门承担。

（二）软件维护

软件维护通常分为软件日常使用维护和软件程序维护。

1.软件日常使用维护。在使用会计信息系统的过程中，由于停电、硬件故障或错误操作，可能使软件核算程序发生紊乱或数据丢失，因此需要进行软件程序、数据等方面的维护。这项工作一般不能依靠外单位，以财务部门负责为好，并配备相应的软件维护人员。

2.软件程序维护。软件程序维护分为矫正性维护、适应性维护和完善性维护。①矫正性维护。在软件开发过程中，尽管采取了许多措施，但仍不能保证程序没有错误。矫正性维护就是改进软件开发阶段未发现的错误。②适应性维护。由于计算机硬件配置的改变和系统软件配置的改变，账表格式、内容的改变，核算方法的改变，要求软件部分程序发生改变。适应性维护就是使软件适用于外界环境的改变而对软件所做的修改工作。③完善性维护。它是为了增强软件的功能、性能等对软件所做的改进工作。实践表明，完善性维护占软件维护的比重最大。

第四节 系统的内部控制

一、系统内部控制的意义

会计内部控制是指企业为了保证财产的完整安全和会计资料的正确可靠，而在内部采取的对会计工作的控制程序、制度等的总称。

手工会计系统的内部控制，经过长期实践已经形成了一套较为完善的规章制度。如明确职责制度，即在会计部门中，每一个工作人员都有明确的职责，而且互相监督；稽核对证制度，即证、账、表的登记工作相互分离，由不同的人员完成，并据此进行账证相符、账账相符、账表相符的稽核；实物保管与总账相分离的制度、预留审计线索的制度等。这些都保证了会计数据和企业资产的安全、完整。

实施会计电算化后，由于会计核算流程和数据存储方式的改变，以及由于计算机本身的特点，不但使原来手工条件下的内部控制方法已经不能适应，而且必须采用一些新的控制方法。

1.会计核算流程的改变。会计电算化后，数据统一由计算机处理，无论是总账、明细账，还是会计报表，它们的数据都来源于同一个文件，这样与手工作业方式相适应的证、账、表，总账与明细账的内部牵制作用就完全消失了。

2.数据存储方式改变。会计电算化后，会计数据主要存储在磁盘上。这样在数据的安全性、完整性上便产生了薄弱环节，需要采用一些新的控制方法。

3.计算机本身的特点。计算机软硬件可能发生故障，计算机系统易受病毒攻击等，这些特点使得原手工控制方法无能为力。

因此，在会计电算化条件下，必须采用新的控制方法和手段，建立一套新的适合于会计电算化的内部控制制度和措施，才能保证企业资产的完整安全，保证会计数据的准确可靠。

二、系统内部控制的分类

会计信息系统的内部控制，按照控制对象不同，可分为两大类，即一般控制和应用控制。这两类控制是面向整个会计信息系统的控制。一般控制是应用控制的基础，包括组织控制、计划控制、程序控制、工作环境控制、操作控制、会计档案控制、系统维护控制。应用控制是指对具体的会计信息系统数据处理过程的控制，包括输入控制、处理过程控制、输出控制。

（一）系统的一般控制

1.组织控制。组织控制是通过组织机构的设置和人员分工、岗位责任制的制定，以达到对数据处理错误和舞弊行为的控制。

组织机构设置和人员分工，要遵循不相容职能的原则，即把不相容的职能分给不同部门不同人员来完成，使得不同部门之间，同一部门的各人员之间的工作相互补充、相互证明、相互制约。一般而言会计信息系统应设置操作部、会计部、系统部三个不同职能的部门。

操作部的职能是负责输入、复核、输出会计数据，是会计软件的日常使用部门。会计部是会计业务的授权部门和执行部门，它负责向操作部门提供输入数据，同时又使用操作部门提供的输出数据。系统部的职能是开发、维护会计信息系统，具体包括系统开发阶段的可行性研究，系统调查、系统分析、系统设计、程序设计、调试和试运行、系统运行后的软硬件维护等工作。

操作部、会计部和系统部之间是相互联系的，但各部的职能是不相容的。系统部的工作人员了解会计软件的保密措施，了解会计软件的程序设计。如果让系统部的人员同时担任会计软件的日常使用工作，则很容易造成系统部的人员独自修改会计软件的关键部分而引起非法的行为。系统部的人员若参与会计部的工作，则可能利用所掌握的系统方面的知识，再利用其在会计部处理会计事项的便利条件进行不法的活动。将会计部和操作部的职能截然分开，可使会计部传递给操作部的数据在输入计算机时又得到复核的机会，减少了错误的发生率，同时会计部的人员无法直接接触计算机输入、输出操作，操作部的人员无法直接处理会计事项，因而减少了作弊的机会。

不但各个部的职能不相容，而且同一个部的有些岗位也是不相容的，不能由一个人兼任，如会计部的会计和出纳，操作部中的输入员和复核员等。

通过组织机构的设置和人员的分工，岗位责任制的制定，达到内部控制的作用。

2.计划控制。计划控制是指系统开发过程的控制。在系统开发过程中，应严格按照软件的生命周期进行。每一过程都必须有周密的规划，有专人负责，有文档记载，有总结，有验收，保质、保量、按期完成每一过程的任务，以确保整个系统开发工作沿着科学的轨道进行。

3.程序控制。程序控制是指系统中程序内设置的控制措施。为了保证数据正确、可靠、安全，在开发软件的过程中，需要在程序中设置必要的控制措施。常见的在程序中设置的控制措施有使用权限控制，包括输入权限、修改权限、复核权限、查询权限的控制，操作时序的控制，防止非法拷贝文件的控制。

4.工作环境控制。任何计算机系统都工作在一定的环境之中，对其工作环境有一定要求。为了使计算机系统能够稳固正常地工作，必须对其工作环境进行一定的控制。工作环境的控制包括以下两方面：①机房环境控制。建立一个环境良好的机房，利用一定的设备把机房的温度、湿度、磁场强度以及灰尘等的含量要求控制在允许的范围之内，并使得机房具有防磁场、防火、防尘等能力。②机房管理制度控制。机房是运行会计软件的工作要地，应制定必要的管理制度保证机房的秩序、工作环境。

5.操作控制。操作控制是对计算机系统的日常操作过程的控制。操作控制是通过制定操作规程来实现的。标准的操作规程其主要内容包括：上机下机、进入退出系统的规程；操作步骤的规程等。

6.会计档案控制。会计档案是指会计凭证、会计账簿、会计报表等会计核算资料。它是记录和反映企业经济业务的重要史料和证据。国家制定了专门的关于档案管理的法规。

会计电算化后，会计档案有两种表现方式：一是打印出来的书面形式；二是保留在磁性介质上的会计信息。无论是何种形式的会计档案，都要有专人负责保管，对于存放在磁性介质上的会计档案，在未打印成书面形式输出之前，必须保留副本，并且存放在不同的地点。对于磁性介质上档案，要注意防磁、防高温，以免会计数据丢失。会计档案的调阅要有严格的制度，须经单位领导人或者会计主管批准，并详细登记调阅档案的名称、日期以及调阅人的情况。

7.系统维护控制。通过制定系统维护制度来控制，保证计算机资源的运转少出故障，出现故障能得到及时排除，保证系统软件运行的可靠性和适应性。

（二）系统的应用控制

1.数据输入控制。数据输入控制的目的是保证数据输入的正确性。会计信息系统的数据处理，绝大部分都是在计算机内完成的，这就决定了数据输入在整个处理过程中的地位。一旦数据输入错误，将造成一系列连续的错误结果。因此要建立严格有效的输入控制手段。常见的数据输入控制有：①编号唯一性控制。标准记账凭证都有凭证号栏目，凭证编制人员应按顺序编制记账凭证，凭证输入人员应按凭证顺序输入，不要漏号、重号。在程序内设计凭证号控制措施，当凭证输入出现了漏号和重号时，计算机系统将拒绝接收输入的数据并出现错误提示信息。②科目合法性控制。目前输入科目采用输入科目代码的方法。输入科目代码简捷、方便，输入速度较快，但出错的概率较大。为了减少输入科目代码出错的概率，一般在软件中设置科目代码和科目名称的参照文件，输入科目代码时，系统首先在参照文件中查找，若找不到此码则为不合法；若找到该代码，便可在屏幕上显示对应科目名称，请输入人员与凭证上标明的名称核对，若名称核对不一致，也为不合法，只有名称核对一致，才为合法。③试算平衡控制。利用借贷记账法的"借贷必相等"的基本原则，在程序中设置试算平衡控制。每一笔分录输入完毕后，系统都自动按"借方科目金额=贷方科目金额"的公式进行检查，若不平衡则认为是错误数据。④汇总数据控制。在凭证输入计算机前，由会计人员手工汇总输入凭证的总金额。输入时计算机自动汇总，输入完毕后可将两总数相互核对，若不一致则说明数据有错。汇总数据既可以是凭证金额的汇总也可以是凭证张数的汇总。⑤数据合理范围的控制。数据合理范围控制是根据本单位会计业务的情况，预先给出数据的一个合理的范围，如果输入数据超过合理范围，则认为是非法数据。⑥数据类型控制。计算机系统中数据有四种类型，即数值型、字符型、日期型、逻辑型，可以在程序中设计控制措施，根据输入数据的类型来判断数据输入是否有错。⑦二次输入控制。二次输入是将欲输入计算机的数据由两个不同操作人员分别输入，然后由设置在程序中的自动检验功能核对，从而发现错误的输入数据。这种方法占用机时较多，不受欢迎。⑧数据复核控制。由操作员输入的数据必须经复核员复核之后，才能记账。复核员对于输入有错误的凭证可以进行修改，但要分清责任。

2.处理过程控制。处理过程控制是在计算机系统处理数据过程中设置的措施，以保证数据处理的正确性、完整性、精确性。常见的控制措施有：①业务时序控制。有些业务必须以其他业务处理的结果为基础，因此软件应能从业务完成的序列上严格控制处理过程，任何相关业务处理过程未完成之前，都不能处理该业务。产品成本的计算和会计报表的生成，采用业务时序控制。②数据备份控制。数据处理之后，会提示用户立刻备份到另一张软盘。这样，如果遇意外故障时，可利用备份盘的数据恢复到最近状态。③现场控制。当进行某一处理过程之前，显示上一处理过程的结果，请用户现场核对，以达到控制目的。

3.数据输出控制。数据输出的目的是保证输出数据的正确性。虽然输入控制和处理过程控制对数据的正确性已有所保证，但并不是绝对的，因为从数据输入到输出，会经过许多处理环节，经历较长时间，计算机硬件、软件难免受到一些干扰，使数据发生变化。可见，输出控制是有必要的。常见的输出控制有：①试算平衡控制。有些输出的数据资料与另一些数据资料之间存在着平衡关系，可以利用这种关系对输出的数据进行试算，发现错误。例如，资产负债表左右两方的数据总和应该是平衡的。可以在程序中设置控制措施，自动进行平衡检验，确认输出数据的正确性。②上下限控制。输出数据都是有一定范围的，可以预先设置输出数据的上限与下限，如果输出数据溢出范围，则表明输出数据有错。③合规性控制。企业的会计信息资料是机密的，对计算机内的数据输出要严格执行有关制度，符合制度规定的人员才可以进行数据的输出工作。

复习思考题

1.会计电算化后内部控制的主要内容有哪些?
2.如何来进行会计电算化的维护管理?
3.你认为应怎样来做好会计电算化系统实施工作?

附 录

程序设计实例

一、系统初始设置及主菜单设计

（一）主控程序设计实例

```
SET TALK OFF              &&关闭人机对话
SET STATUS BAR OFF        &&关闭图形状态栏
SET ESC APE OFF &&关闭按 Esc 键中断程序运行
SET ECHO OFF      &&关闭程序跟踪窗口
SET SYSMENU OFF       &&在程序运行期间，废止系统菜单栏，并对其重新配置
SET NOTIFY OFF  &&废止某些系统信息的显示
CLEAR ALL         &&释放所有的内存变量以及所有用户自定义菜单和窗口
SET DATE ANSI    &&设置日期格式 yy.mm.dd
SET CENTURY ON        &&设置显示日期表达式中的世纪部分 yyyy.mm.dd
SET CONSOL ON   &&不将结果输出到主窗口或活动的用户自定义窗口中
SET SAFETY OFF  &&取消安全提示
SET DELETED ON        &&使用范围子句处理记录的命令忽略标有删除标记的记录
WITH   _SCREEN &&设置主窗口属性
    .CAPTION="会计软件教学系统"
    .PICTURE=IIF（FILE（"JCFM.BMP"），"JCFM.BMP"，""）   &&主窗口背景图像
    .WINDOWSTATE=2
    .MAXBUTTON=.F.
    .MINBUTTON=.F.
    .CLOSABLE=.F.
    .MOVABLE=.T.
ENDWITH
*公用变量：业务日期，业务年，业务月，业务日，操作员，启用年月
PUBLIC YWRQ，YWIJ，YWUE，YWRI，M_CZY，M_QYNY
YWRQ=DATE（）
YWIJ=LEFT（DTOC（DATE（）），4）
YWUE=SUBSTR（DTOC（DATE（）），6，2）
YWRI=RIGH（DTOC（DATE（）），2）
M_CZY=""
    IF NOT FILE（"XTCS.DBF"）       &&如果系统参数表不存在则调用系统参数表单建
立系统参数
```

```
    DO FORM XTCSX
ENDIF
DO FORM XTDL&&进行系统登录
IF EMPTY（M_CZY）&&如果没进行操作员登录则退出系统
    DO EXIT_XT
    RETURN
ENDIF
DO JCMENU&&运行系统主菜单
DO QXKZ                    &&进行操作员权限控制
READ EVENT
RETURN
****系统初始化
PROC XTCSH
    PARA JGK
    IF USED（JGK）
        SELECT（JGK）
        GO TOP
    ELSE
        SELE 0
        USE（JGK）
    ENDI
    DO WHIL !EOF（）
        DBFKM=ALLT（KM）
        COPY TO CURRJGK WHIL ALLT（KM）==DBFKM
        SELECT 0
        USE CURRJGK
        COPY STRU TO LSJG EXTE    &&为了得到结构描述库的结构
        SELECT 0
        USE LSJG
        ZAP
        APPE FROM CURRJGK
        USE IN LSJG
        SELECT 0
        WAIT WINDOWS "正在建立"+DBFKM    NOWAIT
        IF USED（DBFKM）
USE IN（DBFKM）
        ENDI
        CREATE（DBFKM）FROM LSJG
        SELE CURRJGK
```

```
     LOCA FOR SY   &&查找需索引的字段
     DO WHILE FOUND （）
     TAGN=IIF （EMPTY （TAGNAME）, ALLTRIM （FIELD_NAME）,
ALLTRIM （TAGNAME））
     BDS=IIF （EMPTY （SYBDS）, ALLTRIM （FIELD_NAME）, ALLTRIM （SYBDS））
        SELECT （DBFKM）
        WAIT WINDOWS "正在建立"+BDS+"索引"   NOWAIT
        INDE ON &BDS TAG &TAGN ADDI
        SELE   CURRJGK
        CONT
     ENDD
     USE IN CURRJGK
     USE IN   （DBFKM）
     SELE （JGK）
   ENDD
   USE IN （JGK）
   ERASE CURRJGK.DBF
   ERASE LSJG.DBF
   RETU
ENDPROC
****权限控制
PROCEDURE QXKZ
  *操作员权限控制
  IF NOT USED （"PASSWORD"）
    USE PASSWORD IN 0
  ENDI
  SELECT PASSWORD
  LOCATE   FOR 操作员=ALLT （M_CZY）
  RESTORE FROM MEMO QX ADDI
  USE   JCMENU IN 0
  SELECT JCMENU
  I='01'
  DO WHILE NOT EOF （）
    _P=ALLTRIM （N_POPU）
    SET SKIP OF BAR N_BAR OF &_P NOT QX&I
    SKIP
    I=RIGHT （STR （&I+101, 3）, 2）
  ENDDO
  USE IN JCMENU
```

```
    USE IN PASSWORD
    RETURN
ENDPROC
```

（二）系统参数设置程序设计实例

在项目中添加表单见图1，保存为XTCSX.SCX。

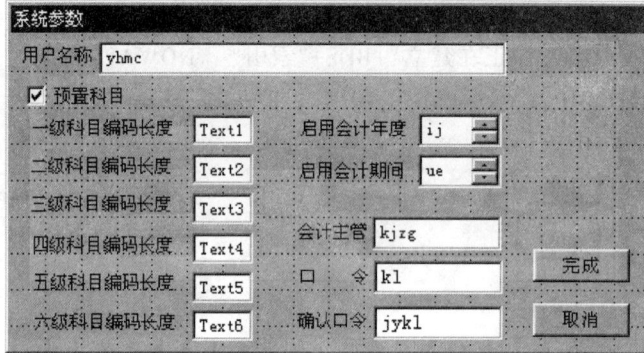

图1

添加对象事件代码程序：

```
***表单的初装事件
PROCEDURE INIT
   *置初始数据
   THISFORM.IJ.VALUE=VAL（YWIJ）
   THISFORM.UE.VALUE=1
   THISFORM.TEXT1.VALUE=4
   THISFORM.TEXT2.VALUE=2
   THISFORM.TEXT3.VALUE=2
   IF NOT FILE（"XTCS.DBF"）          &&如果系统参数（XTCS.DBF）不存在则创建
该文件
      CREAT DBF XTCS（单位名称 C（32），业务主管 C（10），口令 C（10）;
         科目级数 C（6），预置科目 L（1），启用年月 C（7），;
         数据平衡 L（1），YF00 L（1），YF01 L（1），YF02 L（1），YF03 L（1），YF04 L（1）;
         YF05 L（1），YF06 L（1），YF07 L（1），YF08 L（1），YF09 L（1），YF10 L（1）;
         YF11 L（1），YF12 L（1），会计年度 C（4））
   ENDIF
   IF NOT USED（"XTCS"）
      USE XTCS IN 0
   ENDIF
   APPEND BLANK IN XTCS
   THISFORM.YHMC.SETFOCUS
ENDPROC
***复选框预置科目（YZKM）值被操作变动触发事件
```

```
PROCEDURE INTERACTIVECHANGE
  IF THISFORM.yzkm.VALUE=1
THISFORM.text1.ENABLED=.F.
THISFORM.text2.ENABLED=.F.
THISFORM.text3.ENABLED=.F.
  ELSE
    THISFORM.text1.ENABLED=.T.
THISFORM.text2.ENABLED=.T.
THISFORM.text3.ENABLED=.T.
  ENDIF
ENDPROC
***取消按钮单击事件
PROCEDURE CLICK
  USE IN XTCS
ERASE XTCS.DBF
THISFORM.RELEASE
ENDPROC
***单击完成按钮事件
PROCEDURE CLICK
  *控制用户名称非空
  IF EMPTY（THISFORM.yhmc.VALUE）
    =MESSAGEBOX（"用户名称不能为空!"，48，"系统参数"）
    THISFORM.yhmc.SETFOCUS
    RETURN .F.
  ENDIF
  *控制会计主管非空
  IF EMPTY（THISFORM.kjzg.VALUE）
    =MESSAGEBOX（"会计主管不能为空!"，48，"系统参数"）
    THISFORM.kjzg.SETFOCUS
    RETURN .F.
  ENDIF
  *控制校验口令
  IF EMPTY（THISFORM.kl.VALUE）OR EMPTY（THISFORM.jykl.VALUE）；
    OR ALLTRIM（THISFORM.kl.VALUE）#ALLTRIM（THISFORM.jykl.VALUE）
    =MESSAGEBOX（"请校验口令"，48，"系统参数"）
    THISFORM.kl.SETFOCUS
    RETURN .F.
  ENDIF
  *科目级次处理及控制
```

```
IF THISFORM.TEXT1.VALUE+THISFORM.TEXT2.VALUE+THISFORM.
TEXT3.VALUE+;
    THISFORM.TEXT4.VALUE+THISFORM.TEXT5.VALUE+THISFORM.
TEXT6.VALUE>15
    =MESSAGEBOX（"科目总长度大于15"，48，"系统参数"）
    RETURN .F.
ENDIF
IF EMPTY（THISFORM.TEXT1.VALUE） OR;
    EMPTY（THISFORM.TEXT2.VALUE） OREMPTY（THISFORM.
TEXT3.VALUE）
    =MESSAGEBOX（"科目级次最少3级"，48，"系统参数"）
    RETURN .F.
ENDIF
IF EMPTY（THISFORM.TEXT4.VALUE） AND NOT EMPTY（THISFORM.
TEXT5.VALUE）
    =MESSAGEBOX（"上级科目长度不能为零"，48，"系统参数"）
    RETURN .F.
ENDIF
M_KMJS=STR（THISFORM.TEXT1.VALUE，1）+;
    IIF（THISFORM.TEXT2.VALUE#0，STR（THISFORM.TEXT2.VALUE，1），""）+;
IIF（THISFORM.TEXT3.VALUE#0，STR（THISFORM.TEXT3.VALUE，1），""）+;
IIF（THISFORM.TEXT4.VALUE#0，STR（THISFORM.TEXT4.VALUE，1），""）+;
IIF（THISFORM.TEXT5.VALUE#0，STR（THISFORM.TEXT5.VALUE，1），""）+;
IIF（THISFORM.TEXT6.VALUE#0，STR（THISFORM.TEXT6.VALUE，1），""）
    *保存参数设置
    REPLACE   XTCS.单位名称   WITH   ALLTRIM（THISFORM.YHMC.VALUE），;
    XTCS.科目级数 WITH M_KMJS，;
XTCS.预置科目 WITH IIF（THISFORM.YZKM.VALUE=1，.T.，.F.），;
XTCS.业务主管   WITH   THISFORM.KJZG.VALUE，;
XTCS.口令 WITH   THISFORM.KL.VALUE，;
XTCS.启用年月 WITH ALLTRIM（STR（THISFORM.IJ.VALUE））+'.'+;
                RIGH（STR（THISFORM.UE.VALUE+100，3），2），;
XTCS.数据平衡 WITH  .T.，;
XTCS.会计年度 WITH LEFT（XTCS.启用年月，4）
    *生成系统所需数据表
    DO XTCSH IN MAIN.PRG WITH "XTJGK"
    *预置会计科目
    COPY FILEjcmenuR.DBF TO jcmenu.DBF
    IF   XTCS.预置科目
```

```
    WAIT WINDOWS "正在预置科目" NOWAIT
    USEjzkmk ORDE 科目号
    ZAP
    APPEND FROM JZYZKMK
ENDIF
*为会计主管赋操作权限
WAIT WINDOWS "正在为会计主管构建权限库"　NOWAIT
IF NOT FILE（"PASSWORD.DBF"）
    CREAT DBF PASSWORD （操作员 C（10），密码 C（6），QX M（10））
ENDIF
IF NOT USED（"PASSWORD"）
    USE PASSWORD IN 0
ENDIF
SELECT PASSWORD
ZAP
APPEND BLANK
REPLACE操作员 WITH　XTCS.业务主管，密码 WITH　XTCS.口令
IF NOT USED（"JCMENU"）
    USEJCMENU IN 0
ENDIF
SELECTJCMENU
    REPLACE ALL QX WITH　.T.
    ij='01'
    GO TOP
    DO WHILE NOT EOF（）
        QX&ij=QX
        SKIP
        ij=RIGHT（STR（&ij+101，3），2）
    ENDDO
SELECT　PASSWORD
SAVE ALL　LIKE QX* TO　MEMO QX
SELECT XTCS
USE IN　PASSWORD
USE INJCMENU
WAIT WINDOWS "建账完毕"　NOWAIT
*关闭数据表
USE IN JZYZKMK
USE IN JZKMK
*退出表单
```

```
    THISFORM.RELEASE
ENDPROC
```

（三）系统登录程序设计实例

1）在项目中添加表单见图2，保存为 XTDL.SCX。

添加新属性 JSQ，用于记录用户输入错误口令的次数。

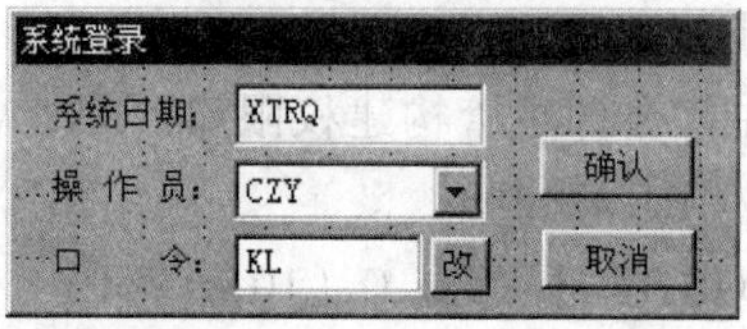

图2

添加对象事件代码程序：

***表单载入事件

```
PROCEDURE LOAD
  IF NOT USED ("PASSWORD")
    USE PASSWORD IN 0
  ENDIF
  THISFORM.JSQ=0
ENDPROC
```

***表单对象初始事件

```
PROCEDURE INIT
  SET DATE ANSI
  THISFORM.XTRQ.VALUE=DATE ()
GO BOTT
THISFORM.CZY.VALUE=操作员
ENDPROC
```

***确认按钮单击事件

```
PROCEDURECLICK
  IF EMPTY (THISFORM.CZY.VALUE)
    =MESSAGEBOX ("请选择操作员", 48, "系统登录")
    RETURN .F.
  ENDIF
  IF ALLTRIM (PASSWORD.密码) ==ALLTRIM (THISFORM.KL.VALUE)
    **输入口令正确，对公用变量赋值
    M_CZY=PASSWORD.操作员
    YWRQ=THISFORM.XTRQ.VALUE
    YWIJ=LEFT (DTOC (YWRQ), 4)
    YWUE=SUBST (DTOC (YWRQ), 6, 2)
    YWRI=RIGH (DTOC (YWRQ), 2)
    IF NOT USED ("XTCS")
```

```
      USE XTCS IN 0
      M_QYNY=ALLTRIM（XTCS.启用年月）
      USE IN XTCS
    ELSE
      M_QYNY=ALLTRIM（XTCS.启用年月）
    ENDIF
    THISFORM.RELEASE
  ELSE
    IF THISFORM.JSQ=2
      THISFORM.RELEASE
    ENDIF
    =MESSAGEBOX（"口令错误!您还有"+;
ALLTRIM（STR（2-THISFORM.JSQ））+"次机会", 48, "系统登录"）
    THISFORM.JSQ=THISFORM.JSQ+1
  ENDIF
ENDPROC
***取消按钮单击事件
PROCEDURE CLICK
  THISFORM.RELEASE
ENDPROC
***修改口令单击事件
PROCEDURE CLICK
  IF EMPTY（THISFORM.CZY.VALUE）
    =MESSAGEBOX（"请选择操作员", 48, "系统登录"）
    RETURN .F.
  ENDIF
  IF PASSWORD.密码=ALLTRIM（THISFORM.KL.VALUE）
    DO FORM XGKL          &&调用表单XGKL修改口令
  ELSE
    =MESSAGEBOX（"非法用户不能修改口令!", 48, "系统参数"）
    THISFORM.KL.SETFOCUS
  ENDIF
ENDPROC
***操作员下拉列表框数据变动事件
PROCEDURE INTERACTIVECHANGE
  THISFORM.KL.SETFOCUS
ENDPROC
```

2）在项目中添加表单见图3，保存为XGKL.SCX。

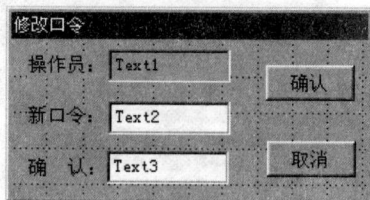

图3

添加对象事件代码程序:

***表单对象初始事件

```
PROCEDURE INIT
    THISFORM.TEXT1.VALUE=PASSWORD.操作员
    THISFORM.TEXT2.SETFOCUS
ENDPROC
```

***表单载入事件

```
PROCEDURE LOAD
    IF NOT USED（"PASSWORD"）
        USE PASSWORD IN 0
    ENDIF
ENDPROC
```

***确认按钮单击事件

```
PROCEDURE CLICK
    IF THISFORM.TEXT2.VALUE#THISFORM.TEXT3.VALUE OR EMPTY
(THISFORM.TEXT3.VALUE)
        =MESSAGEBOX（"请校验口令!"，48，"修改口令"）
    ELSE
        REPLACE PASSWORD.密码 WITH THISFORM.TEXT2.VALUE
        THISFORM.RELEASE
    ENDIF
ENDPROC
```

***取消按钮单击事件

```
PROCEDURE CLICK
    THISFORM.RELEASE
ENDPROC
```

（四）主菜单程序设计实例

```
PROCEDURE JCMENU
    DEFINE PAD _XTGL   OF _MSYSMENU PROMPT "S 系统管理" COLOR SCHEME 4
KEY ALT+S
    DEFINE PAD _ZWCL   OF _MSYSMENU PROMPT "Z 账务处理" COLOR SCHEME 4
KEY ALT+Z
    DEFINE PAD _GZHS   OF _MSYSMENU PROMPT "G 工资" COLOR SCHEME 4 KEY
```

ALT+G

DEFINE PAD _GDZC　　OF _MSYSMENU PROMPT "F 固定资产" COLOR SCHEME 4 KEY ALT+F

DEFINE PAD _YSZK　　OF _MSYSMENU PROMPT "R 应收账款" COLOR SCHEME 4 KEY ALT+R

DEFINE PAD _YFZK　　OF _MSYSMENU PROMPT "P 应付账款" COLOR SCHEME 4 KEY ALT+P

DEFINE PAD _CHHS　　OF _MSYSMENU PROMPT "H 存货" COLOR SCHEME 4 KEY ALT+H

DEFINE PAD _CPCB　　OF _MSYSMENU PROMPT "C 产品成本" COLOR SCHEME 4 KEY ALT+W

DEFINE PAD _XSHS　　OF _MSYSMENU PROMPT "O 销售" COLOR SCHEME 4 KEY ALT+I

DEFINE PAD _KJBB　　OF _MSYSMENU PROMPT "R 会计报表" COLOR SCHEME 4 KEY ALT+R

ON PAD _XTGL　　OF _MSYSMENU ACTIVATE POPUP 系统管理

ON PAD _ZWCL　　OF _MSYSMENU ACTIVATE POPUP 账务处理

DEFINE POPUP 系统管理 MARGIN RELATIVE SHADOW COLOR SCHEME 4

DEFINE BAR 1 OF 系统管理 PROMPT "操作员管理"

DEFINE BAR 2 OF 系统管理 PROMPT "重新建账"

DEFINE BAR 3 OF 系统管理 PROMPT "数据管理"

DEFINE BAR 4 OF 系统管理 PROMPT "操作日志"

DEFINE BAR 5 OF 系统管理 PROMPT "重新登录"

DEFINE BAR 6 OF 系统管理 PROMPT "\-"

DEFINE BAR 7 OF 系统管理 PROMPT "退出"

ON SELECTION BAR 7 OF 系统管理　　DO EXIT_XT

ON SELECTION BAR 1 OF 系统管理　　DO FORM QXGL

ON SELECTION BAR 5 OF 系统管理　　DO CXDL

ON SELECTION BAR 2 OF 系统管理　　DO CXJZ

ON SELECTION BAR 4 OF 系统管理　　DO CZRZ

ON SELECTION BAR 3 OF 系统管理　　DO SJGL

DEFINE POPUP 账务处理 MARGIN RELATIVE SHADOW COLOR SCHEME 4

DEFINE BAR 1 OF 账务处理 PROMPT "凭证处理"

DEFINE BAR 2 OF 账务处理 PROMPT "账簿处理"

DEFINE BAR 3 OF 账务处理 PROMPT "\-"

DEFINE BAR 4 OF 账务处理 PROMPT "银行对账"

DEFINE BAR 5 OF 账务处理 PROMPT "\-"

DEFINE BAR 6 OF 账务处理 PROMPT "建账"

ON BAR 1 OF 账务处理 ACTI POPU 凭证处理

ON BAR 2 OF 账务处理 ACTI POPU 账簿处理

ON BAR 4 OF 账务处理 ACTI POPU 银行对账

ON BAR 6 OF 账务处理 ACTI POPU 建账

DEFINE POPUP 建账　MARGIN RELATIVE SHADOW COLOR SCHEME 4

DEFINE BAR 1 OF 建账 PROMPT "会计科目设置"

DEFINE BAR 2 OF 建账 PROMPT "输入初始数据"

ON SELECTION BAR 1 OF 建账 DO　FORM KMSZ

ON SELECTION BAR 2 OF 建账 DO　CSSJ

DEFINE POPUP 凭证处理 MARGIN RELATIVE SHADOW COLOR SCHEME 4

DEFINE BAR 1 OF 凭证处理 PROMPT "填制凭证"

DEFINE BAR 2 OF 凭证处理 PROMPT "修改凭证"

DEFINE BAR 3 OF 凭证处理 PROMPT "审核凭证"

DEFINE BAR 4 OF 凭证处理 PROMPT "查询凭证"

DEFINE BAR 5 OF 凭证处理 PROMPT "汇总凭证"

DEFINE BAR 6 OF 凭证处理 PROMPT "\-"

DEFINE BAR 7 OF 凭证处理 PROMPT "打印凭证"

DEFINE BAR 8 OF 凭证处理 PROMPT "\-"

DEFINE BAR 9 OF 凭证处理 PROMPT "摘要管理"

DEFINE BAR 10 OF 凭证处理 PROMPT "\-"

DEFINE BAR 11 OF 凭证处理 PROMPT "定义转账凭证"

ON SELECTION BAR 1 OF 凭证处理　DO　JZPZ_TZ

ON SELECTION BAR 2 OF 凭证处理　DO　JZPZ_XG

ON SELECTION BAR 3 OF 凭证处理　DO　JZPZ_SH

ON SELECTION BAR 4 OF 凭证处理　DO　JZPZ_CX

ON SELECTION BAR 5 OF 凭证处理　DO　JZPZ_HZ

ON SELECTION BAR 7 OF 凭证处理 =messagebox（'尚无此内容'，48，'操作提示'）

ON SELECTION BAR 9 OF 凭证处理　DO　FORM ZYGL

ON SELECTION BAR 11 OF 凭证处理 =messagebox（'尚无此内容'，48，'操作提示'）

DEFINE POPUP 账簿处理 MARGIN RELATIVE SHADOW COLOR SCHEME 4

DEFINE BAR 1 OF 账簿处理 PROMPT "登记账簿"

DEFINE BAR 2 OF 账簿处理 PROMPT "查询账簿"

DEFINE BAR 3 OF 账簿处理 PROMPT "\-"

DEFINE BAR 4 OF 账簿处理 PROMPT "结账"

DEFINE BAR 5 OF 账簿处理 PROMPT "\-"

DEFINE BAR 6 OF 账簿处理 PROMPT "打印账簿"

ON SELECTION BAR 1 OF 账簿处理　DO　FORM DJZB

ON SELECTION BAR 2 OF 账簿处理　DO　FORM CXZB

ON SELECTION BAR 4 OF 账簿处理　DO　FORM JZ

ON SELECTION BAR 6 OF 账簿处理　=messagebox（'尚无此内容'，48，'操作提示'）

**其他菜单程序代码略

ENDPROC

二、系统管理模块程序设计

（一）操作员管理

1.程序设计说明

建立两个表单实现操作员管理，所涉及的数据表有：菜单权限表（JCMENU.DBF）、操作员及权限表（PASSWORD.DBF）。菜单权限表用于给操作员赋权及显示操作员权限；操作员及权限表用于保存操作员姓名、口令、权限。

（1）操作员权限表单，在表单中添加操作员列表框及标签，用于显示操作员列表；添加 GRID 控件并绑定菜单权限表，用于赋权及显示权限；添加增加操作员命令按钮，用于调用增加操作员表单（CZYADD.SCX），增加操作员；添加完成命令按钮，用于退出操作员权限管理返回主菜单。

（2）增加操作员表单：添加对象同修改口令，操作员文本框 ENABLED 属性值为 TRUE。

2.程序设计实例

1）在项目中添加表单见图4，保存为 QXGL.SCX。

添加新属性 OLDRECN，用于记录操作员记录号，并设值为"1"。

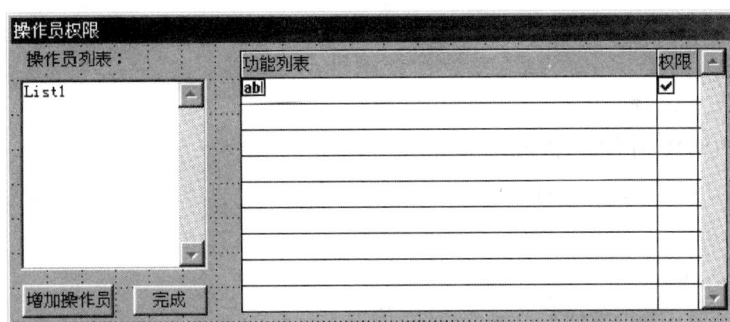

图4

添加对象事件代码程序：

***新方法取出权限

```
PROCEDURE 取出权限
  GO TOP
  IF NOT EMPTY（qx）
    RELEASE ALL LIKE    qx*
    RESTORE FROM MEMO qx ADDI
    SELECTjcmenu
    i='01'
    GO TOP
    DO WHILE NOT EOF（）
      REPLACE qx WITH qx&i
      SKIP
```

```
        i=RIGHT（STR（&i+101，3），2）
    ENDDO
  ELSE
    SELECTjcmenu
    REPLACE ALL qx WITH .F.
  ENDI
  SELECT JCMENU
  GO TOP
ENDPROC
***表单载入事件
PROCEDURE LOAD
  USE PASSWORD IN 0
  USE JCMENU IN 0
  SELECT PASSWORD
  THISFORM.取出权限
ENDPROC
***列表框当前选定记录变动所触发的事件
PROCEDURE INTERACTIVECHANGE
  *BB存变动前记录号，AA存变动后记录号
  SELECT  PASSWORD
  IF THISFORM.OLDRECN#0
    BB=THISFORM.OLDRECN
  ENDIF
  AA=RECN（）
  *记录变动保存变动前操作员的权限值
  IF BB>0
    GO BB
    SELECT  jcmenu
    i='01'
  GO TOP
  DO WHILE NOT EOF（）
    qx&i=qx
    SKIP
    i=RIGHT（STR（&i+101，3），2）
  ENDDO
  SELECT  password
  SAVE ALL  LIKE  qx* TO  MEMO qx
  ENDIF
  SELECT PASSWORD
```

```
*取变动后记录的权限值
GO AA
IF NOT EMPTY （qx）
   RELEASE ALL LIKE   qx*
   RESTORE FROM MEMO qx ADDI
   SELECTjcmenu
   i='01'
   GO TOP
   DO WHILE NOT EOF （）
   REPLACE qx WITH qx&i
   SKIP
   i=RIGHT （STR （&i+101，3），2）
   ENDDO
 ELSE
   SELECTjcmenu
   REPLACE ALL qx WITH .F.
 ENDI
 THISFORM.OLDRECN=RECN （"PASSWORD"）
 THISFORM.GRID1.REFRESH
ENDPROC
***增加操作员命令按钮的单击事件
PROCEDURE CLICK
 *保存当前操作员的权限值
 SELECT jcmenu
 i='01'
 GO TOP
 DO WHILE NOT EOF （）
   qx&i=qx
   SKIP
   i=RIGHT （STR （&i+101，3），2）
 ENDDO
 SELECT   password
 SAVE ALL LIKE qx* TO MEMO qx
 THISFORM.oldrecn=RECN （）
 *调用增加操作员表单CZYADD.SCX
 DO FORM czyadd
 SELECT   password
 GO THISFORM.oldrecn
 IF NOT EMPTY （qx）
```

```
            RELEASE ALL LIKE   qx*
            RESTORE FROM MEMO qx ADDI
            SELECT jcmenu
            i='01'
            GO TOP
            DO WHILE NOT EOF ()
               REPLACE qx WITH qx&i
               SKIP
               i=RIGHT (STR (&i+101, 3), 2)
            ENDDO
         ELSE
            SELECT jcmenu
            REPLACE ALL qx WITH .F.
         ENDI
         SELECT JCMENU
         GO TOP
         THISFORM.LIST1.SETFOCUS
ENDPROC
***完成命令按钮的单击事件
PROCEDURE CLICK
         SELECT jcmenu
         i='01'
         GO TOP
         DO WHILE NOT EOF ()
            qx&i=qx
            SKIP
            i=RIGHT (STR (&i+101, 3), 2)
         ENDDO
         SELECT   password
         SAVE ALL LIKE qx* TO MEMO qx
         IF USED ("JCMENU")
USE IN JCMENU
         ENDIF
         IF USED ("PASSWORD")
            USE IN PASSWORD
         ENDIF
         THISFORM.RELEASE
ENDPROC
```

2）在项目中添加表单见图5，保存为CZYADD.SCX。

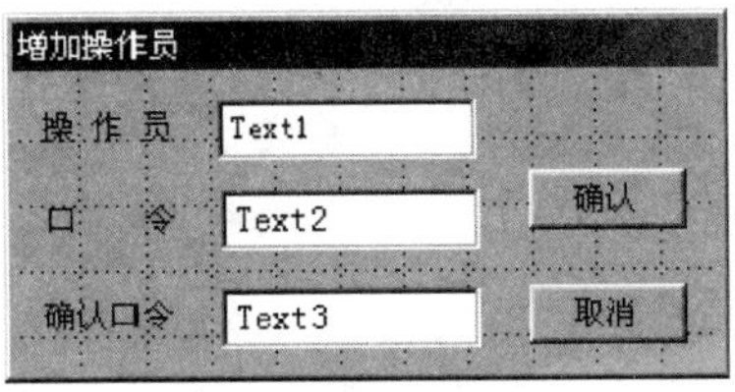

图 5

添加对象事件代码程序：

***确认命令按钮的单击事件

```
PROCEDURE CLICK
   IF EMPTY（THISFORM.TEXT1.VALUE）
      =MESSAGEBOX（"操作员姓名不能为空!"，48，"增加操作员"）
      THISFORM.TEXT1.SETFOCUS
      RETURN .F.
   ENDIF
   IF THISFORM.TEXT2.VALUE#THISFORM.TEXT3.VALUE
      =MESSAGEBOX（"请重新校验口令!"，48，"增加操作员"）
      THISFORM.TEXT2.SETFOCUS
      RETURN .F.
   ENDIF
   SELECT PASSWORD
   APPEND BLANK
   REPLACE 操作员 WITH THISFORM.TEXT1.VALUE，密码 WITH THISFORM.
TEXT2. VALUE
   SELECT   JCMENU
   REPLACE ALL QX WITH .F.
   I='01'
   GO TOP
   DO WHILE NOT EOF（）
      QX&I=QX
      SKIP
      I=RIGHT（STR（&I+101，3），2）
   ENDDO
   SELECT   PASSWORD
   SAVE ALL LIKE QX* TO MEMO QX
   THISFORM.RELEASE
ENDPROC
```

***取消命令按钮的单击事件

```
PROCEDURE CLICK
```

```
   THISFORM.RELEASE
ENDPROC
```

（二）重新登录

```
****重新登录
PROCEDURE CXDL
   DO FORM XTDL          &&系统登录
   DO QXKZ
RETURN
ENDPROC
```

（三）退出

```
****退出系统
PROCEDURE EXIT_XT
   SET SYSMENU TO DEFAULT
   CLEAR EVENT
   RETURN
ENDPROC
```

三、总账子系统程序设计

（一）建账模块

1.会计科目设置

1）程序设计说明

建立两个表单来实现科目设置，所处理的数据表为科目及余额表（JZKMK.DBF）。
①科目设置表单（KMSZ.SCX见图6），在表单中添加一个GRID控件用来浏览JZKMK.DBF
中科目属性数据，添加4个命令按钮，实现对科目数据的增加、删除、修改、退出功能。
②科目编辑表单，在表单中添加科目属性的各个要素文本框及"确认"、"取消"命令按
钮，以实现科目的增加、修改及删除，对科目合法性控制在"确认"按钮事件代码中实现。

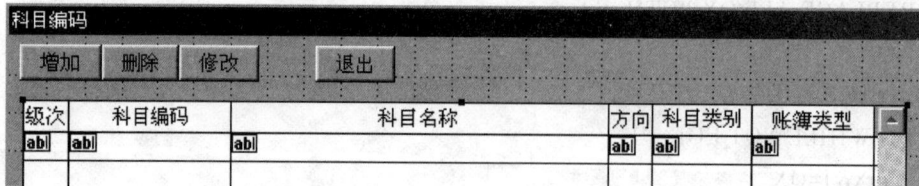

图6

2）程序设计实例

（1）在项目中添加表单，保存为KMSZ.SCX。

添加对象事件代码程序：

```
***表单载入事件
PROCEDURE LOAD
   IF NOT USED（"JZKMK"）
      USE JZKMK ORDER科目号 IN 0
   ENDIF
```

```
    SELECT JZKMK
ENDPROC
***退出按钮单击事件
PROCEDURE CLICK
   *处理末级标识
   SELECT JZKMK
   REPLACE ALL末级 WITH   .F.
   GO TOP
   DO WHILE NOT EOF（）
      M_JC=科目级次
      M_RECN=RECN（）
      SKIP
      IF EOF（）
        GO   M_RECN
        REPLACE   末级 WITH   .T.
        EXIT
      ENDIF
      IF   科目级次<=M_JC
SKIP −1
REPLACE   末级 WITH   .T.
SKIP
      ENDIF
   ENDDO
   USE IN JZKMK
   USE IN JZPZK
   THISFORM.RELEASE
ENDPROC
***删除按钮单击事件
PROCEDURE CLICK
   m_recn=RECN（）
   DO FORM KMBJ WITH "DELE"   &&调用表单KMBJ.SCX并传参数"DELE"
   GO   m_recn
   THISFORM.GRID1.SETFOCUS
ENDPROC
***增加按钮单击事件
PROCEDURE CLICK
   DO FORM KMBJ WITH "ADD"   &&调用表单KMBJ.SCX并传参数"ADD"
   THISFORM.GRID1.SETFOCUS
ENDPROC
```

***修改按钮单击事件

```
PROCEDURE CLICK
    DO FORM KMBJ WITH "EDIT"    &&调用表单 KMBJ.SCX 并传参数 "EDIT"
    THISFORM.GRID1.SETFOCUS
ENDPROC
```

（2）在项目中添加表单见图7，保存为 KMBJ.SCX。

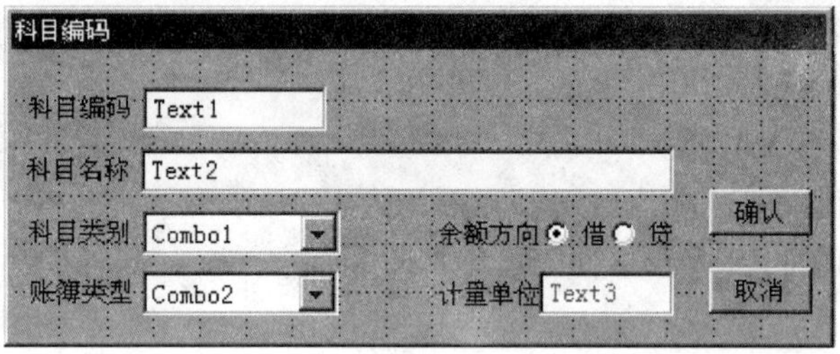

图7

添加新属性：EDIT 保存调用参数，ZBLX[4，0]账簿类型数组，KMLB[5，0]科目类别数组，XG[1，0]存修改记录的数组，RECN 存修改的记录号。

添加对象事件代码程序：

***表单初始事件

```
PROCEDURE INIT
    PARA   M_STAT                              &&接收参数
    THISFORM.EDIT=M_STAT
    THISFORM.ZBLX（1）="一般三栏账"
    THISFORM.ZBLX（2）="日记账"
    THISFORM.ZBLX（3）="数量金额账"
    THISFORM.ZBLX（4）="往来账"
    THISFORM.KMLB（1）="资产"
    THISFORM.KMLB（2）="负债"
    THISFORM.KMLB（3）="权益"
    THISFORM.KMLB（4）="成本"
    THISFORM.KMLB（5）="损益"
    IF M_STAT="EDIT" OR M_STAT="DELE"    &&修改或删除
      M_XGKMH=科目号
      *检查凭证是否含该科目数据
      IF NOT USED（"JZPZK"）
        USE JZPZK IN 0
      ENDIF
      SELECT JZPZK
      LOCATE FOR 科目号=M_XGKMH
      IF FOUND（）
```

```
    M_KMSY=.T.              &&M_KMSY 变量科目是否被使用
  ELSE
    M_KMSY=.F.
  ENDIF
  *检查历史是否含该科目数据
  SELECT JZKMK
  FOR I=0 TO 12
    II=RIGHT（STR（100+I，3），2）
    IF YE&II#0
      M_KMSY=.T.
      EXIT
    ENDIF
  ENDFOR
  FOR I=1 TO 12
    II=RIGHT（STR（100+I，3），2）
    IF LJJ&II#0 OR LJD&II#0
      M_KMSY=.T.
      EXIT
    ENDIF
  ENDFOR
ENDFOR
THISFORM.RECN=RECN（）
THISFORM.TEXT1.VALUE=科目号
THISFORM.TEXT2.VALUE=科目名称
THISFORM.COMBO1.VALUE=科目类别
THISFORM.COMBO2.VALUE=账簿类型
THISFORM.TEXT3.VALUE=计量单位
THISFORM.YEFX.VALUE=IIF（余额方向='借'，1，2）
IF M_STAT="EDIT"
  SCATT TO THISFORM.XG FIELD 科目号,科目名称,科目类别,账簿类型,计量单位
  REPLACE 科目号 WITH" , 科目名称 WITH"
ENDIF
IF M_STAT="DELE"
  THISFORM.SETALL（"ENABLED"，.F.，"TEXTBOX"）
  THISFORM.SETALL（"ENABLED"，.F.，"COMBOBOX"）
  THISFORM.YEFX.ENABLED=.F.
  IF NOT JZKMK.末级
    THISFORM.COM1.ENABLED=.F.
  ENDIF
ENDIF
```

```
    IF M_KMSY
        THISFORM.SETALL（"ENABLED"，.F.，"TEXTBOX"）
        THISFORM.SETALL（"ENABLED"，.F.，"COMBOBOX"）
        THISFORM.YEFX.ENABLED=.F.
        THISFORM.SETALL（"tooltiptext"，"该科目以被使用不能修改或删除"，"textbox"）
        THISFORM.SETALL（"tooltiptext"，"该科目以被使用不能修改或删除"，"combobox"）
        THISFORM.COM1.ENABLED=.F.
    ENDIF
ENDIF
ENDPROC
***账簿类型下拉列表框数据变动事件
PROCEDURE INTERACTIVECHANGE
    IF THIS.VALUE="数量金额账"
        THISFORM.TEXT3.ENABLED=.T.
    ELSE
        THISFORM.TEXT3.ENABLED=.F.
    ENDIF
ENDPROC
***确认按钮单击事件
PROCEDURE CLICK
    DO CASE
    CASE THISFORM.EDIT="EDIT" OR THISFORM.EDIT="ADD"    &&增加或修改
        *检查科目编码合法性
        KM_LJCD0=0
        IF NOT USED（"XTCS"）
            USE XTCS IN 0
        ENDIF
        M_KMJS=ALLTRIM（XTCS.科目级数）
        USE IN XTCS
        *计算各级科目累计长度
        FOR I=1 TO LEN（M_KMJS）
            II=STR（I，1）
            JJ=STR（I-1，1）
            KM_CD&II=VAL（SUBSTR（M_KMJS，I，1））
            KM_LJCD&II=KM_LJCD&JJ+KM_CD&II
        ENDFOR
        KM_LEN=LEN（M_KMJS）
        M_KMH=ALLT（THISFORM.TEXT1.VALUE）
        SELECT JZKMK
```

```
*检测科目是否存在
SEEK M_KMH
IF FOUND（）
  =MESSAGEBOX（"该科目已经存在!"，48，"科目设置"）
  RETURN 0
ENDI
*检测科目长度是否合法
HF=.F.
FOR I=1 TO KM_LEN
  II=STR（I，1）
  IF LEN（M_KMH）=KM_LJCD&II
    KM_J=I
    HF=.T.
    EXIT
  ENDIF
ENDFOR
IF !HF
  =MESSAGEBOX（"该科目编码与分配原则不符!"，48，"科目设置"）
  RETURN 0
ENDI
*检测上级科目是否定义
IF HF AND LEN（M_KMH）#KM_CD1
  JJ=STR（KM_J-1，1）
  LS_KMH=SUBSTR（M_KMH，1，KM_LJCD&JJ）
  SEEK LS_KMH
  IF !FOUND（）
    HF=.F.
  ENDIF
ENDIF
IF !HF
  =MESSAGEBOX（"该上级科目尚未定义!"，48，"科目设置"）
  RETURN 0
ENDI
IF THISFORM.EDIT="ADD"
  APPEND BLANK
ELSE
  GO THISFORM.RECN
ENDIF
REPLACE 科目号 WITH THISFORM.TEXT1.VALUE，;
```

```
          科目名称 WITH THISFORM.TEXT2.VALUE,;
          科目类别 WITH THISFORM.COMBO1.VALUE,;
          账簿类型 WITH THISFORM.COMBO2.VALUE,;
          科目级次 WITH  STR（KM_J，1）,;
          计量单位 WITH THISFORM.TEXT3.VALUE,;
          余额方向 WITH IIF（THISFORM.YEFX.VALUE=1，"借"，"贷"）
      THISFORM.RELEASE
    CASE THISFORM.EDIT="DELE"
      DELETE
      THISFORM.RELEASE
    ENDCASE
  ENDPROC
***取消按钮单击事件
PROCEDURE CLICK
  IF THISFORM.EDIT="EDIT"
     GO THISFORM.RECN
     GATHER FROM THISFORM.XG FIELDS 科目号，科目名称，科目类别，账簿类
型，计量单位
  ENDIF
  THISFORM.RELEASE
ENDPROC
```

2.输入初始数据

1）程序设计说明

以输入年初余额为例，建立两个表单来实现输入初始数据，所处理的数据表为 JZKMK.DBF。初始数据输入表单，在表单中添加 GRID 控件用来浏览和编辑 JZKMK.DBF 表中科目余额数据，添加3个命令按钮，实现试算平衡、逐级计算、退出功能，试算平衡调用表单 PHB00.SCX，在 PHB00.SCX 表单的 INIT（表单初始）事件中按会计账簿平衡算法进行计算，在输入过程中，程序控制只能输入末级科目的初始数据，非末级科目的数据通过逐级计算功能实现。试算平衡表表单，在表单中添加平衡表各要素的文本框和标签及"确定"命令按钮。

2）程序设计实例

（1）在主程序中添加过程。

```
****初始数据维护
PROCEDURE CSSJ
  IF RIGHT（M_QYNY，1）="1"
    DO FORM CSSJ1              &&调用年初启用初始数据输入表单
  ELSE
    DO FORM CSSJA              &&调用年中启用初始数据输入表单
  ENDIF
```

```
      RETURN
ENDPROC
```

（2）在项目中添加表单见图8，保存为CSSJ1.SCX。

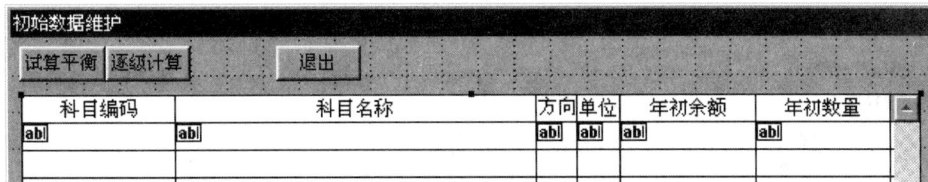

图8

添加新属性：READ，用于控制初始数据是否可修改。

添加对象事件代码程序：

***表单载入事件

```
PROCEDURE LOAD
   IF NOT USED（"JZKMK"）
   USE JZKMK ORDER 科目号 IN 0
   ENDIF
   SELECT JZKMK
   GO TOP
ENDPROC
```

***试算平衡按钮单击事件

```
PROCEDURE CLICK
   M_RECN=RECN（）
   DO FORM PHB00 WITH "SSPH"
   GO M_RECN
   THISFORM.GRID1.SETFOCUS
ENDPROC
```

***退出按钮单击事件

```
PROCEDURE CLICK
   DO FORM PHB00 WITH   "EXIT"
   USE IN JZKMK
   THISFORM.RELEASE
ENDPROC
```

***初始数据表表格初始事件

```
PROCEDURE INIT
   THISFORM.GRID1.SETALL（"forecolor"，RGB（0，128，128），"header"）
   THISFORM.GRID1.SETALL（"resizable"，.F.，"column"）
   THISFORM.GRID1.SETALL（"movable"，.F.，"column"）
   THISFORM.GRID1.SETALL（"dynamicbackcolor"，"IIF
   （末级=.T.，RGB（255，255，255），RGB（255，255，232））"，"column"）
```

THISFORM.GRID1.column6.dynamicbackcolor="IIF（ALLTRIM（账簿类型）='数量金额账'

AND 末级=.T.，RGB（255，255，255），RGB（255，255，232））"

IF NOT USED（"JZPZK"）

　USE JZPZK IN 0

ENDIF

IF RECCOUNT（"JZPZK"）#0 && 如果已填制凭证则证明系统已经启用，该表数据不能修改。

　THISFORM.read=.T.

ENDIF

GO TOP IN JZKMK

ENDPROC

***初始数据表表格单元格焦点改变后所触发的事件

PROCEDURE AFTERROWCOLCHANGE

　LPARAMETERS NCOLINDEX

　IF NOT THISFORM.READ　 AND 末级

THISFORM.GRID1.READONLY=IIF（NCOLINDEX=5,.F.,IIF（NCOLINDEX=6 AND ;

ALLTRIM（账簿类型）="数量金额账"，.F.，.T.））

　ELSE

　　THISFORM.GRID1.READONLY=.T.

　ENDIF

ENDPROC

***逐级计算按钮单击事件

PROCEDURE CLICK

　*计算非末级的各级科目余额及数量

　SELECT JZKMK

　MK_RECN=RECN（）

　GO TOP

　DO WHILE NOT EOF（）

　　M_KMH=ALLTRIM（科目号）

　　KMH_LEN=LEN（ALLTRIM（科目号））

　　M_RECN=RECN（）

　　IF　末级=.F.

　　　SUM YE00,SL00 WHILE LEFT(科目号,KMH_LEN)=M_KMH FOR 末级 AND ;

余额方向="借" TO M_JE00，M_JS00

　　　GO M_RECN

　　　SUM YE00，SL00 WHILE LEFT（科目号，KMH_LEN）=M_KMH FOR 末级 AND ;

余额方向="贷" TO M_DE00，M_DS00

　　　GO M_RECN

REPLACE YE00 WITH IIF（余额方向="借"，M_JE00-M_DE00，M_DE00-M_JE00），；

SL00 WITH IIF（余额方向="借"，M_JS00-M_DS00，M_DS00-M_JS00）

ENDIF

  SKIP

ENDDO

GO MK_RECN

THISFORM.GRID1.SETFOCUS

RETURN

ENDPROC

（3）在项目中添加表单见图9，保存为PHB00.SCX。

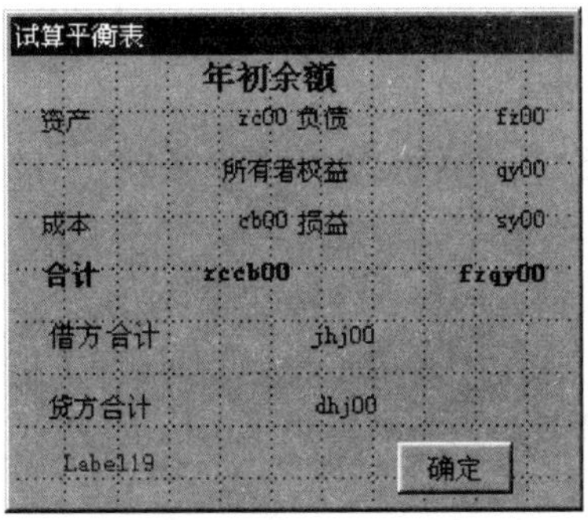

图9

添加新属性：M_DO，用于调用试算平衡表。

添加对象事件代码程序：

***表单初始事件

PROCEDURE INIT

  PARA M_DO

  THISFORM.M_DO=M_DO

  SELECT JZKMK

  *汇总借方资产类科目余额

  SUM YE00 FOR 科目类别='资产' AND 末级 AND 余额方向='借' TO ZCJ_00

  *汇总贷方资产类科目余额

  SUM YE00 FOR 科目类别='资产' AND 末级 AND 余额方向='贷' TO ZCD_00

  *计算资产类科目余额

  THISFORM.ZC00.VALUE=ZCJ_00-ZCD_00

  *汇总借方成本类科目余额

  SUM YE00 FOR 科目类别='成本' AND 末级 AND 余额方向='借' TO CBJ_00

  *汇总贷方成本类科目余额

  SUM YE00 FOR 科目类别='成本' AND 末级 AND 余额方向='贷' TO CBD_00

  *计算成本类科目余额

  THISFORM.CB00.VALUE=CBJ_00-CBD_00

```
*汇总借方负债类科目余额
SUM YE00 FOR 科目类别='负债' AND 末级 AND 余额方向='借' TO FZJ_00
*汇总贷方负债类科目余额
SUM YE00 FOR 科目类别='负债' AND 末级 AND 余额方向='贷' TO FZD_00
*计算负债类科目余额
THISFORM.FZ00.VALUE=FZD_00-FZJ_00
*汇总借方权益类科目余额
SUM YE00 FOR 科目类别='权益' AND 末级 AND 余额方向='借' TO QYJ_00
*汇总贷方权益类科目余额
SUM YE00 FOR 科目类别='权益' AND 末级 AND 余额方向='贷' TO QYD_00
*计算权益类科目余额
THISFORM.QY00.VALUE=QYD_00-QYJ_00
*汇总借方损益类科目余额
SUM YE00 FOR 科目类别='损益' AND 末级 AND 余额方向='借' TO SYJ_00
*汇总贷方损益类科目余额
SUM YE00 FOR 科目类别='损益' AND 末级 AND 余额方向='贷' TO SYD_00
*计算损益类科目余额
THISFORM.SY00.VALUE=SYD_00-SYJ_00
*资产类加成本类
THISFORM.ZCCB00.VALUE=THISFORM.ZC00.VALUE+THISFORM.
CB00.VALUE
 *负债类加权益类加损益类
THISFORM.FZQY00.VALUE=THISFORM.FZ00.VALUE+;
THISFORM.QY00.VALUE+THISFORM.SY00.VALUE
 SUM YE00 FOR 余额方向='借' AND 末级 TO THISFORM.JHJ00.VALUE   &&借方
合计
 SUM YE00 FOR 余额方向='贷' AND 末级 TO THISFORM.DHJ00.VALUE &&贷方
合计
 *判断是否平衡并记录平衡值于系统参数库
IF THISFORM.ZCCB00.VALUE=THISFORM.FZQY00.VALUE   AND;
 THISFORM.JHJ00.VALUE=THISFORM.DHJ00.VALUE &&判断平衡
   THISFORM.PH.CAPTION="试算平衡!"
   IF THISFORM.M_DO="EXIT"
     IF NOT USED（"XTCS"）
       SELECT 0
       USE XTCS
     ELSE
       SELECT XTCS
     ENDIF
```

```
        REPLACE 数据平衡 WITH .T.  &&写数据平衡标识
        SELECT JZKMK
        THISFORM.RELEASE
      ENDIF
    ELSE
      THISFORM.PH.CAPTION="试算不平衡!"
      IF THISFORM.M_DO="EXIT"
        IF NOT USED（"XTCS"）
          SELECT 0
          USE XTCS
        ELSE
          SELECT XTCS
        ENDIF
        REPLACE 数据平衡 WITH  .F.  &&写数据平衡标识
        SELECT JZKMK
      ENDIF
    ENDIF
    THISFORM.SETALL（"ENABLED", .F., "TEXTBOX"）
ENDPROC
***确定按钮单击事件
PROCEDURE CLICK
    THISFORM.RELEASE
ENDPROC
```

（二）记账凭证处理

1.填制凭证

1）程序设计说明

建立四个表单以实现填制凭证，所涉及的数据表分别是：记账凭证表（JZPZK.DBF）、科目及余额表（JZKMK.DBF）、常用摘要表（JZZYK.DBF）、临时记账凭证表（LSJZPZ.DBF）。将当前输入的凭证数据暂存在临时记账凭证表中，保存时对其进行合法性校验，通过后存入记账凭证表。科目及余额表的作用为科目合法性校验、显示科目名称、快速选择会计科目、提示是否有辅助项目输入。常用摘要表的作用是实现快速选择输入常用摘要。

（1）凭证填制表单，在表单中添加GRID控件绑定临时记账凭证表，用于输入记账凭证，添加记账凭证其他要素的文本框及标签，添加保存、删除分录、插入分录、退出4个命令按钮，实现保存凭证、删除当前输入的凭证分录、插入当前输入的凭证分录、退出凭证输入功能。

（2）输入辅助项目表单，在表单中添加辅助项目要素的文本框和标签及确定、取消命令按钮。

（3）选择科目表单。

（4）选择摘要表单。

2）程序设计实例

（1）在主程序中添加过程。

```
****填制凭证
PROCEDURE JZPZ_TZ
    USE JZPZK IN 0
    USE JZZYK ORDE摘要号 IN 0
    USE JZKMK ORDE科目号 IN 0
    SELECT JZPZK
    COPY STRUCTURE TO LSJZPZ
    USE LSJZPZ IN 0
    SELECT LSJZPZ
    SET RELATION TO科目号 INTO JZKMK
    USE XTCS IN 0
    M_PH=XTCS.数据平衡
    M_QYNY=ALLTRIM（XTCS.启用年月）
    M_QYQ=VAL（RIGHT（M_QYNY，2））
    M_QYN=VAL（LEFT（M_QYNY，4））
    IF NOT M_PH
        =MESSAGEBOX（"初始数据尚未平衡，不能填制凭证"，48，"凭证填制"）
    ELSE
        DO FORM JZPZ_TZ
    ENDIF
    USE IN XTCS
    USE IN JZPZK
    USE IN JZKMK
    USE IN JZZYK
    USE IN LSJZPZ
    ERASE LSJZPZ.DBF
    RETURN
ENDPROC
```

（2）在项目中添加表单见图10，保存为JZPZ_TZ.SCX。

在 COLUMN2 对象中再添加一个文本框控件，COLUMN2.TEXT1.NAME="KMBM"、COLUMN2.TEXT2.NAME="KMMC"、COLUMN2.KMBM. CONTROLSOURCE = "LSJZPZ.科目号"、COLUMN2.KMMC. CONTROLSOURCE = "LSJZPZ.科目名称"）；

添加对象事件代码程序：

```
***表单初始事件
PROCEDURE INIT
    *给凭证日期赋值
```

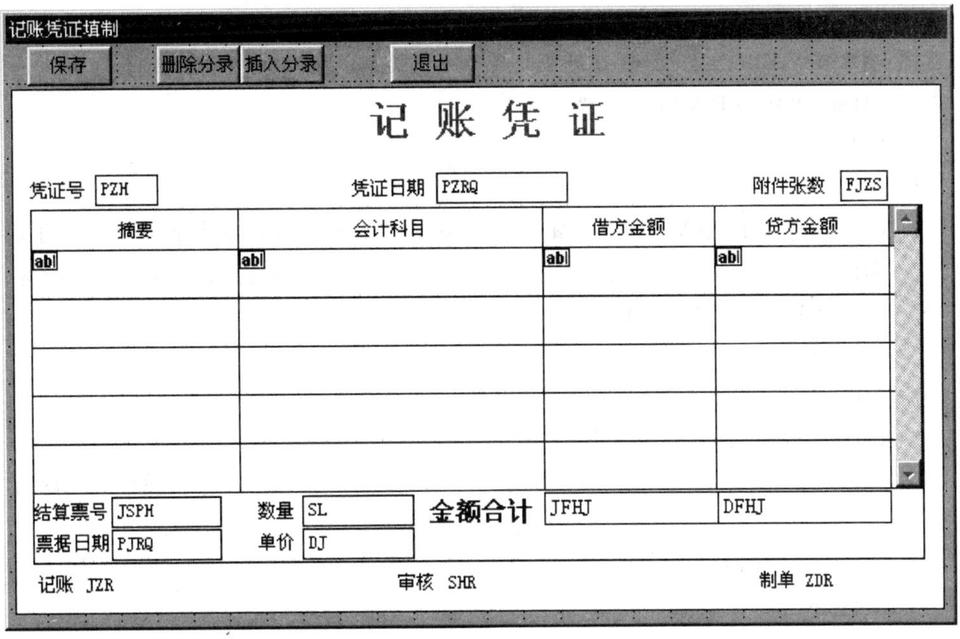

记账凭证填制

| 保存 | 删除分录 | 插入分录 | 退出 |

记 账 凭 证

凭证号 PZH　　　　凭证日期 PZRQ　　　　附件张数 FJZS

摘要	会计科目	借方金额	贷方金额
abl	abl	abl	abl

结算票号 JSPH　　数量 SL　　**金额合计** JFHJ　　DFHJ
票据日期 PJRQ　　单价 DJ

记账 JZR　　　　　　审核 SHR　　　　　　制单 ZDR

图 10

```
    THISFORM.ZDR.VALUE=M_CZY
    IF RECCOUNT（"JZPZK"）=0
      THISFORM.PZRQ.VALUE=CTOD（ALLT（STR（M_QYN））+"." + ALLT（STR
（M_QYQ））+"."+"1"）
    ELSE
      SELECT JZPZK
      GO BOTTOM
      THISFORM.PZRQ.VALUE=日期
    ENDIF
    THISFORM.PZRQ.SETFOCUS
    SELECT LSJZPZ
ENDPROC
***文本框凭证日期（PZRQ）失去焦点所触发的事件
PROCEDURE LOSTFOCUS
    M_NY=ALLTRIM（XTCS.启用年月）
    M_PH=XTCS.数据平衡
    M_QYQ=VAL（RIGHT（M_NY，2））
    M_QYN=VAL（LEFT（M_NY，4））
    *控制凭证日期与本期是否结账
    M_DN=YEAR（THISFORM.PZRQ.VALUE）
    M_DQ_S=RIGHT（STR（MONTH（THISFORM.PZRQ.VALUE）+100，3），2）
    M_QQ_S=RIGHT（STR（MONTH（THISFORM.PZRQ.VALUE）+99，3），2）
```

```
IF M_DN#VAL（XTCS.会计年度）
    =MESSAGEBOX（"不能处理其他会计年度数据!"，48，"填制凭证"）
    THISFORM.PZH.VALUE=""
    RETURN
ENDIF
IF M_DN=M_QYN AND VAL（M_DQ_S）<M_QYQ   &&判断当前期是否小于启用期
    =MESSAGEBOX（"当前期间小于启用期间，系统尚未启用!"，48，"填制凭证"）
    THISFORM.PZH.VALUE=""
    RETURN
ENDIF
IF XTCS.YF&M_DQ_S   &&判断当期是否结账
    =MESSAGEBOX（"当前会计期间已经结账，不能再填制本期凭证!"，48，"填制
凭证"）
    THISFORM.PZH.VALUE=""
    RETURN
ENDIF
*判断前期是否结账
 IF M_DN=VAL（XTCS.会计年度）  AND   NOT XTCS.YF&M_QQ_S   AND NOT
（M_DN= M_QYN AND ;
    AL（M_DQ_S）<=M_QYQ）
    =MESSAGEBOX（"上一会计期间尚未结账，不能填制该期间凭证!"，48，"填制
凭证"）
    THISFORM.PZH.VALUE=""
    RETURN
ENDIF
*自动生成凭证号
SELECT JZPZK
LOCATE FOR MONTH（日期）=VAL（M_DQ_S）
IF NOT EOF（）
    GO BOTTOM
    THISFORM.PZH.VALUE=RIGHT（STR（VAL（JZPZK.凭证号）+10001，5），4）
ELSE
    THISFORM.PZH.VALUE="0001"
ENDIF
IF RECCOUNT（"LSJZPZ"）=0
    APPEND BLANK IN LSJZPZ
ENDIF
SELECT LSJZPZ
ENDPROC
```

***文本框附件张数（FJZS）失去焦点所触发的事件

PROCEDURE LOSTFOCUS

    THISFORM.PZ.SETFOCUS

ENDPROC

***凭证表格（PZ）行单元格变动后所触发的事件

PROCEDURE AFTERROWCOLCHANGE

    LPARAMETERS NCOLINDEX

    THISFORM.JSPH.VALUE=LSJZPZ.结算票号

    THISFORM.PJRQ.VALUE=LSJZPZ.票据日期

    THISFORM.SL.VALUE=LSJZPZ.数量

    THISFORM.DJ.VALUE=LSJZPZ.单价

ENDPROC

***凭证表格（PZ）摘要（COLUMN1.TEXT1）单元格失去焦点时所触发的事件

PROCEDURE LOSTFOCUS

    M_ZYH=THIS.VALUE

    SELECT JZZYK

    SEEK M_ZYH

    IF FOUND（）

      REPLACE LSJZPZ.摘要 WITH JZZYK.摘要 , ;

        LSJZPZ.科目号 WITH JZZYK.相关科目

    ENDIF

    SELECT LSJZPZ

ENDPROC

***凭证表格（PZ）摘要（COLUMN1.TEXT1）获得焦点后所接收的键盘按键事件

PROCEDURE KEYPRESS

    LPARAMETERS NKEYCODE， NSHIFTALTCTRL

    IF NKEYCODE=-1   &&按[F2]键选择摘要

      DO FORM SELECTZY

      SELECT LSJZPZ

    ENDIF

ENDPROC

***凭证表格（PZ）科目编码（COLUMN2.KMBM）获得焦点后所接收的键盘按键事件

PROCEDURE KEYPRESS

    LPARAMETERS NKEYCODE， NSHIFTALTCTRL

    IF NKEYCODE=-2   &&按[F3]键输入辅助数据

      IF LEFT（THIS.VALUE， 4）="1002"

        DO FORM FZSJ WITH "PJ"

      ENDIF

      IF JZKMK.账簿类型="数量金额账"

```
        DO FORM FZSJ WITH "SL"
      ENDIF
  ENDIF
  IF NKEYCODE=-1          &&按[F2]键选择科目
      SELECT JZKMK
      COPY TO LSKMK FIELD 科目号，科目名称 FOR 末级
      USE LSKMK IN 0
      DO FORM SELECTKM
      USE IN LSKMK
      SELECT LSJZPZ
    ENDIF
ENDPROC
```

***凭证表格（PZ）科目编码（COLUMN2.KMBM）单元格失去焦点时所触发的事件

```
PROCEDURE LOSTFOCUS
  M_KMH=ALLTRIM（THIS.VALUE）
  IF EMPTY（M_KMH）
    =MESSAGEBOX（"您应该输入合法科目!"，48，"填制凭证"）
    REPLACE LSJZPZ.科目号 WITH ""，LSJZPZ.科目名称   WITH   ""
    RETURN
  ENDIF
  SELECT JZKMK
  SEEK M_KMH
  IF FOUND（）
    IF NOT JZKMK.末级
    =MESSAGEBOX（"该科目是非末级科目，您应该输入末级科目!"，48，"填制凭证"）
     RETURN
    ELSE
      REPLACE LSJZPZ.科目名称 WITH JZKMK.科目名称
    ENDIF
  ELSE
  =MESSAGEBOX（"该科目不存在，您应该输入合法科目!"，48，"填制凭证"）
  REPLACE LSJZPZ.科目号 WITH ""，LSJZPZ.科目名称   WITH   ""
  RETURN
  ENDIF
ENDPROC
```

***凭证表格（PZ）借方金额（COLUMN3.TEXT1）单元格失去焦点时所触发的事件

```
PROCEDURE LOSTFOCUS
  IF NOT EMPTY（THISFORM.PZ.COLUMN3.TEXT1.VALUE）
    REPLACE LSJZPZ.贷方金额 WITH 0
```

```
    SUM LSJZPZ.借方金额，LSJZPZ.贷方金额 TO ;
      THISFORM.JFHJ.VALUE，THISFORM.DFHJ.VALUE
      RETURN
    ENDIF
ENDPROC
```

***凭证表格（PZ）贷方金额（COLUMN4.TEXT1）单元格失去焦点时所触发的事件

```
PROCEDURE LOSTFOCUS
  IF EMPTY（THISFORM.PZ.COLUMN4.TEXT1.VALUE） AND;
    EMPTY（THISFORM.PZ.COLUMN3.TEXT1.VALUE）
      THISFORM.PZ.COLUMN3.TEXT1.SETFOCUS
      RETURN
  ENDIF
  IF NOT EMPTY（THISFORM.PZ.COLUMN4.TEXT1.VALUE）
    REPLACE LSJZPZ.借方金额 WITH 0
    M_RECN=RECN（"LSJZPZ"）
    SUM LSJZPZ.借方金额，LSJZPZ.贷方金额 TO ;
      THISFORM.JFHJ.VALUE，THISFORM.DFHJ.VALUE
    GO M_RECN
    SKIP
    IF EOF（）
      APPEND BLANK IN LSJZPZ
    ENDIF
  ELSE
    M_RECN=RECN（"LSJZPZ"）
    SUM LSJZPZ.借方金额，LSJZPZ.贷方金额 TO ;
    THISFORM.JFHJ.VALUE，THISFORM.DFHJ.VALUE
  GO M_RECN
  SKIP
  IF EOF（）
    APPEND BLANK IN LSJZPZ
  ENDIF
ENDIF
IF LASTKEY（）=13
  KEYBOARD "{DNARROW}"
ENDIF
ENDPROC
```

***退出按钮单击事件

```
PROCEDURE CLICK
  USE IN LSJZPZ
```

```
      ERASE LSJZPZ.DBF
      THISFORM.RELEASE
   ENDPROC
***保存按钮单击事件
PROCEDURE CLICK
   SELECT LSJZPZ
   IF EMPTY（THISFORM.PZH.VALUE）
      =MESSAGEBOX（"该凭证是非法凭证!"，48，"凭证填制"）
      RETURN
   ENDIF
   IF THISFORM.JFHJ.VALUE#THISFORM.DFHJ.VALUE          &&借贷必相等控制
      =MESSAGEBOX（"借方合计必须等于贷方合计!"，48，"凭证填制"）
      THISFORM.PZ.SETFOCUS
      RETURN
   ENDIF
DELETE FOR EMPTY（科目号）AND EMPTY（科目名称）AND；
EMPTY（借方金额）AND EMPTY（贷方金额）
LOCATE FOR EMPTY（摘要）                             &&摘要控制
IF NOT EOF（）
      =MESSAGEBOX（"摘要不允许为空!"，48，"凭证填制"）
      THISFORM.PZ.SETFOCUS
      RETURN
ENDIF
LOCATE FOR EMPTY（科目号）OR EMPTY（科目名称）        &&科目控制
IF NOT EOF（）
      =MESSAGEBOX（"科目非法!"，48，"凭证填制"）
      THISFORM.PZ.SETFOCUS
      RETURN
ENDIF
LOCATE FOR EMPTY（借方金额）AND EMPTY（贷方金额）      &&金额控制
   IF NOT EOF（）
      =MESSAGEBOX（"金额不允许为0!"，48，"凭证填制"）
      THISFORM.PZ.SETFOCUS
      RETURN
   ENDIF
   REPLACE 日期 WITH THISFORM.PZRQ.VALUE，凭证号 WITH THISFORM.PZH.
VALUE，；
         制单人 WITH THISFORM.ZDR.VALUE，；
         附件张数 WITH THISFORM.FJZS.VALUE   ALL
```

```
    SELECT JZPZK
    APPEND FROM LSJZPZ FOR NOT DELETE（）
    SELECT LSJZPZ
    ZAP
    THISFORM.PZH.VALUE=""
    THISFORM.FJZS.VALUE=0
    THISFORM.JFHJ.VALUE=0
    THISFORM.DFHJ.VALUE=0
    THISFORM.JSPH.VALUE=""
    THISFORM.PJRQ.VALUE=""
    THISFORM.SL.VALUE=0
    THISFORM.DJ.VALUE=0
    THISFORM.PZRQ.SETFOCUS
ENDPROC
***删除分录按钮单击事件
PROCEDURE CLICK
  IF NOT EMPTY（THISFORM.PZH.VALUE）
    SELECT LSJZPZ
    DELETE
    THISFORM.PZ.REFRESH
    THISFORM.PZ.SETFOCUS
  ENDIF
ENDPROC
***插入分录按钮单击事件
PROCEDURE CLICK
  IF NOT EMPTY（THISFORM.PZH.VALUE）
    SELECT LSJZPZ
    INSERT BLANK BEFORE
    THISFORM.PZ.SETFOCUS
  ENDIF
ENDPROC
```

（3）在项目中添加表单见图11，存为FZSJ.SCX。

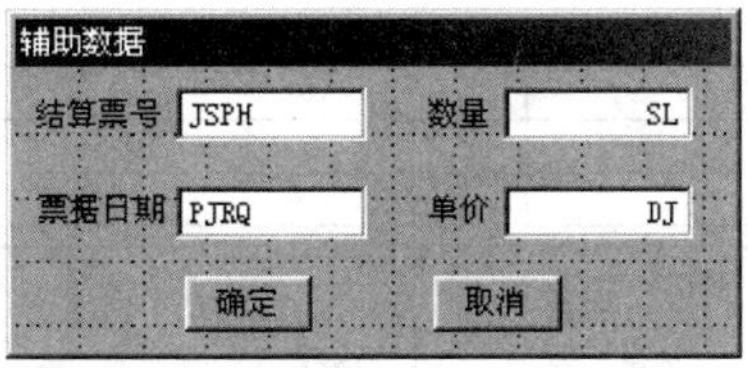

图11

添加对象事件代码程序：

```
***表单初始事件
PROCEDURE INIT
  PARA PJORSL                              &&接收参数确定输入数量或票据
  IF PJORSL="PJ"
    THISFORM.JSPH.ENABLED=.T.
    THISFORM.PJRQ.ENABLED=.T.
    THISFORM.SL.ENABLED=.F.
    THISFORM.DJ.ENABLED=.F.
    THISFORM.PJRQ.VALUE=YWRQ
  ELSE
    THISFORM.JSPH.ENABLED=.F.
    THISFORM.PJRQ.ENABLED=.F.
    THISFORM.SL.ENABLED=.T.
    THISFORM.DJ.ENABLED=.T.
  ENDIF
ENDPROC
***确定按钮单击事件
PROCEDURE CLICK
  REPLACE LSJZPZ.结算票号 WITH THISFORM.JSPH.VALUE,;
      LSJZPZ.票据日期 WITH THISFORM.PJRQ.VALUE,;
      LSJZPZ.数量 WITH THISFORM.SL.VALUE,;
      LSJZPZ.单价 WITH THISFORM.DJ.VALUE
  THISFORM.RELEASE
ENDPROC
***取消按钮单击事件
PROCEDURE CLICK
  THISFORM.RELEASE
ENDPROC
```

（4）在项目中添加表单见图12，存为SELECTKM.SCX。

图12

***表格（Grid1）科目号（COLUMN1.TEXT1）单元格双击时所触发的事件

PROCEDURE DBLCLICK

   THISFORM.COMMANDL.CLICK

ENDPROC

***表格（Grid1）科目名称（COLUMN2.TEXT1）单元格双击时所触发的事件

PROCEDURE DBLCLICK

   THISFORM.COMMANDL.CLICK

ENDPROC

***确定按钮单击事件

PROCEDURE CLICK

    REPLACE LSJZPZ.科目号 WITH LSKMK.科目号，LSJZPZ.科目名称 WITH LSKMK.

科目名称

   THISFORM.RELEASE

   KEYBOARD "{Enter}"

ENDPROC

***取消按钮单击事件

PROCEDURE CLICK

   THISFORM.RELEASE

ENDPROC

（5）在项目中添加表单见图 13，存为 SELECTZY.SCX。

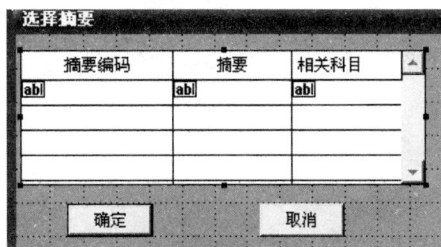

图 13

***表单初始事件

PROCEDURE INIT

   THISFORM.grid1.RECORDSOURCE="JZZYK"

ENDPROC

***确定按钮单击事件

PROCEDURE CLICK

   REPLACE LSJZPZ.摘要 WITH JZZYK.摘要；

     LSJZPZ.科目号 WITH JZZYK.相关科目

   THISFORM.RELEASE

ENDPROC

***取消按钮单击事件

PROCEDURE CLICK

```
      THISFORM.RELEASE
ENDPROC
```

2.修改凭证

1）程序设计说明

同填制凭证一样，将凭证填制表单另存为凭证修改表单，凭证号文本框ENABLED属性改成TRUE，给该文本框失去焦点的事件添加修改控制、取出目标凭证的程序代码。

2）程序设计实例

（1）在主程序中添加过程。

```
****记账凭证修改
PROC JZPZ_XG
   IF NOT USED（"XTCS"）
      USE XTCS IN 0
   ENDIF
   IF NOT USED（"JZPZK"）
      USE JZPZK IN 0
   ENDIF
   IF NOT USED（"JZZYK"）
      USE JZZYK ORDE摘要号 IN 0
   ENDIF
   IF RECCOUNT（"JZPZK"）=0
      =MESSAGEBOX（"尚无记账凭证!"，48，"凭证修改"）
      USE IN JZPZK
      USE IN XTCS
      RETU
   ENDIF
   SELECT JZPZK
   SET ORDER TO RQ_PZHSY
   GO BOTTOM
   M_IJ=YEAR（JZPZK.日期）
   M_UE=MONTH（JZPZK.日期）
   M_UE_S=RIGHT（STR（M_UE+100，3），2）
   IF XTCS.YF&M_UE_S
      =MESSAGEBOX（"现有会计期间的凭证都已结账，不能修改凭证!"，48，"凭证修改"）
      USE IN JZPZK
      USE IN XTCS
      RETURN
   ENDIF
   COPY STRUCTURE TO LSJZPZ
   USE LSJZPZ IN 0
```

```
     USE JZKMK ORDER科目号 IN 0
     DO FORM JZPZ_XG
     IF USED（"XTCS"）
        USE IN XTCS
     ENDIF
     IF USED（"JZPZK"）
        USE IN JZPZK
     ENDIF
     IF USED（"JZKMK"）
        USE IN JZKMK
     ENDIF
     IF USED（"JZZYK"）
        USE IN JZZYK
     ENDIF
     IF USED（"LSJZPZ"）
        USE IN LSJZPZ
        ERASE LSJZPZ.DBF
     ENDIF
     RETURN
ENDPROC
```

（2）添加对象事件代码程序：

***凭证号文本框失去焦点事件

```
PROCEDURE LOSTFOCUS
     M_PZH=ALLTRIM（THISFORM.PZH.VALUE）
     IF EMPTY（M_PZH）
        =MESSAGEBOX（"请输入要修改的凭证号!"，48，"凭证修改"）
        RETURN
     ENDIF
     SELECT JZPZK
     LOCATE FOR凭证号=M_PZH AND MONTH（日期）=M_UE      &&最后填制会计
凭证的会计期间
     IF EOF（）
        =MESSAGEBOX（"该凭证不存在!"，48，"凭证修改"）
        RETURN
     ENDIF
     IF NOT EMPTY（审核人）
        =MESSAGEBOX（"该凭证已经审核，不能修改!"，48，"凭证修改"）
        RETURN
     ENDIF
```

```
IF 制单人#ALLTRIM（M_CZY）
    =MESSAGEBOX（"该凭证非当前操作员所制，不能修改!"，48，"凭证修改"）
    RETURN
ENDIF
SELECT LSJZPZ
APPEND FROM JZPZK FOR 凭证号=M_PZH AND MONTH（日期）=M_UE
THISFORM.PZRQ.VALUE=LSJZPZ.日期
THISFORM.ZDR.VALUE=LSJZPZ.制单人
THISFORM.SHR.VALUE=LSJZPZ.审核人
THISFORM.JZR.VALUE=LSJZPZ.记账人
THISFORM.FJZS.VALUE=LSJZPZ.附件张数
SUM 借方金额，贷方金额 TO
THISFORM.JFHJ.VALUE，THISFORM.DFHJ.VALUE
GO TOP
THISFORM.PZ.REFRESH
THISFORM.PZ.READONLY=.F.
ENDPROC
***保存按钮单击事件
PROCEDURE CLICK
SELECT LSJZPZ
IF EMPTY（THISFORM.PZH.VALUE）
    =MESSAGEBOX（"该凭证是非法凭证!"，48，"凭证修改"）
    RETU
ENDIF
IF THISFORM.JFHJ.VALUE#THISFORM.DFHJ.VALUE            &&借贷必相等控制
    =MESSAGEBOX（"借方合计必须等于贷方合计!"，48，"凭证修改"）
    THISFORM.PZ.SETFOCUS
    RETU
ENDIF
DELETE FOR EMPTY(科目号) AND EMPTY(科目名称) AND EMPTY(借方金额) AND
EMPTY（贷方金额）
LOCATE FOR EMPTY（摘要）                              &&摘要控制
IF NOT EOF（）
    =MESSAGEBOX（"摘要不允许为空!"，48，"凭证修改"）
    THISFORM.PZ.SETFOCUS
    RETURN
ENDIF
LOCATE FOR EMPTY（科目号）OR EMPTY（科目名称）            &&科目控制
IF NOT EOF（）
```

```
          =MESSAGEBOX（"科目非法!"，48，"凭证修改"）
          THISFORM.PZ.SETFOCUS
          RETURN
      ENDIF
      LOCATE FOR EMPTY（借方金额） AND EMPTY（贷方金额）      &&金额控制
      IF NOT EOF（）
          =MESSAGEBOX（"金额不允许为0!"，48，"凭证修改"）
          THISFORM.PZ.SETFOCUS
          RETURN
      ENDIF
      IF MONTH（THISFORM.PZRQ.VALUE）#M_UE OR
  YEAR（THISFORM.PZRQ.VALUE）# M_IJ      &&日期修改控制
          =MESSAGEBOX（"修改后的凭证日期错误!"，48，"凭证修改"）
          THISFORM.PZRQ.SETFOCUS
          RETURN
      ENDIF
      REPLACE 日期 WITH THISFORM.PZRQ.VALUE；
  凭证号 WITH THISFORM.PZH.VALUE；
  制单人 WITH THISFORM.ZDR.VALUE，修改标识 WITH .T. ALL
          SELECT JZPZK
          DELETE FOR 凭证号=ALLTRIM（THISFORM.PZH.VALUE） AND MONTH（日
  期）=M_UE
      APPEND FROM LSJZPZ FOR NOT DELETE（）
      SELECT LSJZPZ
      ZAP
      THISFORM.PZH.VALUE=""
      THISFORM.PZRQ.VALUE=""
      THISFORM.FJZS.VALUE=0
      THISFORM.JFHJ.VALUE=0
      THISFORM.DFHJ.VALUE=0
      THISFORM.JSPH.VALUE=""
      THISFORM.PJRQ.VALUE=""
      THISFORM.SL.VALUE=0
      THISFORM.DJ.VALUE=0
      THISFORM.PZH.SETFOCUS
  ENDPROC
```

3.审核凭证

1）程序设计说明

审核凭证的表单数据部分格式同填制凭证，用于显示审核的目标凭证，所涉及的数据表分别是：记账凭证表、临时记账凭证表，在表单中添加审核、取消审核、第一张、上一张、下一张、最末张、退出 7 个命令按钮，实现给当前审核的目标凭证打审核标记、取消审核标记、凭证翻页功能。

2）程序设计实例

（1）在主程序中添加过程。

****记账凭证审核

```
PROCEDURE JZPZ_SH
    USE XTCS IN 0
    USE JZPZK IN 0
    IF RECCOUNT（"JZPZK"）=0
        =MESSAGEBOX（"尚无记账凭证!"，48，"凭证审核"）
        USE IN JZPZK
        USE IN XTCS
        RETURN
    ENDIF
    SELECT JZPZK
    SET ORDER TO RQ_PZHSY
    GO BOTTOM
    M_UE=MONTH（JZPZK.日期）
    M_UE_S=RIGHT（STR（M_UE+100，3），2）
    IF XTCS.YF&M_UE_S
        =MESSAGEBOX（"现有会计期间的凭证都已结账，无需审核的凭证!"，48，"凭
证审核"）
        USE IN JZPZK
        USE IN XTCS
        RETURN
    ENDIF
    LOCATE FOR MONTH（JZPZK.日期）=M_UE AND EMPTY（审核人）
    IF EOF（）
        LOCATE FOR MONTH（JZPZK.日期）=M_UE
    ENDIF
    M_PZH=凭证号
    COPY TO LSJZPZ FOR MONTH（JZPZK.日期）=M_UE AND 凭证号=M_PZH
    USE LSJZPZ IN 0
    SELECT LSJZPZ
    DO FORM JZPZ_SH
    USE IN XTCS
    USE IN JZPZK
    USE IN JZKMK
```

```
    USE IN LSJZPZ
    ERASE LSJZPZ.DBF
    RETURN
ENDPROC
```

（2）在项目中添加表单，见图 14，保存为 JZPZ_SH.SCX。

***添加新方法 LOADPZ，用于显示凭证数据

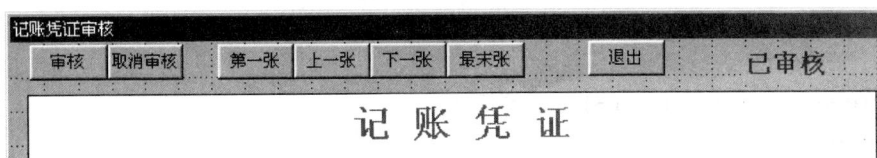

图 14

添加对象事件代码程序：

```
PROCEDURE LOADPZ
    SELECT LSJZPZ
    THISFORM.PZRQ.ENABLED=.F.
    THISFORM.FJZS.ENABLED=.F.
    THISFORM.PZRQ.VALUE=LSJZPZ.日期
    THISFORM.PZH.VALUE=LSJZPZ.凭证号
    THISFORM.ZDR.VALUE=LSJZPZ.制单人
    THISFORM.SHR.VALUE=LSJZPZ.审核人
    THISFORM.JZR.VALUE=LSJZPZ.记账人
    THISFORM.FJZS.VALUE=LSJZPZ.附件张数
    IF EMPTY（LSJZPZ.审核人）
       THISFORM.SHBS.VISIBLE=.F.
       THISFORM.SH.ENABLED=.T.
       THISFORM.QXSH.ENABLED=.F.
    ELSE
       THISFORM.SHBS.VISIBLE=.T.
       THISFORM.SH.ENABLED=.F.
       THISFORM.QXSH.ENABLED=.T.
    ENDIF
    SUM 借方金额，贷方金额 TO THISFORM.JFHJ.VALUE，THISFORM.
DFHJ.VALUE
    GO TOP
    THISFORM.PZ.READONLY=.T.
    THISFORM.PZ.SETFOCUS
ENDPROC
```

***表单初始事件

```
PROCEDURE INIT
```

```
    THISFORM.LOADPZ（）
ENDPROC
***凭证表格 GRID（PZ）行单元格变动后触发事件
PROCEDURE AFTERROWCOLCHANGE
    LPARAMETERSnColIndex
    THISFORM.JSPH.VALUE=LSJZPZ.结算票号
    THISFORM.PJRQ.VALUE=LSJZPZ.票据日期
    THISFORM.SL.VALUE=LSJZPZ.数量
    THISFORM.DJ.VALUE=LSJZPZ.单价
ENDPROC
***退出按钮单击事件
PROCEDURE CLICK
    USE IN LSJZPZ
    ERASE LSJZPZ.DBF
    THISFORM.RELEASE
ENDPROC
***审核按钮单击事件
PROCEDURE CLICK
    IF LSJZPZ.制单人=ALLTRIM（M_CZY）
        =MESSAGEBOX（"审核和制单不能由同一人完成!"，48，"凭证审核"）
        RETURN
    ELSE
        REPLACE ALL LSJZPZ.审核人 WITH M_CZY
        THISFORM.SHBS.VISIBLE=.T.
        GO TOP
        M_UE=MONTH（日期）
        M_PZH=凭证号
        SELECT JZPZK
        REPLACE 审核人 WITH M_CZY FOR MONTH（日期）=M_UE AND 凭证号=
M_PZH
        SELECT LSJZPZ
        THISFORM.SHR.VALUE=M_CZY
        THISFORM.SH.ENABLED=.F.
        THISFORM.QXSH.ENABLED=.T.
    ENDIF
ENDPROC
***第一张按钮单击事件
PROCEDURE CLICK
    IF THISFORM.PZH.VALUE="0001"
```

```
        RETURN
    ENDIF
    M_UE=MONTH（THISFORM.PZRQ.VALUE）
    M_PZH="0001"
    SELECT LSJZPZ
    ZAP
    APPEND FROM JZPZK FOR MONTH（日期）=M_UE AND 凭证号=M_PZH
    THISFORM.LOADPZ（）
ENDPROC
***上一张按钮单击事件
PROCEDURE CLICK
    IF THISFORM.PZH.VALUE="0001"
        RETURN
    ENDIF
    M_UE=MONTH（THISFORM.PZRQ.VALUE）
    M_PZH=RIGHT（STR（VAL（THISFORM.PZH.VALUE）+9999，5），4）
    SELECT LSJZPZ
    ZAP
    APPEND FROM JZPZK FOR MONTH（日期）=M_UE AND 凭证号=M_PZH
    THISFORM.LOADPZ（）
ENDPROC
***下一张按钮单击事件
PROCEDURE CLICK
    M_UE=MONTH（THISFORM.PZRQ.VALUE）
    M_PZH=RIGHT（STR（VAL（THISFORM.PZH.VALUE）+10001，5），4）
    SELECT JZPZK
    LOCATE FOR   MONTH（日期）=M_UE AND 凭证号=M_PZH
    IF NOT EOF（）
        SELECT LSJZPZ
        ZAP
        APPEND FROM JZPZK FOR MONTH（日期）=M_UE AND 凭证号=M_PZH
        THISFORM.LOADPZ（）
    ENDIF
ENDPROC
***最末张按钮单击事件
PROCEDURE CLICK
    SELECT JZPZK
    GO BOTTOM
    M_UE=MONTH（日期）
```

```
    M_PZH=凭证号
    SELECT LSJZPZ
    ZAP
    APPEND FROM JZPZK FOR MONTH（日期）=M_UE AND 凭证号=M_PZH
    THISFORM.LOADPZ（）
ENDPROC
***取消审核按钮单击事件
PROCEDURE CLICK
    SELECT LSJZPZ
    IF NOT EMPTY（LSJZPZ.记账人）
        =MESSAGEBOX（"凭证已经记账，不能取消审核!"，48，"凭证审核"）
        RETURN
    ENDIF
    IF LSJZPZ.审核人#ALLTRIM（M_CZY）
        =MESSAGEBOX（"当前操作员和凭证审核员不是同一人!"，48，"凭证审核"）
        RETURN
    ENDIF
    REPLACE ALL 审核人 WITH ""
    THISFORM.SHBS.VISIBLE=.F.
    THISFORM.SHR.VALUE=""
    M_UE=MONTH（日期）
    M_PZH=凭证号
    SELECT JZPZK
    REPLACE 审核人 WITH "" FOR MONTH（日期）=M_UE AND 凭证号=M_PZH
    SELECT LSJZPZ
    THISFORM.QXSH.ENABLED=.F.
    THISFORM.SH.ENABLED=.T.
ENDPROC
```

4.查询凭证

1）程序设计说明

建立三个表单实现查询凭证，所涉及的数据表分别是：记账凭证表（JZPZK.DBF）、查询生成的临时凭证表（LS_PZK.DBF）、显示凭证的临时凭证表（LSJZPZ.DBF）。

（1）凭证查询条件表单，在表单中添加凭证要素的文本框和标签及下拉列表框作为查询凭证条件对象，确定命令按钮实现凭证查询，取消命令按钮取消查询返回主菜单。

（2）凭证分录簿表单，在表单中添加 GRID 控件并绑定临时凭证表（LS_PZK.DBF），用于浏览查询结果凭证分录簿，添加显示凭证命令按钮，实现按凭证格式显示凭证，退出命令按钮实现退出当前查询返回主菜单。

（3）凭证格式表单，同审核凭证表单，添加退出命令按钮，实现退出凭证格式返回凭证分录簿（图略）。

2）程序设计实例

（1）在主程序中的添加过程。

****记账凭证查询

```
PROC JZPZ_CX
  DO FORM FINDPZ
  RETURN
ENDPROC
```

（2）在项目中添加表单见图15，保存为FINDPZ.SCX。

添加新属性CXTJ（存汇总条件）、ANAMES[1，0]（存操作员姓名加"全部"）。

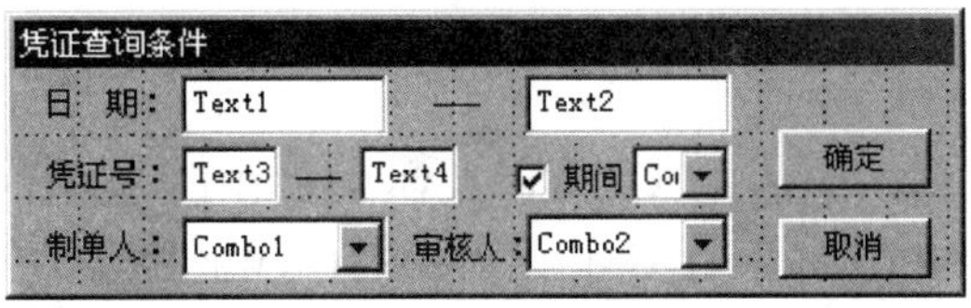

图15

添加对象事件代码程序：

***表单载入事件

```
PROCEDURE LOAD
  *生成制单人COMBO1，审核人COMBO2所用到的数组
THISFORM.ANAMES[]
  IF NOT USED （"PASSWORD"）
    USE PASSWORD IN 0
  ENDIF
  SELECT PASSWORD
  SELECT 操作员 FROM PASSWORD　INTO ARRAY THISFORM.ANAMES
  NCOUNT = _TALLY        && SELE_SQL表处理的记录数目
  CNAME = '全部'
  DIMENSION THISFORM.ANAMES[nCount+1，1]
  = AINS （THISFORM.ANAMES，1）
  THISFORM.ANAMES[1] = CNAME
  USE IN PASSWORD
ENDPROC
```

***表单初始事件

```
PROCEDURE INIT
  THISFORM.TEXT1.VALUE={}
  THISFORM.TEXT2.VALUE={}
  THISFORM.CXTJ=""
  THISFORM.TEXT1.SETFOCUS
  THISFORM.COMBO1.ROWSOURCETYPE=5
  THISFORM.COMBO1.ROWSOURCE="THISFORM.ANAMES"
```

```
    THISFORM.COMBO1.DISPLAYVALUE=1
    THISFORM.COMBO2.ROWSOURCETYPE=5
    THISFORM.COMBO2.ROWSOURCE="THISFORM.ANAMES"
    THISFORM.COMBO2.DISPLAYVALUE=1
    THISFORM.COMBO4.ROWSOURCETYPE=1
    THISFORM.COMBO4.ROWSOURCE="1，2，3，4，5，6，7，8，9，10，11，12"
    THISFORM.COMBO4.DISPLAYVALUE=MONTH（YWRQ）
ENDPROC
***确定按钮获得焦点前触发事件
PROCEDURE WHEN
    *起止日期非法控制
    IF !EMPTY（THISFORM.text1.VALUE）AND !EMPTY（THISFORM.text2.
VALUE）AND THISFORM.text1.VALUE>THISFORM.text2.VALUE
        =MESSAGEBOX（"起始日期不能大于终止日期!"，48，"凭证查询"）
        RETU .F.
    ENDIF
    *起止凭证号非法控制
    IF !EMPTY（THISFORM.text3.VALUE）AND !EMPTY（THISFORM.text4.
VALUE）AND VAL（THISFORM.text3.VALUE）>VAL（THISFORM.text4.VALUE）
        =MESSAGEBOX（'起始凭证号不能大于终止凭证号!'，48，'凭证查询'）
        RETU .F.
    ENDIF
ENDPROC
***确定按钮单击事件
PROCEDURE CLICK
    *生成查询条件
    THISFORM.CXTJ=""
    *处理日期范围
    IF !EMPTY（THISFORM.TEXT1.VALUE）
        THISFORM.CXTJ=THISFORM.CXTJ+IIF（EMPTY（THISFORM.CXTJ），
""，" AND "）+;
            "日期>=CTOD（'"+DTOC（THISFORM.TEXT1.VALUE）+"'）"
    ENDIF
    IF !EMPTY（THISFORM.TEXT2.VALUE）
        THISFORM.CXTJ=THISFORM.CXTJ+IIF（EMPTY（THISFORM.CXTJ），
""，" AND "）+;
            "日期<=CTOD（'"+DTOC（THISFORM.TEXT2.VALUE）+"'）"
    ENDIF
    *处理凭证号范围
```

```
    IF !EMPTY（THISFORM.TEXT3.VALUE）
        THISFORM.TEXT3.VALUE=REPL（'0'，4-LEN（ALLT（THISFORM.
TEXT3.VALUE）））+;
        ALLT（THISFORM.TEXT3.VALUE）
THISFORM.CXTJ=THISFORM.CXTJ+IIF（EMPTY（THISFORM.CXTJ），""，" AND "）+;
        "凭证号>='"+THISFORM.TEXT3.VALUE+"'"
    ENDIF
+IF !EMPTY（THISFORM.TEXT4.VALUE）
        THISFORM.TEXT4.VALUE=REPL（'0'，4-LEN（ALLT（THISFORM.
TEXT4.VALUE）））+;
        ALLT（THISFORM.TEXT4.VALUE）
        THISFORM.CXTJ=THISFORM.CXTJ+IIF（EMPTY（THISFORM.CXTJ），
""，" AND "）+;
        "凭证号<='"+THISFORM.TEXT4.VALUE+"'"
    ENDIF
    *处理制单人
    IF ALLT（THISFORM.COMBO1.VALUE）# "全部"
      THISFORM.CXTJ=THISFORM.CXTJ+IIF（EMPTY（THISFORM.CXTJ），""，" AND "）+;
      "制单人='"+ALLT（THISFORM.COMBO1.VALUE）+"'"
    ENDIF
    *处理审核人
    IF ALLT（THISFORM.COMBO2.VALUE）# "全部"
      THISFORM.CXTJ=THISFORM.CXTJ+IIF（EMPTY（THISFORM.CXTJ），""，" AND "）+;
      "审核人='"+ALLT（THISFORM.COMBO2.VALUE）+"'"
    ENDIF
    *处理会计期间
    IF ! EMPTY（THISFORM.COMBO4.VALUE）
        THISFORM.CXTJ=THISFORM.CXTJ+IIF（EMPTY（THISFORM.CXTJ），
""，" AND "）+;
        "MONTH（日期）="+THISFORM.COMBO4.VALUE
    ENDIF
    M_CXTJ=THISFORM.CXTJ
    *生成查询数据表
    SELECT * FROM JZPZK　WHERE &M_CXTJ INTO DBF LS_PZK ORDER BY 日期，
凭证号
    IF　RECCOUNT（）=0
=MESSAGEBOX（'没有符合条件的凭证'，48，'凭证查询'）
USE IN LS_PZK
USE IN JZPZK
```

```
DELE FILE LS_PZK.DBF
THISFORM.CXTJ="
RETURN
   ENDIF
   WAIT WINDOWS "找到符合条件的凭证"+ALLTRIM（RECCOUNT（））+"张"
NOWAIT
   *修改LS_PZK结构，添加2个字段
   ALTER TABLE LS_PZK   ADD COLUMN 记账 COMBO1（1）   ADD COLUMN 审核
COMBO1（1）
   REPLACE ALL 记账 WITH IIF（!EMPTY（记账人），'*'，"),;
审核 WITH IIF（!EMPTY（审核人），'*'，")
   GO TOP
   DO FORM PZFLB   &&调用凭证分录表表单显示查询结果
   USE IN LS_PZK
   USE IN JZPZK
   DELE FILE LS_PZK.DBF
   THISFORM.RELEASE
   RETURN
ENDPROC
***取消按钮单击事件
PROCEDURE CLICK
   THISFORM.RELEASE
ENDPROC
```

（3）在项目中添加表单见图16，保存为PZFLB.SCX。

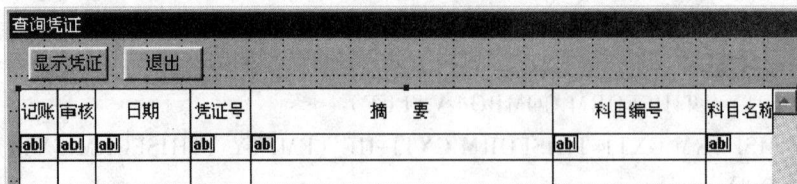

图16

添加对象事件代码程序：
```
***表单初始事件
PROCEDURE INIT
   THISFORM.GRID1.SETFOCUS
ENDPROC
***退出按钮单击事件
PROCEDURE CLICK
   THISFORM.RELEASE
ENDPROC
```

***显示凭证按钮单击事件

```
PROCEDURE CLICK
    SELECT LS_PZK
    M_PZH=凭证号
    COPY TO LSJZPZ FOR 凭证号=ALLTRIM（M_PZH）
    USE    LSJZPZ IN 0
    DO FORM JZPZ_XS
    THISFORM.GRID1.SETFOCUS
ENDPROC
```

（4）在项目中添加表单，表存为 JZPZ_XS.SCX。修改属性：CAPTION = "记账凭证"、其他同审核凭证表单（JZPZ_SH.SCX）。

添加如下对象并修改对象属性：

凭证格式及要素（同记账凭证审核）；

命令按钮（命令按钮 CAPTION = "退出"）；

审核标识（标签 NAME = "SHBS"、FORECOLOR = 255，0，0、CAPTION = "已审核"）。

添加对象事件代码程序：

***添加表单新方法 LOADPZ 同记账凭证审核（JZPZ_SH.SCX）

```
PROCEDURE LOADPZ
    *同记账凭证审核（JZPZ_SH.SCX）——PROCEDURE LOADPZ
ENDPROC
```

***表单初始事件

```
PROCEDURE INIT
    THISFORM.LOADPZ（）
ENDPROC
```

***凭证表格单元格变动后所触发的事件，同记账凭证审核（JZPZ_SH.SCX）

```
PROCEDURE AFTERROWCOLCHANGE
      *同记账凭证审核（JZPZ_SH.SCX）——PROCEDURE PZ.
AFTERROWCOLCHANGE
ENDPROC
```

***退出按钮单击事件

```
PROCEDURE CLICK
    USE IN LSJZPZ
    ERASE LSJZPZ.DBF
    THISFORM.RELEASE
ENDPROC
```

5.汇总凭证

1）程序设计说明

建立两个表单实现汇总凭证，所涉及的数据表分别是：记账凭证表（JZPZK.DBF）、科目及余额表（JZKMK.DBF）、按条件查询生成的临时凭证表（CURSOR_PZK.DBF）、汇总结果表（LS_HZPZK.DBF），其中记账凭证表提供汇总的数据源，科目及余额表提供科目名称。

（1）凭证汇总条件表单，在表单中添加汇总所需要素的文本框和标签及下拉列表框作为汇总凭证条件对象，汇总命令按钮实现凭证汇总，取消命令按钮取消汇总返回主菜单。

（2）凭证汇总表表单，在表单中添加GRID控件，用以浏览凭证汇总结果，添加各汇总条件文本框及标签，用以显示当前汇总结果的汇总条件，添加退出命令按钮，实现退出汇总结果浏览返回主菜单。

2）程序设计实例

（1）在主程序中添加过程。

****记账凭证汇总

```
PROC JZPZ_HZ
    DO FORM JZPZHZ
    RETURN
ENDPROC
```

（2）在项目中添加表单见图17，保存为JZPZHZ.SCX。

添加新属性HZTJ，用于记录汇总条件。

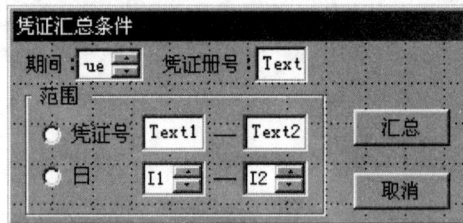

图17

添加对象事件代码程序：

***表单初始事件

```
PROCEDURE INIT
    THISFORM.UE.VALUE=MONTH（YWRQ）
    THISFORM.HZTJ=""
    THISFORM.TEXT1.ENABLED=.F.
    THISFORM.TEXT2.ENABLED=.F.
    THISFORM.RI1.ENABLED=.F.
    THISFORM.RI2.ENABLED=.F.
    THISFORM.UE.SETFOCUS
ENDPROC
```

***汇总按钮单击事件

```
PROCEDURE CLICK
    *起止凭证号非法控制
    IF !EMPTY（THISFORM.text1.VALUE）AND !EMPTY（THISFORM.text2.VALUE）
        THISFORM.text1.VALUE=REPL（'0'，4- LEN（ALLT（THISFORM.text1.
```

VALUE）））+ALLT（THISFORM.text1.VALUE）

　　　THISFORM.text2.VALUE=REPL（′0′,4- LEN（ALLT（THISFORM.text2.
VALUE）））+ALLT（THISFORM.text2.VALUE）

　　　IF　THISFORM.text1.VALUE>THISFORM.text2.VALUE

　　　=MESSAGEBOX（′起始凭证号不能大于终止凭证号!′,48,′凭证汇总′）

　　　　RETU

　　　ENDIF

　　ENDIF

　*起止日期非法控制

　IF THISFORM.opg2.VALUE=2　AND　THISFORM.spinner2.VALUE>THISFORM.spinner3.
VALUE

　　　=MESSAGEBOX（′起始日不能大于终止日!′,48,′凭证汇总′）

　　　RETU

　ENDIF

　*构造汇总条件表达式 THISFORM.HZTJ

　　THISFORM.HZTJ="MONTH （日 期）=" + ALLTRIM（STR（THISFORM.UE.
VALUE））

　　IF !（THISFORM.TEXT1.ENABLED　AND THISFORM.RI1.ENABLED）　&&选中凭
证号或日期范围

　　DO CASE

　　CASE THISFORM.OPG2.VALUE=1

　　IF !EMPTY（THISFORM.TEXT1.VALUE）

　　　THISFORM.TEXT1.VALUE=;

　REPL（′0′,4-LEN（ALLT（THISFORM.TEXT1.VALUE）））+;

　　ALLT（THISFORM.TEXT1.VALUE）

　　　THISFORM.HZTJ=THISFORM.HZTJ+" AND;

　　凭证号>=′"+THISFORM.TEXT1.VALUE+"′"

　　ENDIF

　　IF !EMPTY（THISFORM.TEXT2.VALUE）

　　　THISFORM.TEXT2.VALUE=;

　REPL（′0′,4-LEN（ALLT（THISFORM.TEXT2.VALUE）））+;

　ALLT（THISFORM.TEXT2.VALUE）

　　　THISFORM.HZTJ=THISFORM.HZTJ+"AND "+;

　　"凭证号<=′" +THISFORM.TEXT2.VALUE+"′"

　　ENDIF

　CASE THISFORM.OPG2.VALUE=2

　　IF !EMPTY（THISFORM.RI1.VALUE）

　　　THISFORM.HZTJ=THISFORM.HZTJ+" AND "+;

　　′DAY（日期）>=′+STR（THISFORM.RI1.VALUE,2）

```
            ENDIF
        IF !EMPTY（THISFORM.RI2.VALUE）
            THISFORM.HZTJ=THISFORM.HZTJ+" AND "+;
                'DAY（日期）<='+STR（THISFORM.RI2.VALUE，2）
            ENDIF
        ENDCASE
    ENDIF
    M_HZTJ=THISFORM.HZTJ
    *凭证汇总
    SELECT 0
    USE JZPZK ORDER RQ_PZHSY
    SELECT 日期，凭证号，科目号，科目名称，借方金额，贷方金额；
        FROM JZPZK WHERE &M_HZTJ INTO DBF CURSOR_PZK ORDER BY 日期，凭
证号
    IF RECCOUNT（）=0
        =MESSAGEBOX（'没有符合汇总条件的凭证!'，48，'凭证汇总'）
        USE
        USE IN JZPZK
        RETURN
    ENDIF
    SELECT CURSOR_PZK
    REPLACE ALL科目号 WITH LEFT（科目号，4）
    *取起止凭证号，日期
    GO TOP
    M_PZH1=凭证号
    M_RQ1=日期
    GO BOTTOM
    M_PZH2=凭证号
    M_RQ2 =日期
    *科目汇总
    COPY STRUCTURE TO LS_HZPZK FIELDS科目号，科目名称，借方金额，贷方
金额
    USE LS_HZPZK IN 0
    SELECT科目号，SUM（借方金额）AS借方金额，SUM（贷方金额）AS贷方
金额；
    FROM CURSOR_PZK INTO CURSOR CURSOR_PZK1 GROUP BY 科目号
    SELECT LS_HZPZK
    APPEND FROM DBF（'CURSOR_PZK1'）
    *添加科目名称
```

```
SELECT LS_HZPZK
USE JZKMK ORDER 科目号 IN 0
SET RELATION TO 科目号 INTO JZKMK
REPL ALL 科目名称 WITH JZKMK.科目名称
*添加小计及合计记录
DIME   M_MCARRAY（5），DFXJ（6），JFXJ（6）
M_MCARRAY（1）='资产'
M_MCARRAY（2）='负债'
M_MCARRAY（3）='所有者权益'
M_MCARRAY（4）='成本'
M_MCARRAY（5）='损益'
SELECT CURSOR_PZK
INDE ON 科目号 TAG KMHSY
SUM 借方金额，贷方金额 TO   JFHJ，DFHJ
GO TOP
I=1
DO WHIL I<=5 AND !EOF（）
    IF VAL（SUBSTR（科目号，1，1））=I
SUM 借方金额，贷方金额 TO JFXJ，DFXJ WHIL VAL（SUBSTR（科目号，1，1））=I
SELECT LS_HZPZK
APPEND BLANK
REPLACE 科目号 WITH STR（I，1）+'999'，科目名称 WITH；
        M_MCARRAY（I）+'类小计'，借方金额 WITH JFXJ，贷方金额 WITH
DFXJ
        SELECT CURSOR_PZK
    ENDIF
    I=I+1
ENDDO
SELECT LS_HZPZK
APPEND BLANK
REPLACE 科目号 WITH '9999'，科目名称 WITH   SPACE（21）+'发生额合计'，；
借方金额 WITH JFHJ，贷方金额 WITH   DFHJ
INDE ON 科目号 TAG KMHSY
COPY TO LS_HZPZK1
USE IN LS_HZPZK
DELE FILE LS_HZPZK.DBF
DELE FILE LS_HZPZK.CDX
RENAME LS_HZPZK1.DBF TO LS_HZPZK.DBF
USE LS_HZPZK IN 0
```

```
        REPLACE ALL科目号 WITH SPACE（LEN（科目号））FOR；
               LEN（ALLT（科目号））=4 AND SUBSTR（科目号，2，3）='999'
        GO TOP
         DO FORM PZHZB WITH M_PZH1，M_PZH2，M_RQ1，M_RQ2，（THISFORM.
TEXT3. VALUE）
        USE IN LS_HZPZK
        DELE FILE LS_HZPZK.DBF
        USE IN JZPZK
        USE IN JZKMK
        USE IN CURSOR_PZK
        USE IN CURSOR_PZK1
        THISFORM.RELEASE
    ENDPROC
    ***取消按钮单击事件
    PROCEDURE CLICK
        THISFORM.RELEASE
    ENDPROC
    ***日范围微调控件（R1）获得焦点触发的事件
    PROCEDURE GOTFOCUS
        CYEAR=ALLTRIM（STR（YEAR（YWRQ）））
        IF THISFORM.UE.VALUE=12
            NEXTMONTH='01'
        ELSE
            NEXTMONTH=ALLTRIM（STR（THISFORM.UE.VALUE+1））
        ENDIF
        NEXTONE=CTOD（CYEAR+'.'+NEXTMONTH+'.1'）
        LASTDAY=DAY（NEXTONE-1）
        THISFORM.RI1.KEYBOARDHIGHVALUE=LASTDAY
        THISFORM.RI1.SPINNERHIGHVALUE=LASTDAY
        THISFORM.RI1.VALUE=1
    ENDPROC
    ***日范围微调控件（R2）获得焦点触发的事件
    PROCEDURE GOTFOCUS
        *同 RI1.GOTFOCUS
    ENDPROC
    ***范围单选按钮组值发生变动所触发的事件
    PROCEDURE INTERACTIVECHANGE
        DO CASE              **控制单选按钮选择日范围和凭证号范围
        CASE THIS.VALUE=1
```

```
    THISFORM.RI1.VALUE=0
    THISFORM.RI2.VALUE=0
    THISFORM.RI1.ENABLED=.F.
    THISFORM.RI2.ENABLED=.F.
    THISFORM.text1.ENABLED=.T.
    THISFORM.text2.ENABLED=.T.
    THISFORM.text1.SETFOCUS
  CASE THIS.VALUE=2
    THISFORM.text1.VALUE=SPACE（4）
    THISFORM.text2.VALUE=SPACE（4）
    THISFORM.text1.ENABLED=.F.
    THISFORM.text2.ENABLED=.F.
    THISFORM.RI1.ENABLED=.T.
    THISFORM.RI2.ENABLED=.T.
    THISFORM.RI1.SETFOCUS
  ENDC
ENDPROC
```

（3）在项目中添加表单见图 18，保存为 PZHZB.SCX。

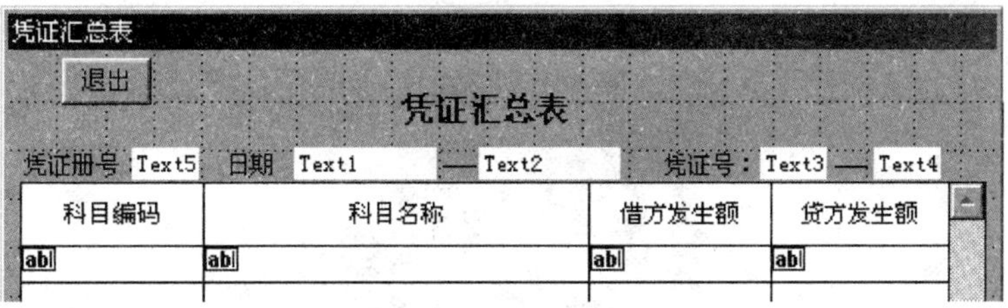

图 18

添加对象事件代码程序：

***表单初始事件

```
PROCEDURE INIT
  PARA M_PZH1，M_PZH2，M_RQ1，M_RQ2，M_CH
  THISFORM.TEXT1.VALUE=M_RQ1
  THISFORM.TEXT2.VALUE=M_RQ2
  THISFORM.TEXT3.VALUE=M_PZH1
  THISFORM.TEXT4.VALUE=M_PZH2
  THISFORM.TEXT5.VALUE=M_CH
  **交替白色和青色记录
THISFORM.GRID1.SETALL（"DYNAMICBACKCOLOR"，;
    "IIF（!EMPTY（科目号），RGB（255，255，255），RGB（0，255，255））"，
"COLUMN"）
    THISFORM.GRID1.COLUMN1.DYNAMICFORECOLOR="IIF（LEN（ALLT（科目
```

号）） =4 AND ；

$$SUBSTR（科目号,2,3）='999',RGB（0,255,255）,RGB（0,0,0））"$$

THISFORM.GRID1.COLUMN1.SETFOCUS

ENDPROC

***退出按钮单击事件

PROCEDURE CLICK

  THISFORM.RELEASE

ENDPROC

（三）账簿处理

1.登记账簿

1）程序设计说明

登记账簿所处理的数据表为记账凭证表（JZPZK.DBF），建立表单，在表单中添加文本框（TEXT1），用以显示当前记账会计期间的凭证状态，添加两个命令按钮：记账、取消。记账命令按钮实现将当前会计期间未记账的凭证打记账标记，取消命令按钮实现返回主菜单。记账的处理过程为：首先确定当前会计期间，然后计算当期凭证状态，最后选择记账命令按钮实现记账。

2）程序设计实例

在项目中添加表单见图19，保存为DJZB.SCX。

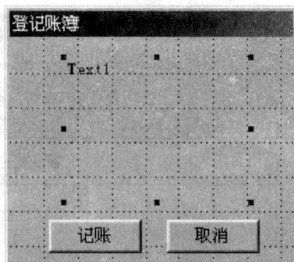

图19

添加对象事件代码程序：

***表单初始事件

PROCEDURE INIT

  USE JZPZK IN 0

  SELECT JZPZK

  IF RECCOUNT（） =0

    THISFORM.TEXT1.VALUE="尚无记账凭证，不能记账!"

    THISFORM.COMMAND1.ENABLED=.F.

    RETURN

  ENDIF

  GO BOTTOM

  *确定当前会计期间

  M_UE=ALLTRIM（STR（MONTH（JZPZK.日期）））

```
    M_ZPZS=ALLTRIM（STR（VAL（JZPZK.凭证号）））
    THISFORM.TEXT1.VALUE="当前会计期间："+M_UE+CHR（13）
     THISFORM.TEXT1.VALUE=THISFORM.TEXT1.VALUE + " 当 期 总 凭 证 数 ： " +
M_ZPZS+ CHR（13）
    COPY TO LS_PZK FOR MONTH（JZPZK.日期）=VAL（M_UE）
    *计算凭证状态
    USE LS_PZK IN 0
    SELECT LS_PZK
    INDE ON 凭证号 TO LSSY UNIQUE
    COUNT FOR NOT EMPTY（审核人） TO M_YSHPZ
    COUNT FOR NOT EMPTY（记账人） TO M_YJZPZ
    THISFORM.TEXT1.VALUE=THISFORM.TEXT1.VALUE+"已审核凭证数： "+；
        ALLTRIM（STR（M_YSHPZ））+CHR（13）
    THISFORM.TEXT1.VALUE=THISFORM.TEXT1.VALUE+"已记账凭证数： "+；
        ALLTRIM（STR（M_YJZPZ））+CHR（13）+CHR（13）
    USE IN LS_PZK
    ERASE LSPZK.DBF
    IF M_YSHPZ=0 OR M_YSHPZ=M_YJZPZ
      THISFORM.TEXT1.VALUE=THISFORM.TEXT1.VALUE+"尚无需要记账的凭证!"
      THISFORM.COMMAND1.ENABLED=.F.
    ENDIF
  ENDPROC
***记账按钮单击事件
PROCEDURE CLICK
    SELECT JZPZK
    GO BOTTOM
    M_UE=MONTH（JZPZK.日期）
    REPLACE 记账人 WITH M_CZY FOR MONTH（JZPZK.日期）=M_UE AND EMPTY
（记账人） AND； NOT EMPTY（审核人）
    USE IN JZPZK
    THISFORM.RELEASE
  ENDPROC
***取消按钮单击事件
PROCEDURE CLICK
    IF USED（"JZPZK"）
       USE IN JZPZK
    ENDIF
    THISFORM.RELEASE
  ENDPROC
```

2.查询账簿

1）程序设计说明

以查询明细账为例，需建立两个表单实现查询明细账，涉及的数据表为记账凭证表（JZPZK.DBF）、科目及余额表（JZKMK.DBF）、临时明细账表（LS_MXZ.DBF）。其中科目及余额表的作用是提供选择科目、确定选定科目的账簿类型，提供期初余额及累计发生额；记账凭证表提供所查询会计期间的发生额数据；临时明细账表用于生成明细账结果。

（1）查询账簿表单，在表单中添加下拉列表框用于选择科目，添加年月微调按钮及标签用于确定查询的会计期间，添加查询命令按钮实现账簿查询，添加取消按钮返回主菜单。

（2）明细账表单，在表单中添加GRID控件并绑定临时明细账表，用于浏览查询结果，添加退出命令按钮用于退出浏览明细账返回查询表单。

（3）如果设计查询其他账簿类型，则要设计各账簿类型的表单。

2）程序设计实例

（1）在项目中添加表单见图20，保存为CXZB.SCX。

图20

添加对象事件代码程序：

***添加新方法——查询明细账

PROCEDURE查询明细账

```
M_SELEKMH=ALLT（SUBSTR（THISFORM.COMBO1.VALUE，1，15））
USE JZPZK IN 0
SELECT JZPZK
*构造汇总条件表达式 M_HZTJ
M_CXTJ='MONTH（日期）>='+ALLT（STR（THISFORM.UE1.VALUE））+;
    ' AND   MONTH（日期）<='+ALLT（STR（THISFORM.UE2.VALUE））+;
    ' AND   ALLTRIM（科目号）=='+"'"+M_SELEKMH+"'"
*取发生的凭证记录
SELECT 日期，凭证号，摘要，借方金额，贷方金额 FROM JZPZK   WHERE
&M_CXTJ   ;
    INTO DBF LS_MXZ   ORDER BY日期，凭证号
IF RECCOUNT（）=0
    =MESSAGEBOX（'没有符合条件的记录!'，48，"查询账簿")
    USE IN LS_MXZ
    USE IN JZPZK
    DELETE FILE LS_MXZ.DBF
```

```
        SELECT JZKMK
        RETURN
    ENDIF
    ALTER TABLE LS_MXZ ADD COLUMN 月 N（2，0） ADD COLUMN 日 N（2，0）;
            ADD COLUMN 方向 CHECK1（2） ADD COLUMN 余额 N（12，2）
    REPLACE ALL 月 WITH MONTH（日期），日 WITH DAY（日期），方向 WITH
JZKMK.余额方向
    *添加期初数据
    UE0=RIGHT（STR（THISFORM.UE1.VALUE+99，3），2）
    SELECT LS_MXZ
    GO TOP
    INSE BLAN BEFORE
    REPLACE 摘要　 WITH IIF（UE0='00'，'上年结转'，'期初余额'），
    月　 WITH THISFORM.UE1.VALUE，余额　 WITH JZKMK.YE&UE0 ，;
方向　 WITH JZKMK.余额方向
    IF UE0='00'
      M_BNLJJf=0        &&期初累计借方
      M_BNLJDf=0        &&期初累计贷方
    ELSE
      M_BNLJJf=JZKMK.LJJ&UE0        &&期初累计借方
      M_BNLJDf=JZKMK.LJD&UE0        &&期初累计贷方
    ENDIF
    *计算添加每笔发生记录的余额及计算月计、累计
    M_YE=LS_MXZ.余额
    SKIP
    DO WHILE NOT EOF（）              &&  ---------1
      M_MONTH=MONTH（日期）
      M_MONTHJF=0
      M_MONTHDF=0
      DO WHILE NOT EOF（） AND MONTH（日期）=M_MONTH&&  ---------2
        M_YE=IIF（JZKMK.余额方向='借'，M_YE+借方金额-贷方金额；M_YE-借方
金额+贷方金额）
          REPLACE  余额 WITH M_YE
          M_MONTHJF=M_MONTHJF+借方金额
          M_MONTHDF=M_MONTHDF+贷方金额
          SKIP
      ENDDO         &&  ---------2
      SELECT LS_MXZ
      INSERT BLANK BEFORE
```

```
      REPLACE    摘要  WITH  SPACE （15）+'本月合计'，借方金额  WITH
M_MONTHJF，;
      贷方金额 WITH M_MONTHDF
      M_BNLJJf=M_BNLJJf+M_MONTHJF
      M_BNLJDf=M_BNLJDf+M_MONTHDF
      INSERT BLANK
      REPLACE   摘要     WITH SPACE （15）+'本年累计'，;
借方金额 WITH M_BNLJJf，贷方金额 WITH M_BNLJDf
      SKIP
    ENDDO       &&   ---------1
    GO TOP
    DO FORM MXZ   WITH M_SELEKMMC
    USE IN LS_MXZ
    DELE FILE LS_MXZ.DBF
    RETURN
ENDPROC
***表单初始事件
PROCEDURE INIT
   IF NOT USED （"JZKMK"）
     USE JZKMK ORDER 科目号 IN 0
   ENDIF
   THISFORM.LBIJ.CAPTION=YWIJ
   THISFORM.UE1.VALUE=VAL （YWUE）
   THISFORM.UE2.VALUE=VAL （YWUE）
ENDPROC
***表单释放事件
PROCEDURE UNLOAD
   IF USED （'JZKMK'）
     USE IN JZKMK
   ENDIF
   IF USED （'JZPZK'）
     USE IN JZPZK
   ENDIF
ENDPROC
***查询按钮单击事件
PROCEDURE CLICK
   IF   EMPTY （THISFORM.COMBO1.VALUE）
=MESSAGEBOX （'请先选定欲查询的科目!'，48，'查询账簿'）
THISFORM.COMBO1.SETFOCUS
```

```
RETURN
  ENDIF
  M_SELEKMN=ALLT（SUBSTR（THISFORM.COMBO1.VALUE，1，15））
  SELECT JZKMK
  IF NOT末级
    =MESSAGEBOX（'不是明细科目，请选定其下级明细!'，48，'查询账簿'）
    THISFORM.COMBO1.SETFOCUS
    RETURN
  ENDIF
  THISFORM.查询明细账
ENDPROC
***取消按钮单击事件
PROCEDURE CLICK
  THISFORM.RELEASE
ENDPROC
***期间范围中微调控件UE1值变动时所触发的事件
PROCEDURE INTERACTIVECHANGE
  THISFORM.ue2.VALUE=THIS.VALUE          **控制UE2最大及最小属性值
  THISFORM.ue2.KEYBOARDLOWVALUE=THIS.VALUE
  THISFORM.ue2.SPINNERLOWVALUE=THIS.VALUE
ENDPROC
```

（2）在项目中添加表单见图21，保存为MXZ.SCX。

图21

添加对象事件代码程序：

***表单初始事件

```
PROCEDURE INIT
  PARA M_SELEKMMC                          &&接收参数
  THISFORM.IJ.CAPTION=YWIJ+"年"
  THISFORM.MXZ.CAPTION=M_SELEKMMC+"明细账"
ENDPROC
***退出按钮单击事件
PROCEDURE CLICK
  THISFORM.RELEASE（）
ENDPROC
```

3.结账

1）程序设计说明

结账所处理的数据表为：记账凭证表（JZPZK.DBF）、科目及余额表（JZKMK.DBF）、系统参数表（XTCS.DBF）。其中记账凭证表提供当期发生数据；科目及余额表提供期初数据和累计发生数据、结账计算后的期末数据写入该表；系统参数表保存结账记录标识。建立表单，在表单中添加文本框（TEXT1），用以显示当前结账会计期间的凭证状态，添加两个命令按钮：结账、取消。结账命令按钮实现将当前会计期间的记账凭证进行结账处理，取消命令按钮实现返回主菜单。结账的处理过程为：首先确定当前要结账的会计期间，然后计算当期凭证状态，最后选择结账命令按钮实现结账。

2）程序设计实例

在项目中添加表单见图22，保存为JZ.SCX。

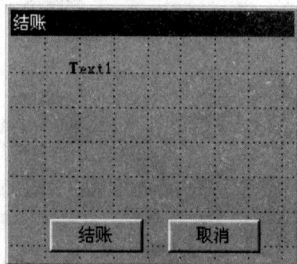

图 22

添加对象事件代码程序：

```
***表单初始事件
PROCEDURE INIT
   USE JZPZK IN 0
   SELECT JZPZK
   IF RECCOUNT () =0
     THISFORM.TEXT1.VALUE="尚无记账凭证，不能结账!"
     THISFORM.COMMAND1.ENABLED=.F.
     RETURN
   ENDIF
   GO BOTTOM
   M_UE=ALLTRIM (STR (MONTH (JZPZK.日期)))
   M_ZPZS=ALLTRIM (STR (VAL (JZPZK.凭证号)))
   THISFORM.TEXT1.VALUE="当前会计期间："+M_UE+CHR (13)
   THISFORM.TEXT1.VALUE=THISFORM.TEXT1.VALUE + " 当期总凭证数：" +
M_ZPZS+ CHR (13)
   COPY TO LS_PZK FOR MONTH (JZPZK.日期) =VAL (M_UE)
   USE LS_PZK IN 0
   SELECT LS_PZK
   INDEX ON 凭证号 TO LSSY UNIQUE
```

```
    COUNT FOR NOT EMPTY（审核人）TO M_YSHPZ
    COUNT FOR NOT EMPTY（记账人）TO M_YJZPZ
    THISFORM.TEXT1.VALUE=THISFORM.TEXT1.VALUE+"已审核凭证数："+;
          ALLTRIM（STR（M_YSHPZ））+CHR（13）
    THISFORM.TEXT1.VALUE=THISFORM.TEXT1.VALUE+"已记账凭证数："+;
          ALLTRIM（STR（M_YJZPZ））+CHR（13）+CHR（13）
    IF M_YJZPZ#VAL（M_ZPZS）
        THISFORM.TEXT1.VALUE=THISFORM.TEXT1.VALUE+"存在未记账的凭证，不
能结账!"
        THISFORM.COMMAND1.ENABLED=.F.
    ENDIF
    IF NOT USED（"XTCS"）
        USE XTCS IN 0
    ENDIF
    M_UE_S=RIGHT（STR（VAL（M_UE）+100，3），2）
    IF XTCS.YF&M_UE_S
        THISFORM.TEXT1.VALUE=THISFORM.TEXT1.VALUE+"当期会计凭证已经结账!"
        THISFORM.COMMAND1.ENABLED=.F.
    ENDIF
    USE IN LS_PZK
    ERASE LSPZK.DBF
ENDPROC
***结账按钮单击事件
PROCEDURE CLICK
    USE JZKMK IN 0 ORDER科目号
    SELECT JZPZK
    GO BOTTOM
    M_UE=MONTH（JZPZK.日期）
    M_UE_S=RIGHT（STR（M_UE+100，3），2）
    M_UE_Q=RIGHT（STR（M_UE+99，3），2）
    SELECT科目号，借方金额，贷方金额，数量  FROM JZPZK WHERE MONTH（日
期）=M_ UE；
            INTO DBF LS_PZK ORDER BY  科目号              &&取出当月凭证
    *修改LS_PZK结构，添加两个字段
    ALTER TABLE LS_PZK ADD COLUMN借方数量 N（12，3）ADD COLUMN 贷方数
量 N（12，3）
    *将数量分为借贷两方
    REPLACE ALL借方数量  WITH IIF（!EMPTY（借方金额），数量，0），;
    贷方数量  WITH IIF（!EMPTY（贷方金额），数量，0）
```

```
FOR !EMPTY（数量）
   *汇总金额及数量生成CURSOR_PZK表
   SELECT   科目号，SUM（借方金额）AS借方金额，SUM（贷方金额）AS贷方金额，;
      SUM（借方数量）AS借方数量，SUM（贷方数量） AS贷方数量;
      FROM LS_PZK INTO CURSOR CURSOR_PZK GROUP BY   科目号
   **索引及建立关联
   INDE ON科目号   TO KMHSY          && CURSOR_PZK
   SELECT JZKMK
   SET RELATION TO科目号 INTO CURSOR_PZK
   *替换月末余额，余量
   REPLACE ALL YE&M_UE_S WITH IIF（余额方向='借'，YE&M_UE_Q+;
CURSOR_PZK.借方金额-CURSOR_PZK.贷方金额,
      YE&M_UE_Q-CURSOR_PZK.借方金额+CURSOR_PZK.贷方金额),;
      SL&M_UE_S WITH IIF（余额方向='借'，SL&M_UE_Q+;
CURSOR_PZK.借方数量-CURSOR_PZK.贷方数量,;
      SL&M_UE_Q-CURSOR_PZK.借方数量+CURSOR_PZK.贷方数量）
   *替换累计额
   IF M_UE_S='01'
      REPLACE ALL LJJ&M_UE_S WITH CURSOR_PZK.借方金额,;
         LJD&M_UE_S WITH CURSOR_PZK.贷方金额,;
         LSJ&M_UE_S WITH CURSOR_PZK.借方数量,;
         LSD&M_UE_S WITH CURSOR_PZK.贷方数量
   ELSE
   REPLACE ALL LJJ&M_UE_S WITH LJJ&M_UE_Q+CURSOR_PZK.借方金额,;
         LJD&M_UE_S WITH LJD&M_UE_Q+CURSOR_PZK.贷方金额,;
         LSJ&M_UE_S WITH LSJ&M_UE_Q+CURSOR_PZK.借方数量,;
         lsd&M_UE_S WITH lsd&M_UE_Q+CURSOR_PZK.贷方数量
   ENDIF
   *计算上级余额
   GO TOP
   DO WHILE NOT EOF（）
      M_KMH=ALLT（科目号）
      KMH_LEN=LEN（ALLT（科目号））
      M_RECN=RECN（）
      IF NOT 末级
         SUM YE&M_UE_S., SL&M_UE_S WHILE   LEFT（科目号，KMH_LEN）=M_
KMH;
         FOR末级 AND 余额方向="借"  TO M_JEUE, M_JSUE
            GO M_RECN
```

```
      SUM YE&M_UE_S., SL&M_UE_S WHILE   LEFT（科目号，KMH_LEN）=M_
KMH;
        FOR 末级 AND 余额方向="贷"  TO M_DEUE，M_DSUE
          GO M_RECN
          SUM LJJ&M_UE_S，LJD&M_UE_S，LSJ&M_UE_S，lsd&M_UE_S WHILE；
           LEFT（科目号，KMH_LEN）=M_KMH FOR 末级 TO M_LJJ，M_LJD，
M_LSJ，M_LSD
          GO M_RECN
          REPLACE LJJ&M_UE_S WITH M_LJJ，LJD&M_UE_S WITH M_LJD，；
              LSJ&M_UE_S WITH M_LSJ，LSD&M_UE_S WITH M_lsd
          REPLACE YE&M_UE_S WITH IIF（余额方向=；
              "借"，M_JEUE-M_DEUE，M_DEUE-M_JEUE），；
              SL&M_UE_S WITH IIF（余额方向=  ；
               "借"，M_JSUE-M_DSUE，M_DSUE-M_JSUE）
       ENDIF
       SKIP
     ENDDO
     *如果是年底将余额及数量转到下年年初
     IF M_UE_S="12"
        REPLACE ALL YE00 WITH YE&M_UE_S，SL00 WITH SL&M_UE_S
     ENDIF
     *处理结账标识
     IF NOT USED（"XTCS"）
        USE XTCS IN 0
     ENDIF
     SELECT XTCS
     REPLACE XTCS.YF&M_UE_S. WITH .T.
     USE IN XTCS
     *关闭数据表
     USE IN JZKMK
     USE IN CURSOR_PZK
     USE IN LS_PZK
     USE IN JZPZK
     THISFORM.RELEASE
   ENDPROC
   ***取消按钮单击事件
   PROCEDURE CLICK
     USE IN JZPZK
     USE IN XTCS
```

```
    THISFORM.RELEASE
ENDPROC
```

4.打印账簿（略）

主要参考文献

[1]李清.会计信息系统原理与实验教程[M]. 北京：清华大学出版社，2015.

[2]钱玲.会计信息系统[M]. 上海：上海财经大学出版社，2013.

[3]蒋丽.会计电算化[M]. 成都：西南财经大学出版社，2009.

[4]李昕.会计电算化[M]. 大连：东北财经大学出版社，2009.